生涯学習の理論

Theories on Lifelong Learning
New Perspectives

Yoshihiro Tatsuta
Toyohisa Inoue
Kumiko Iwasaki
Fuyuko Kanefuji
Tomoko Sato
Ryogo Ogino

▶新たなパースペクティブ

立田慶裕・井上豊久・岩崎久美子
金藤ふゆ子・佐藤智子・荻野亮吾

福村出版

Ⓡ〈日本複写権センター委託出版物〉
本書を無断で複写複製(コピー)することは、著作権法上の例外を除き、禁じられています。本書をコピーされる場合は、事前に日本複写権センター(JRRC)の許諾を受けてください。
JRRC〈http://www.jrrc.or.jp　eメール：info@jrrc.or.jp　電話：03-3401-2382〉

生涯学習の理論
―新たなパースペクティブ―

目　次

はじめに ………………………………………………………… 立田慶裕 7

第1章　意識変容の学習 ……………………………………… 岩崎久美子 14
　　第1節　人生に関わる意識変容の学習　14
　　第2節　理論を構成するもの　19
　　第3節　意識変容の学習のさまざまな理論　22
　　第4節　研究の方向性　28

第2章　職場における学習 …………………………………… 金藤ふゆ子 32
　　第1節　職場における学習の概念規定　32
　　第2節　職場における学習に関する2つの研究課題　36
　　第3節　職場における学習に関する研究の観点　38
　　第4節　今後の職場における学習に関する研究の方向性と課題　46

第3章　おとなの生きる力：キー・コンピテンシーの習得 … 立田慶裕 48
　　第1節　おとなの生きる力　48
　　第2節　キー・コンピテンシー　53
　　第3節　キー・コンピテンシーの実態と意義　61

第4章　生涯学習に関する社会理論：ポストモダンを超えて … 荻野亮吾 69
　　第1節　生涯学習に関する社会理論　69
　　第2節　批判理論における生涯学習の捉え方　72
　　第3節　ポストモダニズムにおける生涯学習の捉え方　75
　　第4節　ペリポストモダニズムにおける生涯学習の捉え方　80
　　第5節　社会理論の意義　82

第5章　シティズンシップと生涯学習 ……………………… 佐藤智子 88
　　第1節　シティズンシップとは　88
　　第2節　シティズンシップと近代的教育制度　92

第3節　グローバリゼーションとシティズンシップの変容　96
           第4節　シティズンシップの学習　102

第6章　成人教育学とサービスラーニング・アプローチ……井上豊久　107
           第1節　ボランティアと成人教育学　107
           第2節　成人教育の特徴とボランティア　111
           第3節　サービスラーニングからのアプローチ　115

第7章　学習の内部プロセス：脳と記憶……………………岩崎久美子　126
           第1節　神経科学からのアプローチ：脳の構造と機能　126
           第2節　認知科学からのアプローチ　135
           第3節　成人学習理論への応用　138
           第4節　加齢の影響と成人教育者の役割　141

第8章　生涯学習へのナラティヴ・アプローチ……………荻野亮吾　146
           第1節　ナラティヴとは何か　146
           第2節　ナラティヴと生涯学習の関係　148
           第3節　ナラティヴ学習の展開　153
           第4節　ナラティヴ・アプローチの持つ可能性と課題　160

第9章　身体を通じた学習………………………………金藤ふゆ子　165
           第1節　身体を通じた学習の概念規定　165
           第2節　身体を通じた学習に関する定義づけの方向性　166
           第3節　身体と学習を切り離して考える過去の歴史と原因　168
           第4節　身体を通じた学習に関する研究の動向　170
           第5節　生涯学習の理論と実践への貢献　175

第10章　スピリチュアリティの学習：魂のある生活 …… 立田慶裕 180
　　第1節　生活を支える魂　　180
　　第2節　スピリチュアリティの定義　　184
　　第3節　スピリチュアリティの学習　　191
　　第4節　スピリチュアリティの展開　　196

第11章　社会関係資本と生涯学習 …………………………… 佐藤智子 203
　　第1節　社会関係資本とは　　203
　　第2節　社会関係資本の構成要素と分析レベル　　210
　　第3節　生涯学習に対する社会関係資本の影響　　212
　　第4節　社会関係資本を形成する学習　　216
　　第5節　生涯学習への示唆　　218

第12章　特別講演　成人学習理論の新しい動向と研究
　　………………… シャラン・B・メリアム（長岡智寿子訳）225
　　はじめに　成人学習への影響力について　　225
　　第1節　成人学習の3つの基本的理論　　226
　　第2節　学習におけるコンテクストに注目すること　　228
　　第3節　成人学習理論の今日的アプローチ　　232

あとがき ……………………………………………………… 岩崎久美子 240

各章の理解を深めるために　　243
索　引　　251

はじめに

本書のねらい

　本書のタイトル,『生涯学習の理論』を見た時,これは難しい本なのでは,と予想される読者が多いだろう。「生涯」とは「一生にわたる」,「学習」とは「学ぶこと」,ここまではそれほど難しいことではない。

　まず,図 0.1 に示したように,私たちは「ゆりかごから墓場まで」の人生を送る。生まれてから死ぬまでの人生は,だんだんと長くなりつつある。その間に,身体も変化し,育つ場所,学ぶ場所,働く場所,そして新しい職場に変わったり,結婚したりすると住む場所も変わる。同時に,世界の中で,自然や社会のいろいろな出来事,技術の発展,経済の成長や停滞を経験していく。

　生まれてすぐに家庭で育てられ,家庭教育を受けるが,一定の年齢になると学校教育,初等,中等,高等教育を経て,職場に入る。職場ではまた研修を受け,パートナーが見つかれば新たな家庭を築き,子どもが生まれると,次第に親としてあるいは経験を積んだ職業人として,学ぶ側から,教える側に変わっ

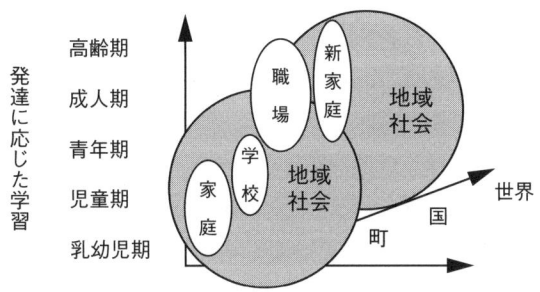

図 0.1　人の発達と生涯学習の場

ていく。しかし，学校教育は，長い人生のわずかな期間にすぎない。近年，生涯学習の重要性が強調されるのは，学校卒業後も学習を続ける必要性が高まっているからである。こうして，いろいろな場所で私たちは生涯学習活動を続けていくことになる。

　この「生涯学習」活動を支えるためのシステムとして，20世紀中葉には，「生涯教育」が提唱され，20世紀後半以降日本を含む多くの国々で生涯学習のための政策が展開された。従来の教育理論は，主に学校教育を中心として展開されてきた。学校外教育や家庭教育，学校や家庭外の社会教育については，主に成人教育や成人学習の理論として研究が行われてきた。しかし，近年は，学校教育や家庭教育も含めた生涯教育の理論，そして，教育する側に立った理論だけではなく，学習者の視点を含めた生涯学習活動を支える理論が必要とされてきている。

　誰にとって必要な理論なのか。学習の理論は，生涯学習の研究者や政策担当者，教育者だけではなく，本当に必要とするのは，学習活動を行う当の学習者ではないだろうか。近年の研究では，理論は机上のものにとどまらず，実践の現場でこそ磨かれていくものだという考え方がある。その意味では，学習者自身にも初歩的な立場から，新しい理論的視点を身につけてもらい，教育者や研究者とともに，生涯学習の今後の方向性を共に考えていくことがのぞまれる。

　ただ，生涯学習を行う人々にとっては，「理論」というと非常に難しいイメージがある。だが，本当に難しいものだろうか。

　理論とは，論理的な思考を進めるため，一定のルールや公式，秩序に従って物事が分析，整理され，1つのまとまりを持った知識のことである。これまでにも，哲学や科学の歴史の中で，いろいろな理論が自然や社会を説明するために考えられ，多くの人がそうした理論に基づいて世界を動かす実践的な活動を展開してきている。

　古くは，惑星の法則を発見したケプラーや物理学のニュートンなどの自然科学の理論，経済の分野ではケインズやマルクスなどの理論がある。20世紀にはもっと多様な分野で理論が生まれ，アインシュタインの相対性理論，ロールズの正義論，パーソンズの構造主義，ノイマンのゲーム理論，DNAの二重らせん構造の発見，ドラッカーの経営論などが提唱され，社会に大きな影響を

及ぼすとともに，現代も理論の進歩は続いている。

　教育や学習の分野でも，20世紀にいろいろな教育的実践と共に理論が産まれてきた。そして，教育以外の分野での理論や技術の発展が，教育の理論にも大きな影響を及ぼしてきている。

　私たちが理論を難しいと考える理由の1つは，その理論に詳しいはずの専門家たちがわかりやすい説明をしてくれないことにある。そこには理論の理解を妨げる多くのカベがある。専門用語のカベ，専門家が自分の「偉さ」を示そうとするカベ，専門家自身が理論をよくわかっていないために具体的な説明ができないというカベなどがある。

　こうしたカベを取り除きながら，理論がわかれば，私たちの学習はもっと進むはずである。実際，理論を学ぶことで，私たちが得られる効果は大きい。

　第1に，理論は，一生役に立つ。
　私たちが得る情報には，フロー情報とストック情報がある。フロー情報とは，一定期間だけ意味を持つ情報でいつも流れてしまう性質を持つ情報のことであり，毎日変わる電車のつり広告やテレビのニュース，新聞の一面記事のような情報である。その時には重要かもしれないが，時間が経つにつれて情報の価値は減っていく。一方，ストック情報とは，本や百科事典のように蓄えられた情報であり，時間が経ってもその情報の価値の減少は少ない。しかし，ストック情報も変化する。百科事典自体がすでに電子化して，毎日のように書き換えられていく時代になっているし，本の内容自体がフローな情報に占められたものであれば，ストック情報としての価値が低くなっていく。

　一方，同じ本であっても，哲学書や理論書は，長期間にわたり価値を持つ。その内容に普遍的なものが多いからである。本に限らず，専門家が専門家としての存在価値を持つのは，その知識が専門的でまとまりを持った理論によって裏付けられているからである。

　私たちは，特定の分野の専門的職業につくわけではないにしろ，もし，長期にわたるような知識や基本的な考え方を身につけようとすれば，いろいろな分野について理論的な知識を持っておくのが望ましい。理論的に身についた知識は，一生役立つ知識となり，いろいろな仕事で役に立つ。生涯学習の理論に

ついて書かれた本書は，その意味で学習を続ける人にとって長きにわたって役に立つ。

第2に，理論は，理解を助ける。
　私たちは，いろいろな知識を持っている。たとえば，出来事をわかりやすく考える時に，私たちは5W1Hで考える。いつ（When），どこで（Where），なにを（What），誰が（Who），なぜ（Why），どのようにして（How）と考える。新聞やテレビのニュースではこのうち，いつ，どこで，だれが，なにを，を簡潔に伝えてくれるが，難しいのが「なぜ」と「どのようにして」の問いへの答えである。特に，「なぜ」を理解したり，人に説明するためには，自然や人間の心，社会の動きについての「原理や法則に関する知識としての理論」が役に立つ。ニュースで専門家が出てくるのはそのためである。しかし，最近では，難しい専門家の説明よりは，よく学ぶニュース・キャスターやコメンテーターがもっとわかりやすい説明をしてくれる場合もある。
　ギリシャの哲学者アリストテレスは，人の知識を3つに分類した。普遍的で理論化された知識であるエピステーメ，技術的で，具体的な文脈に沿い，実践に関連した知識であるテクネ，そして，規範的で，経験に基づき，具体的な文脈に沿って常識に関わる知識であるフロネーシスである。理論は，このうち，エピステーメと呼ばれるもの，「なぜ」に答える知識である。もちろん，実践的な知識であるフロネーシスや技術の知識テクネを備えれば，私たちはさらに，いろいろなことの理解が増すだろう。
　リンゴが落ちるのはなぜなのか，栄養の知識を学ぶとなぜ健康にいいのか，信号はなぜ青，黄，赤の順に点灯するのか，などの背景にはそれぞれ物理学の理論，医学の理論，交通心理の理論がある。学習についても，情報を知り，知識を覚えるだけではなく，学ぶことそのものについての理論を知れば，いろいろな学習に役立てることができる。学び方の技術（テクネ）や学びの実践（フロネーシス）とともに。

第3に，理論は，説明の力を増す。
　理論とは，科学の原理であるというだけではなく，自分が知ったことを人

に伝える上で役に立つ説明の原理でもある。実際，筆者は，大阪の育ちのせいなのかもしれないが，いろいろな人の話を聞いていると，つい，「それであなたは，何が言いたいの」とつっこみたくなることが多い。話の肝となるメッセージや中心的なテーマがないままに情報を伝える人の話には，説得力はない。特に，説明している事柄についての理解が足りない人の説明は，さらに「わからない」。その人自身が，よく理解できていないから，話が抽象的になったり，抽象的な言葉がたっぷりと飛び出してくるのである。「理論バカ」と呼ばれる人は，理論をよくかみ砕かず，理解できないままに抽象語を操って，わからないままに使おうとするからそう呼ばれる。それでは人に伝わらない。逆に，本当によく理論を理解している人ほど，いろいろな例で説明を上手に行え，聞き手の納得感が増す。話に骨があり，筋が通っているからである。

　第4に，理論は，私たちの成長や社会の進歩をうながす。
　科学や哲学の理論は，人類の歴史や世界の変化の中で，日々進歩している。20世紀後半の急速な技術の進歩は，人類にコンピュータという新しい考える道具をもたらし，その道具がさらにいろいろな分野の理論の進歩を促している。本書で取り扱っている学習の理論も例外ではない。脳科学，生物科学，ネットワーク科学，ニューサイエンスなど多くの理論の進歩が学習理論の進歩をももたらしており，本書ではその一端を紹介している。
　多様な学習理論の進歩を知ることによって，本書の読者は，読者自身が持っている学び方や学習の習慣についてさらに深く，広く考えていくことができるだろう。その考える力の向上は，読者自身の進歩，学ぶ力の進歩だけではなく，仕事の力の向上，人間関係の改善や生活の向上にもつながり，私たちの生活や社会自体の進歩をもたらすことにもつながるだろう。

本書の内容

　本書は，こうした視点に立って，初学者にもわかるように，最近の生涯学習理論を説明するように努めた。
　第1章「意識変容の学習」では，私たちの人生から意識変容の学習の例を

取り上げ，経験，批判的ふり返り，発達などの重要な概念を説明し，さらに個人，社会，神経生物学といった意識変容の学習の多様な視点を紹介する。第2章「職場における学習」では，これまで人材開発や職業訓練という領域で議論されることが多かった職場の学習について，多様な分野や国の特性を反映した研究の動向を踏まえながら，個人学習，チーム学習について新たな視点を提供する。さらに，第3章「おとなの生きる力」では，急激な社会変化の中を生きるために，国際的に提案されたキー・コンピテンシーという考え方を紹介する。この力は，自分が持つ資源を活用する力であり，その力を身につけることが自信をつけ，おとなの生きる力となって個人の幸福や社会の発展につながるという。第4章「生涯学習に関する社会理論」では，生涯学習という考え方自体を問い直す。実際，この考え方は，社会の真理や知識，アイデンティティのあり方に大きな影響を与える。背後にある産業や社会の変化を踏まえて，近代主義（モダニズム）からその批判理論，ポストモダニズム，そしてさらにペリポストモダニズムの考え方を紹介する。

第5章と第6章は，私たちが学んだことをどう社会に活かすかという問題と取り組む。第5章「シティズンシップと生涯学習」では，市民性をどう学ぶか，そして，第6章「成人教育学とサービスラーニング・アプローチ」では，学校と地域社会をつなぐプログラムとしての「サービスラーニング」に取り組む。

第7章「学習の内部プロセス」では，再び個人の問題として，学習の内部プロセスとしての「脳と記憶」について，最近の脳科学の発展を踏まえながらその学習との関わりを見ていく。また，第8章「生涯学習へのナラティヴ・アプローチ」では，「物語る動物」である人間の「語り」や「物語」が，どう生涯学習とつながるかを考えていく。日記やライフ・ヒストリー，事例やシナリオ，ドラマといった方法を含めて，話したり，書いたりする私たちの活動の意味を問う。活動という点では，第9章「身体を通じた学習」も重要である。身体を通じた身近な学習，剣道，柔道，合気道，華道，書道，日本舞踊などの例を考えながら，学習経験にみられる頭，心と身体の結びつきとその深い意味を捉えていく。

第10章「スピリチュアリティの学習」では，経験や学習を通じて生じるスピリチュアルな，魂にひびく感動や信念が持つ意味を具体的なエピソードを交

えながら，考えていく。そこでは，人と社会のつながりや関わりの重要性が示され，さらに第11章「社会関係資本と生涯学習」では，特に，私たちの社会とのつながりがいかに私たち自身を豊かにし，また学習そのものを向上させるか，その「人間関係の大切さ」を考える。

　個人から社会へのつながりと関わりを含めて，第12章「特別講演　成人学習理論の新しい動向と研究」では，本書のきっかけとなったアメリカの成人教育研究者，シャラン・メリアムさんの講演を納める。ここでは，本書全体の流れを再度確認できるだろう。

　本書を通して，生涯学習を少しでも「理論」的に考えることを読者が始められれば，本書のねらいは十分果たせると思う。本書は，どの章から読み始めていただいても大丈夫だし，それぞれの課題への関心が生まれ，新しい視点，パースペクティブを持っていただくことが生涯にわたる学びへの新たな一歩となるだろう。

2011年1月　　　　　　　　　　　　　　　　　　　　　　　立田　慶裕

第1章

意識変容の学習

岩崎　久美子

✚ 章のガイド
　本章では，最初に，意識変容の学習の例を私たちの人生から取り上げる。続いて，理論を構成する経験，批判的ふり返り，発達などの主要概念を明らかにし，さらに個人的視点，社会文化的視点，神経生物学視点などの異なる意識変容の学習の視点を紹介する。そして最後に，意識変容の学習の新たな研究展開の方向性を示す。

✚ キーワード
　意識変容 (transformative learning), 移行期（過渡期）(transitional period), ライフ・イベント (life event), 経験 (experience), 意味づけ (meaning making), 批判的ふり返り (critical reflection), 発達 (development), パースペクティブ (perspective)

第1節　人生に関わる意識変容の学習

1. 意識変容の学習の例

　意識変容の学習とは何か。意識変容の学習の説明にあたってまず具体的な例を示そう。たとえば，次のような話である。
　「ジェリは，子ども2人に恵まれ，成功した弁護士で園芸専門家であった。彼女は，その翌年には法律事務所の共同経営陣に名を連ねる予定であった。その矢先，彼女は骨肉腫と診断されたのである。彼女は，治療法の選択肢を徹底的に調べ，患者支援団体に入会した。診断を受ける前，ジェリが重要と思っていたことは，高級住宅地に今よりも大きな家を買い替えし，『夢のような車』を購入し，ヨーロッパで家族とともに休暇を楽しむことだった。診断後，ジェ

リは，彼女の優先順位を考え直し，モノの所有よりも家族や友人との関係の方がより重要だと考えるようになった」(Merriam, 2007: 130)。

　このようなものの見方（レンズ）が変わるプロセスは，多くの場合，精神的重圧や苦痛，自分の存在自体も問い直すような厳しい経験をきっかけにもたらされる。われわれの認識は，このような出来事により，それまでの固定観念から新しい領域へと広がっていく。自分のものの見方，つまり認知の変容するプロセスが意識変容の学習の意味するところである。経験をふり返り，その前提を問い直し，それまでのものの見方を修正するプロセスを重視するという点で，意識変容の学習は，成人学習者の特徴を中心にとりあげるほかの成人学習理論とは異なる様相を持つ。

2. 意識変容のプロセスと意味づけ

　意識変容のプロセスでは，ものの見方（レンズ）が変わることが重要であるが，そのためには，自分として納得しうる解釈が必要となる。このことが意味づけ（meaning making）ということである。意味づけには，満足をもたらす意味づけと不満足をもたらす意味づけがある。図1.1にあるように，満足をもたらす意味づけの場合，問題は少ないが，不満足をもたらす意味づけの場合には，自我に関わる変容が必要とされる。さらに発達した意味づけにいたるには，時間や周囲のサポートが必要である。このような意識変容にいたる心理的プロセスには，いくつかの段階があることが明らかにされている。つまりそれは，事実を受け入れ，その意味づけから，新しいものの見方へと考えを広げるプロセスである。

　たとえば，シュガーマン（Sugarman, L.）は，次の7つの段階をあげる。

第1段階　固定化：うちのめされた凍りついた感覚を持つ
第2段階　反応：高揚感から絶望へ急激に気分がぶれる
第3段階　最小化：感情と予期されたイベントの影響を最小に捉えようとする
第4段階　諦念：過去と訣別する
第5段階　試行：新しい領域を探索する

第6段階　意味の探究：意識的に経験から懸命に学ぼうとする
第7段階　統合：変化に伴うやすらぎが訪れる

　ここでの第1～第4段階は、ものごとを受入れる受容のプロセスである。そして、第5～第7段階が意識が変容するプロセスということになる。

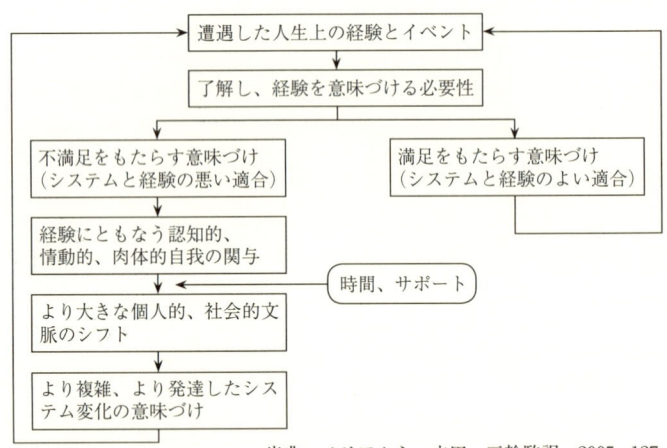

出典：メリアムら，立田・三輪監訳，2005：127
図1.1　満足をもたらす意味づけと不満足をもたらす意味づけ

3. 意識変容の機会：ライフ・イベントと移行期

　私たちが、ものの見方を変える機会は、人生の中でたくさんある。特に、劇的な変化が生じるのは、人生の中で危機に直面した時である。人生は平坦ではなく、私たちは、生きていく過程の中で、親や配偶者などの重要な他者の死、離婚、失業、退職といった個人的危機、戦争や自然災害といった社会的危機といったものに予期せず遭遇する。このような生活を形作る人生上のできごとをライフ・イベントとよぶ（表1.1参照）。このうち、冒頭のジェリの話の例にもあるように、特に病気や死を意識させられるような心理的危機を伴う大きなライフ・イベントでは、人生観を根底から変える大きな意識変容がもたらされることが多い。それは、「健康で過ごしている時、人は日常の生活や人間関係に流され、本当の自分というものを意識し確認することはなかなかできない。ところが、病気になると、日常的な生活や人間関係から引き離され、病苦という

第1章 意識変容の学習　17

表1.1　ライフ・イベントの分類

領　域	分　　類	ライフ・イベントの例
個人的領域	予期したこと	就職，結婚，出産
	予期されないこと	配偶者の死亡，リストラ
	期待はずれのこと	不妊症，引きこもりの子ども
	潜在的に起こる可能性のあること	仕事のつまらなさ，恋愛
文化的領域	社会的・歴史的出来事	戦争，女性運動，自然災害

出典：Merriam et al., 立田・三輪監訳 2005:121-122 から摘記，図表化

他人と共有しにくい心身の出来事に直面させられ，だれしも否応なく自分と向き合わざるを得なくなる」（立川昭二，1999: 11）からである。

　ライフ・イベントとともに心理的危機と関連するのは，心理的不安定さに直面する特定の年齢の時期の問題である。この時期は移行期（過渡期）とよばれる。人生の流れは，ライフサイクルということばで表されるが，そこでは，ひとは人生の中で安定した時期とその間にある移行期（過渡期）とを交互に経験する。移行期（過渡期）には，重なり合う発達期（「1.児童期と青年期」「2.成人前期」「3.中年期」「4.老年期」）が認められる。1つの発達期から次の発達期への移行期（過渡期）は，ライフサイクルの重要な転換点である。この移行期（過渡期）の時期は，研究者によって若干異なるのであるが，たとえば，レビンソン（Levinson, D. J.）は，移行期（過渡期）として，「幼児への過渡期」（0～3歳），「成人への過渡期」（17～22歳），「中年への過渡期」（40～45歳），「老年への過渡期」（60～65歳）を挙げている。

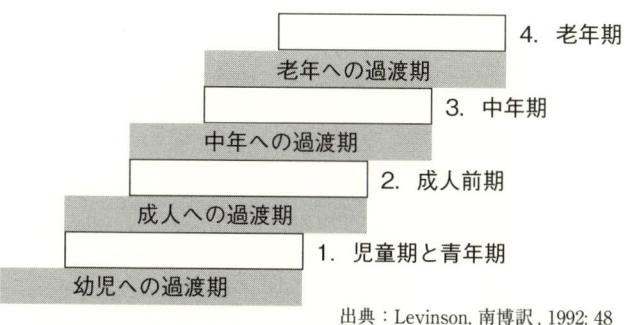

出典：Levinson, 南博訳，1992: 48

図1.2　移行期（過渡期）

コラム 1.1
中高年の危機

　レビンソン(Levinson, D. J.)[1]らは,35歳から45歳の男性40名(「工場の労働者」「企業の管理職」「大学の生物学者」「小説家」のそれぞれ10名)について,ライフヒストリーを聞く面接調査を実施した。その調査結果に基づき,人生を「児童期・青年期」「成人前期」「中年期」「老年期」の4つの発達期に区分し,この4つの発達時期を,それぞれ春,夏,秋,冬の四季にたとえた。それぞれの発達期には発達課題が存在する。この発達期の年齢区分で重複するところが新しい発達期にいたる「過渡期」である。特に人生半ばの過渡期としての40～45歳(中年の過渡期)は,これまでの人生をふり返る折り返しの時期であり,生活構造を再編成する時期である。この時期には,離婚や職業上の変化等の外的変化とともに,心理的課題の解決が求められる。しかし,ここでの課題の対処に困難が生じると,心理的危機に陥る。

　レビンソンと同様に,ニューガーテン(Neugarten, Bernice L.)[2]は,45歳から55歳の社会的栄達を遂げた男女100人にインタビューをし,男女の中高年期の特質を明らかにしている。ニューガーテンによれば,中高年は,自分の置かれた社会環境のなかのポジションについてよく認知するなど,人生の中できわめて内省的な時期であり,自分についての認知を再点検する時期である。この時期は,女性は自分自身のために使える時間とエネルギーが増加し,潜在化していた才能や能力を新しい領域で活用しようとするが,男性は,仕事の重圧が増え,自由度が少なくなる時期でもある。

　中高年期は,生活構造の改編期であり,男女ともに(男性は女性以上に),今まで過ごしてきた時間よりも残された時間を考慮して,人生を立て直そうとする。それは,職業人や専業主婦,あるいは,夫や妻,父親や母親などの地位や役割の変容と再編であり,欲望の内容や水準の変容であり,また,目的を達成するのに用いることができる手段の変化を伴うものである。

参考文献
(1)　Levinson, D. J. (1978) *The Seasons of a Man's Life*.
(2)　Neugarten, B. (1964) *Personality in Middle and Late Life*.

この移行期（過渡期）に，人は自分の生活構造を見直し，自己と外界における可能性を模索し，新しい生活基盤となる選択へ向かう。心理的危機をもたらすライフ・イベントや移行期（過渡期）では，変化に伴い学習がなされ，意識変容がもたらされる可能性が高い。そのため，ライフ・イベントや移行期（過渡期）に，どのように対処するか，そして，どのようにそこでの経験を成長の糧にするかが成人期の課題となる。

　このようなライフ・イベントと移行期（過渡期）に関わる研究をレビューしたメリアムらは，(1) 移行期（過渡期）に伴う学習は，仕事や家族の問題と関連する場合が多いこと，(2) 家族の死，離婚，深刻な病気など不幸なできごととしてのライフ・イベントから，人生の深淵な意味をくみ取る学習がなされることを明らかにしている（Merriam et al., 立田慶裕・三輪建二 監訳 2005: 135）。このような点で，ライフ・イベントや移行期（過渡期）における心理的危機は，人生の重要な学習のニーズと機会をもたらすものでもある。

第2節　理論を構成するもの

　ここまで意識変容がどのような状況で生じるかを概説してきたが，次に意識変容の学習の理論的構成要素を見てみたい。

　意識変容の学習をとりあげる理論は多々あるが，いずれの理論にあっても，学習を構成する共通のものとして，(1) 経験，(2) 批判的ふり返り，(3) 発達，が挙げられている。ここでは，理論の説明に先立ち，この3つの要素を説明したい。

1. 経験

　成人教育の代表的理論であるアンドラゴジー（andragogy: M. ノールズによって体系化された成人学習論）の仮説の1つは，成人は，自分と他者の学習のためのリソースとして，経験を利用するということである（Knowles, 2002）。意識変容の学習の唱道者であるメジロー（Mezirow, J.）も，「意識変容的な成人教育のテーマは学習者の経験」（Mezirow, 1995: 58）としている。経験は，おとなの学習者のリソースであり，経験こそが学習の基盤なのである。

学習の中で経験を用いる方法は，学習理論の方向づけで異なってくる。テナント（Tennant, M. C.）は，意味づけをサポートする場合，成人教育者（教師）がどのように学習のリソースとして経験を扱うかについて，次の第1段階から第4段階まで例示している。

第1段階：学習者の事前の経験に，説明と例示を関連づける
第2段階：学習者の現在の経験に，仕事，家庭，コミュニティでの学習活動を，関連づけるよう試みる
第3段階：シミュレーション，ゲーム，ロールプレイのように学習者の活発な参加を必要とする学習経験を設計する
　⇨ **学習者**：個人的なふり返りとグループでの話し合いを通じ，意味を形成する共通の基礎の確立
第4段階：意識的に学習者の世界観を混乱させ，学習者が以前は当たり前と思っていた経験の解釈について不確実さ，あいまいさ，疑いを刺激する
　⇨ **学習者**：経験に対する意味づけの批判的な精査
（Tennant, 1991: 197）

テナントのいう第4の段階は，成人教育者が学習者の意識変容のために，経験を利用するところを的確に表すところである。注意しなくてはならないことは，経験は必ずしも学習を引き起こすわけではなく，転職や離婚といった同じ経験であっても，ある人にとっては学習を引き起こすが，そうでない人もいるということである。

2. 批判的なふり返り

これまでの生活構造の中にうまく受け入れることができない経験が生じると，そこから意識変容の学習プロセスは始まる。

メジローは，状況が変化し，私たちの認識の範囲を越える時，新しい状況をいっそう適切であると見なすために，私たちは考え方やふるまい方に対して暗黙の決定を行うとしている。ここでは，それまでの前提についてのふり返り

がなされ，受容に向けての劇的な変化が生じる可能性がある。

　メジローは，このようなふり返りを3つのタイプに分けている。第1は，実際の経験それ自体について考える「**内容のふり返り**」，第2は，経験の扱い方，問題解決方法について考える「**プロセスのふり返り**」，第3に，経験や問題について長い間抱き続けた，社会的に組み立てられた前提，信念，価値観を吟味する「**前提のふり返り**」である。最も意識変容にいたる可能性があるのは，この前提を問う批判的ふり返りによる経験の意味づけにおいてである。経験それ自身は変容をもたらすのに十分ではないが，批判的にふり返ることで，私たちは経験を意味づけることにいたるのである。このような批判的なふり返りが，意識変容の学習プロセスの中心である。

3. 発達

　経験と批判的なふり返りに加えて，意識変容の学習理論には個人の発達という概念がある。変容をもたらすことに必須である批判的に考える能力は，それ自体発達的である。このような個人の発達は，プロセスに固有なものでもあり，またプロセスの結果でもある。たとえば発達もまた，意識変容の学習の成果なのである。

　メジローはものの見方として，パースペクティブということばを用い，このパースペクティブの変容こそが，成人の発達の中心的プロセスであると述べている。そして，より広い範囲の経験を扱い，識別力があり，他のパースペクティブに開かれていて，経験を統合するのを許容するものの見方（意味パースペクティブ）の方が，より優れたパースペクティブであると結論づける。

　意識変容の学習と同様，多くの成人学習研究が発達や成長という考え方に根ざしている。この方向づけを支えているのは人間主義的心理学の考え方である。たとえば，その代表のマズロー（Maslow）は，「基本的な人間の欲求は，健康，人間性，自己実現，円熟に向かって成長する」（Maslow, 1968:117）としており，また成人学習理論を体系化したノールズ（Knowles, M.）は，人間性の視点から，成人学習を「成人が自己の発達や成熟のために用いるプロセス」として定義している。

　このように，意識変容の学習は，第1に，人生経験をふり返りの材料とし，

かつ出発点として仮定する。第2に，変容のための必要条件である人生経験を批判的なふり返りの方法に関わらせる。第3に，すべてのプロセスは変化，すなわち成長を高める発達的な変化である，といった3点に要約できるのである。

第3節　意識変容の学習のさまざまな理論

ここまで，意識変容の学習の全体像を見てきた。

意識変容の学習が取りあげられる際，最初に体系化したメジローの視点が唯一の概念と捉えられがちである。しかし，さまざまな研究者によって提出された意識変容の学習を多様に取り扱う理論があり，それぞれの理論が重視する点は，それぞれ異なっている。テイラー（Taylor）は，意識変容の学習を考える上で7つの代表的理論を挙げ，それを「学習の所在」（locus of learning）に基づき，個人的視点と社会文化的視点から，表1.2のように分類している（Taylor, 2008=2010: 20-24）。

ここでは，テイラーの分類と解釈に従い，意識変容の学習のそれぞれの理論の内容を紹介しよう。

表1.2　意識変容の学習の理論

分類	理論	代表的研究者
個人的視点	精神批判（psychocritical）理論	メジロー（Mezirow, J.）
	精神発達（psychodevelopment）理論	ダロス（Daloz, L.）
	精神分析（psychoanalytic）理論	ボイド（Boyd, R.）
社会文化的視点	社会解放（social-emancipatory）理論	フレイレ（Freire, P.）
	文化精神（cultural-spiritual）理論	ティスデル（Tisdell, E. J.）
	人種中心（race-centric）理論	シェアド（Sheared, V.） ジョンソン・ベイリー（Johnson-Bailey, J.） アルフレッド（Alfred, M.）
	プラネタリー（planetary）理論	オサリバン（O'Sullivan, E.）

出典：Taylor, 2008に基づき筆者作成

1. 個人的視点
(1) 精神批判理論

　メジローは，後述のフレイレ（Freire, P.）の影響を受け，自分の経験をどのように解釈するかに関する理論を1978年（Mezirow, 1978）に発表した。メジローは，意識変容の学習を次のように定義している。

「学習は，未来への行動につなげるために，以前の解釈を利用しながら，自分の経験の意味についての新しい，あるいは修正した解釈を分析するプロセスとして理解される」(Mezirow, 1996: 162)。

　このような，意識変容の学習の代表とされるメジローの精神批判理論では，経験に基づく意味の構造を，信念，感情，態度，価値判断である「意味パースペクティブ」（meaning perspective）と，それを具体化した「意味スキーム」（meaning schemes）とに区別して考える。そして，これらのパースペクティブの変容が意識変容の学習の鍵と考える。人々がパースペクティブの変容の結果としてつくりだす新しい意味は非常に主観的で，個人的で変化しやすい。

　たとえば，身近な例として意識変容をもたらす，ライフ・イベントとしての親しい者の死，転職，病気といった危機的と感じる経験や人生の混乱を引き起こすようなジレンマに陥る場合を考えてみよう。人は，第1段階として自己の前提について批判的にふり返り，第2段階として批判的なふり返りによる洞察を確認するため議論し，そして第3に行動する。ふり返りから行動にいたるこの3つの段階は，細分化すると，さらに次の7つに分けられる。つまり，ジレンマから再統一にいたる変容である。

---

　①混乱を引き起こすようなジレンマ
　②学習者による自己分析
⇨　　罪悪感や羞恥心といった感情が付随し，ときに支えを求めて信仰に転じることがある
　③前提の批判的な評価
　④他のひとも同じようなプロセスを経ていることの理解
　⑤新しいルールや関係，行動を形づくるために異なった選択肢の探索

> ⑥行動の計画
> ⇨ 知識と技能を得る，新しいルールを試す，関係を修正して新しい関係を取り決める，能力と自信を築く
> ⑦再統一

　メジロー（Mezirow, 1996: 162-163）は，意味とは，書物のような外的な形態であるよりも，むしろ私たち自身の中に存在しており，現実に対する私たちの現在の解釈は常に修正あるいは交換の対象であるとしている。また，自分の経験の意味を理解するというニーズほど，人間にとって根本的なニーズはないとし，解釈としての意味づけの重要性に触れている。このように，意識変容の学習プロセスの中心は，経験をふり返ることにあり，それゆえ，人生経験と深く結びつくものなのである。

(2) 精神発達理論

　ダロス（Daloz, L.）は，意識変容の学習の不明確で直感的な性質に着目し，プロセスの中で，自分が語る解釈としての物語の持つ重要性に言及する。このことは，メジローが，変容に対する理性的プロセスを重視する中で見落としてきた点である。

　意識変容の学習の精神発達的視点では，継続的，付加的，漸進的成長を反映する生涯を通じての発達を重視する。変容のこの視点の中心は，行動のレパートリーや知識の量における単なる変化ではなく，私たちがどのように遭遇した出来事の意味づけをするかといった認識の変化にある。さらに，この視点では，人と人とのやりとりや関係の持つ役割，個人的な文脈の影響を考慮する。

(3) 精神分析理論

　この理論の提唱者であるボイド（Boyd, R.）は，シンボルの重要性と意識変容の学習プロセスにおける無意識を解釈しようとする。精神分析的視点では，個人の個性化のプロセスに注目する。つまり，意識変容のプロセスとは，個人としてのアイデンティティを形づくる精神構造（エゴ，影，ペルソナ，集合的無意識）について，ふり返ることを通じて，自分自身を理解するための生涯にわ

たる遍歴と考える。この個性化のためには，新しい才能の探求，エンパワーメントと自信の意味，内なる自分のより深い理解と自己責任が必要とされる。

　以上「精神批判理論」「精神発達理論」「精神分析理論」の３つの理論の分析単位は個人にあり，意識変容の経験の上で，文脈の持つ役割と社会変化はほとんど考慮されていない。この点から，次に紹介する４つの理論は，社会文化的視点から意識変容を捉えるものである。

2．社会文化的視点
(1) 社会解放理論
　意識変容の学習への社会文化的アプローチの中で，最もよく知られているのはブラジルの教育者フレイレの社会解放理論である。これまで紹介したメジローの理論が個人的な変容に焦点を置いたのに対し，フレイレの理論は，貧困や抑圧の文脈から生じ，急進的な社会変革といった，より大きな枠組みの中に設定されている。フレイレのアプローチでは，個人的なエンパワーメントと社会変革は複雑にからみあった，分離できないプロセスとして捉えられている。
　フレイレは，教育の種類を２つに分けて論じる。つまり，「銀行型」教育と呼ばれる知識が学生の内部に蓄積されていくもの，そして，「課題提起型」教育と呼ばれる教師と学生が人間中心主義化と解放を求め，対話の中で協力して行うものである。
　解放のための教育では，その人の意識は変容されなくてはならない。フレイレが意識化とよぶこのプロセスの中で，人は，生活を形成する社会文化的現実とその現実を変容するための能力について深い気づきを得る。このプロセスにも，やはり段階がある。第１の気づきの浅い段階では，自分の世界について何も問題にせず，宿命的な意識を持つのみである。外的な圧力を受け入れており，その状態を変えるために行動しうることは何もない。第２のまったく気づきがない状態と批判的意識の間の段階では，人々は自分には生活をいくらか統制する権利があり，問題にしてもよいと気づき始める。第３の意識の最も洗練された段階は，批判的意識である。ここで人は生活を形成する力について深い理解を得て，公正な現実を実現する活発な担い手となる。

自分の状況についての気づきを高めるということは，自分の生活をどのように形成するのかについて，意識の最も低い，何の理解もない段階から，批判的意識の最も高いレベルに進むことを伴う。

(2) 文化精神理論

　文化精神理論は，個人のさまざまな社会的に構成された地位（人種，階級，ジェンダー）と，物語ることによって生じる知識の構造の間の連携を強調する。この考え方は，文化的-霊的（cultural-spiritual）見方を促すことを重視する。この場合，文化的-霊的視点とは，個人と社会構造間の接続や，社会的立場が異なる人たちを交わらせる概念に関係し，いかに学習者が経験を物語ることで知識を構築するかに重点的に取り組むものである。

(3) 人種中心理論

　人種中心理論は，アフリカ系の人々（特に黒人系の女性）の社会文化的，政治的，歴史的文脈での個々人の経験における意識変容に焦点を当てる。この理論では，西欧中心ではない視点や人種を分析単位とするなど，異文化間の関係が重視される。その目的は，個人，社会レベルで物語ることで，精神的な認識の発達とともに，物語的な，自己やそれをとりまく社会への意味づけに対する変容を促すことにある。

　従来，この人種中心理論の対象であるアフリカの人々は，伝統的に，通過儀礼や儀式などの意識変容の学習を行う教育システムを持っている。それは，アフリカの人々にとっては，社会のすべての構成員の意識を自己，コミュニティ，宇宙と，より関連づける働きかけである。これらのアフリカ系の人々に特有の文化に加えて，この考え方には，アフリカ系の人々が，意識変容の学習を形成する3つの特徴的な概念があるとする。つまり，歴史的に沈黙させられた人々に発言を促し，社会的一体性を促すこと，文化的なアイデンティティを持ってエンパワーメントするよう働きかけること，そして，文化と文化との間で，また，文化を超えた効果的な交渉を学ぶことである。意識変容の学習を促すことは，この理論では，政治的構造を用いて熟考をもたらす意識上の戦略として考えられている。

(4) プラネタリー理論

　プラネタリー（惑星的）理論は，宇宙，惑星，自然界，人間コミュニティ，個人的世界の相互接続性を検討する。この理論は，個人を超えた人生の文脈の全体性を考慮に入れることで，教育の基本的な課題に触れる。この視点による意識変容の教育の目的は，政治，社会，教育の全体のシステムの再編にあり，機能不全となっている西欧中心の文化に基づく技術産業的価値観から，社会における新しい物語を創出することにある。この視点の重点は，宇宙，惑星，自然環境，人間のコミュニティ，個人の世界における相互関連性を認識し，統合された世界観を持つことにあり，社会政治的な側面からだけでなく，生態的地球的な側面からも個人を認めることである。

3. 神経生物学的視点

　表1.2に掲げた7つのレンズ（ものの見方）に加え，さらに最近の理論として提出されているのは，意識変容の学習の神経生物学的視点である。

　脳科学に基づく理論の進展はめざましく，医学画像技術を用いた臨床に基づく研究などによって，これまでわからなかった脳の機能が科学的に明らかにされてきている。神経生物学的には，意識変容とは，自律神経系の副交感神経と，内分泌系の視床下部-下垂体ピトシン分泌によって生じる現象である。つまり，このことは，脳が実際に，学習のプロセスの間変化することを示唆する。たとえば，神経生物学的視点によれば，意識変容の学習に関し，(1) 探索に先立ち不快感情を伴うこと，(2) 学ぶ者の経験，ニーズ，関心に根づいていること，(3) 感情的で，感覚的で，運動感覚的な経験によって強化されること，(4) 男性と女性との間で学習に差異があること，が明らかにされている。そのため，教育者は，神経生物学的システムの理解と知識を身につける必要がある（Taylor, 2008=2010: 22）。

　これらの脳科学による知見は，行動主義，認知主義，構成主義などの伝統的な学習モデルに疑問をなげかける。この視点によれば，学習は，意思や興味に基づき，探索され，メンターに支援されるものであり，より高い認知レベルでの最も効果的な方法として考えられるのである。

第4節　研究の方向性

1. 新たな研究の展開

　意識変容の学習理論は，成人学習の研究における成長分野とされており，成人教育者の役割や成人を教える実践へも重要な示唆をもたらす。このような意識変容の学習理論の今後の研究展開について，テイラー（Taylor, 2008=2010: 24-27）は，以下のとおり整理している。

(1) 経験を形成する要因

　研究の関心は，特定のライフ・イベントとの関連における意識変容の可能性よりも，意識変容をもたらす経験（批判的ふり返り，ホリスティックな考え方，そして関係性）を形成する要因に移ってきている。

　これまで紹介してきたように，意識変容は，ものの見方を構築することに始まる，永続的で不可逆な発達プロセスとして知られてきている。今後の研究は，行動と考え方の変容との関係を実証することに焦点があてられている。たとえば，持続可能な社会に向けて，市民運動を育てていくことに意識変容の可能性を見出す研究者もいる。このことは，新しい考え方に基づいて行動する必要性を熟慮する存在論的なシフトを伴うことである。意識変容の過程にあって，成人教育者は，学習者に教室内や教室外で行動する実践の機会を創出することが重要となる。

(2) 批判的ふり返りや意識変容の学習の重要性

　批判的ふり返りや意識変容の学習の重要性についての新しい研究成果が提出されてきている。特に，それらは，ふり返りの本質，ふり返りの指標，仲間同士の対話を通じ集団でのふり返りに影響を与える要因，そして，ふり返りが起きない理由について明らかにする。たとえば，学習者にふり返りを行わせる場合，成人教育者は，知識の裏に潜んだ前提に疑問を投げかけることを重視し，ふり返りを経験に基づく発達プロセスとして考えるのである。

　成人教育者には，教室での対話，批判的な問いかけなど，発達を支援する教

室内での実践が期待される。また，ここでは学習者がより内省的になることは，時間と継続的な実践を求める発展的プロセスであるという認識が重要となる。

(3) 意識変容のホリスティックなアプローチ

さらにこの分野の研究は，意識変容の学習へのホリスティックなアプローチの重要性を実証しようとしている。ホリスティックなアプローチは，意識変容の学習のプロセスにおける感情の持つ役割，知ることの直観，身体的方法，そして，他者との関係の持つ役割を認めるものである。成人教育者は，意識変容の学習を促す際，理性と呼応し，学習者の感情に配慮することが大事である。

加えて，他のホリスティックなアプローチは，意識変容の学習における他者との関係性の重要性を盛り込んでいる。意識変容のために最も重要であると考えられている関係のタイプは，(1) 愛情を持った関係（強化された自己イメージ，友情），(2) 記憶的な関係（以前知り合った人，あるいは，故人）(3) 創造の関係（自分との対話，瞑想）である。また，いくつかの研究は，平等な立場の，評価を伴わないフィードバック，自発的な参加，パートナー選択，信頼や相互の目的の確立などがある学習状況が成功するとし，その際の学習仲間の効果を明らかにしようとしている。

(4) 意識変容の欠落・阻止要因

以上の研究のほか，個人の中での，意識変容の欠落や意識変容を阻止する，あるいは抑制する障壁に関心が持たれてきている。意識変容の学習に対する学習者の抵抗と障壁への対応は，教育者にとって，学習者の変容へのレディネスを認識することである。最近の研究は，学習者に共通する人生経験というものが持つ役割を評価し，敏感で変化を欲している学習者をより理解しうることが重要であるとしている。

2. その他の課題

1978年にメジローがこの意識変容の学習の理論を提出して以来，この領域をめぐって非常に盛んに研究がなされてきた。意識変容の学習の理論の魅力は，心理的危機に直面した後で，成人のそれぞれが自分自身で何を学びとるかとい

う点に注目することにあろう。意識変容の学習に多くの関心が寄せられるのは，このような危機的状況を克服するために，人々がその経験をふり返り，意味づけや前提となっているものの見方を問い直し，認知を変えていく点に注目するからである。自分の人生をより良いものにしたいという思いや成長への本能的欲求がおとなの学習の原動力なのである。

人生に対する認識が変わるような経験をした人々に対し，意識変容の学習は，たとえ辛い経験でさえも，人生の経験として無駄ではないと教えてくれる。遭遇したライフ・イベントがどのようなものであっても，その経験をどう意味づけるか，そしてそこから何を学ぶかが重要なのである。

意識変容の学習の考え方は，人生を肯定的に捉える視点が多く含まれている。このような前向きの考え方が，多くの成人研究者や教育者，そして学習者に，意識変容の学習が支持される所以なのではないだろうか。

■引用・参考文献

Boyd, R. D. and Meyers, J.G. (1988) "Transformative Education." *International Journal of Lifelong Education.* 7, 261-284.

Clark, M. Carolyn, (1993) "Transformational Learning." in Merriam, Sharan B. (ed.), *An Update on Adult Learning Theory.* 57, Jossey-Bass Publishers, 47-56,

Daloz, L. (1986) *Effective Teaching and Mentoring: Realizing the Transformational Power of Adult Learning Experiences.* Jossey-Bass.

Freire, P. (1970) *Pedagogy of the Oppressed.* Continuum.〈邦訳〉小沢有作・楠原彰・柿沼秀雄・伊藤周訳（1979）『被抑圧者の教育学』亜紀書房。

Johnson-Bailey, J., and Alfred, M. (2006) "Transformational Teaching and the Practices of Black Women Adult Educators," in Taylor, E. W. (eds.), *Fostering Transformative Learning in the Classroom: Challenges and Innovations.* New Directions in Adult and Continuing Education, 109, Jossy-Bass.

Knowles, M. S. (1980) *The Modern Practice of Adult Education : From Pedagogy to Andragogy*, Cambridge Books.〈邦訳〉堀薫夫・三輪建二監訳（2002）『成人教育の現場的実践：ペダゴジーからアンドラゴジーへ』鳳書房。

Levinson, D. T. (1978) *The Seasons of a Man's Life.*〈邦訳〉南博訳（1992）『ライフサイクルの心理学』（上）（下），講談社。

Maslow, A. H. (1962) *Toward a Psychology of Being*, Van Hostrand.〈邦訳〉上田吉一訳（1998）『完全なる人間：魂のめざすもの』誠信書房。

Merriam, Sharan B., Caffarella, Rosemary S., Baumgartner, Lisa M. (2007) *Learning in*

Adulthood: A Comprehensive Guide. Third Edition, Jossey-Bass Publishers. 〈邦訳〉立田慶裕・三輪建二監訳（2005）『成人期の学習：理論と実践』鳳書房。

Mezirow, J. (1978) *Education for Perspective Transformation: Women's Re-entry Programs in Community Colleges.* Teachers College Columbia University.

Mezirow, J. (1995) "Transformation Theory of Adult Learning," in Welton M. R. (ed.), *In Defense of the Lifeworld*, SUNY Press.

Mezirow, J. (1996) "Contemporary Paradigms of Learning." *Adult Education Quarterly.* 46 (3), 158-172.

Mezirow, J. (1997) "Transformative Learning: Theory to Practice," in Cranton, P. (ed.).*Transformative Learning in Action: Insights from Practice.* 74, Summer 1997, Jossey-Bass Publishers.

Neugarten, B. and Others (1964) *Personality in Middle and Late Life: Empirical Studies,* Atherton Press.

O'Sullivan, E. (1999) *Transformative Learning: Educational Vision for the 21st Century.* Zed Books.

社会教育基礎理論研究会編（1979）『叢書　生涯学習Ⅶ　成人性の発達』雄松堂出版。

Sheared, V. (1994) "Giving Voice: An Inclusive Model of Instruction- A Womanist Perspective," in E. Hayes and S. A. J. Colin Ⅲ (eds.), *Confronting Racism and Sexism in Adult Education*, New Directions for Continuing Education, 61, Jossey-Bass.

Sugarman, L. (1986), *Life-Span Development: Concepts, Theories and Interventions,* Methuen.

立川昭二（1999）『病いの人間学』筑摩書房。

Taylor, E. "Transformative Learning Theory," Merriam, S. B. (ed.), (2008) *Third Update on Adult Learning Theory*, Jossey-Bass.〈邦訳〉岩崎久美子訳（2010）「意識変容の学習理論」立田慶裕・岩崎久美子・金藤ふゆ子・荻野亮吾訳『成人学習理論の新しい動向：脳や身体による学習からグローバリゼーションまで』福村出版。

Tennant, M. C. (1991) "The Staged Self-Directed Learning Model," in Peters, J. M., Javis, P. and Associates. *Adult Education: Evolution and Achievements in a Developing Field of Study,* Jossey-Bass.

Tisdell, E. J. (2003) *Exploring Spirituality and Culture in Adult and Higher Education,* Jossey-Bass.

第 2 章

職場における学習

金藤　ふゆ子

✚ 章のガイド

　職場における学習とは近年，成人教育学の分野で着目されてきた研究領域であり，新たなトレンドを生み出す観点となっている。職場における学習は，これまで人材開発や職業訓練という範疇で議論されることが多く，そうした研究の蓄積もなされてきた。教育学ばかりでなく異なる学問分野からも関心を集めており，実際に多様な職場の学習がそれぞれの国の特性を反映しつつ展開されている。

　また，職場における学習は，これまでの研究対象の範疇をより拡張するものとなってきている。本章ではまず，近年の職場における学習の先行研究を手がかりとしながら，概念規定を行う。さらに，いかなる発見や研究の観点が浮かび上がってきているのかを考察する。

✚ キーワード

　職場における学習（workplace learning），研究関心，研究の 3 つの観点，実践に基礎をおく体系的学習（practice-based systemic learning），実践のコミュニティ，学習する組織，アイデンティティとリテラシー（identities and literacies），政治と権力（power and politics），批判的地形学（critical geography）

第 1 節　職場における学習の概念規定

　本節ではまず，成人教育学の分野での職場における学習の概念規定を行う。

1．職場における学習の形態・方法の多様性

　近年，この学習の分野が着目されてきた背景には，今日の職場における多

様な問題の広がりがあり，また職場の諸問題の解決に向けた関心の高まりがあるという。職場における学習に対する関心の高まりは，実践の場面ばかりでなく研究においても広がりが見られ，成人教育学の分野ばかりではなく，多様な研究領域においてもさまざまな研究が進展している。そうした異なる学問分野からのアプローチが，さらに新たな研究関心や研究観点を生み出す基礎ともなっている（Fenwick, 2008a: 18）。

ところが職場における学習は，探求すればするほどその概念自体が不明瞭になるという二律背反的性格を有している。学習とは本来，知識の習得，技術・技能の獲得，個人の態度や行動の変容，エンパワーメントの強化，あるいはその他の諸現象の集合体と見なすことのできる多様性のある概念である。さらに職場における学習は，その形態・方法が多様であり，かつ仕事の種類も多種類であるため，捉えにくいものとなる。

たとえば，学習形態でみれば，職場における学習には個人学習もあれば，1つの組織・グループでの学習や，個人学習とグループ学習を組み合わせた形態もある。学習の場としては，会社組織内での学習もあれば，会社外でのグループ学習もあり，さらには個人の自宅や車の中など極めてプライベートな私的空間での学習や，ウェブサイト上などの仮想空間での学習もある。

また仕事には公共の仕事や民間の仕事，非営利団体の仕事がある他，仕事の種類としては商業労働者，管理監督者，専門的自営業者，農業労働者，家事労働者などさまざまな職種の仕事が存在している。そのように職場における学習は形態・方法，種類のみを見ても極めて多様性ある概念として捉える必要がある。

実際に，仕事というものそれ自体が非常につかみにくいカテゴリーだと言える。なぜなら仕事には賃金労働もあれば非賃金労働もあり，行動に基づく仕事もあれば思考に基づく仕事もあり，現物を対象とする仕事もあればバーチャルな仮想現実を対象とする仕事もある。仕事はさらにそれらのカテゴリーを組み合わせるものも存在しているため極めて多様性に富んでいる。

従って職場も仕事もその現象を包括的，かつ一義的に捉えることはできないと言える。職場における学習も同様に多元的な形態があり，また多元的に表れ，多元的な質を有しているのである。表2.1は，職場・仕事の分類基準の主

なものと，それぞれの分類基準の具体的な分類カテゴリーを示したものである。ここに示した分類基準は言うまでもなく，職場や仕事の1つの分類基準であってすべてではないが，表2.1に示されるカテゴリーのみを見てもその組み合わせを考えれば膨大な数にのぼり，職場における多様な形態の学習が存在しうることがわかるであろう。

表2.1　職場・仕事の分類基準と分類カテゴリー

分類基準	分類カテゴリー			
職場（空間）	1つの組織体（会社等）	自宅（書斎，台所，車内等）	仮想空間（WEB上等）	その他（外の現場等）
賃金形態	定期賃金労働	不定期賃金労働	非賃金労働	
仕事の基礎	肉体・行動に基づく仕事	思考に基づく仕事	思考と行動を組み合わせる仕事	
公民の別	公共の仕事	民間の仕事	NPO・NGOの仕事	その他（公民の組み合わせ等）
仕事の対象	現物を対象（人や物等）	情報を対象	バーチャルな仮想現実を対象	その他（複数の対象）

出典：Fenwick, 2008aの文献を基に筆者が作成

2. 職場における学習の概念規定

　では，一体，成人教育学の分野では職場における学習をどのように概念規定すればよいのだろうか。本章では「職場における学習」を，仕事という文脈で，個人及び集団間の知識・態度・行動の変容の生じる過程と定義することにしよう。

　いくつかの先行研究の定義においては「職場における学習」という用語を個人的変容に限定して活用し，グループ学習のためには「組織的学習」という用語を用いる場合もある。ところがこの定義は，近年の多くの職場における学習が個人学習や集団学習を組み合わせる形態で実施されているのに対して，個人学習と集団学習を分けて考えることになり，実態との乖離を生じる問題が残される。

従ってここでの概念規定は，近年の成人教育学の分野の概念規定を踏まえて職場における学習を単に人間の個人的変容のみを意味するものとして理解するのではなく，職場の諸規則，道具，文書なども含む文化的環境や物的環境も伴った人間間の行動の相互作用・相互連関を含むものと捉えることとした (*Ibid*:18-19)。

　さらにその際，職場における学習の議論では正規に計画した教育・訓練としての学習ばかりでなく，非正規の学習も含むと見なしている。換言すれば近年の諸研究の特徴は，職場における学習を単に意図的学習のみばかりではなく，無意図的学習も含み検討する点にある。後者の例では，職場における学習は，職場での日常生活上の諸活動や会話の中，さらには諸規定等の中にも職場の学習が埋め込まれているということを意味している。そうした無意図的学習も，職場における学習の研究対象に含まれる (*Ibid.*:19)。言わば，学校教育の中に隠れたカリキュラム (hidden curriculum) が存在しており，知らず知らずに児童・生徒が身につける文化や風土があるように，職場における学習においても，労働者は意図せぬうちに身につける職場の文化や風土があるということだろう。

3. 教育学以外の分野での職場における学習への関心の高まり

　職場における学習は成人教育者ばかりでなく，他の専門家集団からもより良い教授法，支援，計画，組織化といった面や，その学習過程に強い関心が示されるようになっている。たとえば，人的資源開発の研究者は，組織や個人，キャリア開発をねらいとして，生産性や人材開発をねらいとする職場の学習過程に関する膨大な文献を有している。ビジネスや経営の専門家は，過去10年間に職場における学習に高い関心を示してきており，知識の分配と蓄積，実践開発，問題解決等を通じて学習過程を分析する (*Ibid.*:18)。

　グローバリゼーションの進展に伴い，実際に教育学分野以外でも職場における学習に対して強い関心が示されるようになっている。たとえば，上述の人材開発，ビジネス，経営学の分野以外では，社会学，社会工学，経済学，産業研究，フェミニスト・ジェンダー研究等の領域でも広がりを見せている。

　なぜ，このように多様な研究分野においても職場における学習が関心を集

めるのだろうか。1つには，既述のように国際化，情報化，技術革新の進展する社会にあって，さまざまな仕事を取り巻く諸問題が生まれており，その解決が期待されているためと言えよう。さらに，次のような理由があると考えられている。

いわゆる知識基盤型社会の重大な関心事は，競争の一手段として人間がいかに創造的になれるか，あるいはより具体的に言えば起業家になれるかという学習需要を作り上げることにあるという。新しいテクノロジーや環境の変化は，職場において人々が何を学び，またいかなる方法でそれを学ぶかを根本的に変えつつある。また富の分配がかなり固定化しつつある現代社会において，新たな仕事の分野を開拓し，起業家として成功することが，固定化した社会階層を打破する1つの方法でもある。そうした社会の実情が教育学以外の分野での研究者の関心を高め，職場における学習に関する実践的研究が着目されてきた理由と言われる。

第2節　職場における学習に関する2つの研究課題

では，具体的にこの学習に関する研究は，どのような問題や課題に取り組んでいるのだろうか。ここではフェンウィック（Fenwick）の論説を手がかりとして，欧米の成人教育の実践や研究に携わる者にとって，職場における学習に関する重要な研究課題を検討する（*Ibid.*:17-18）。欧米で着目される職場における学習に関する研究課題は，主に次の2つのカテゴリーに分けられる。

第1は，学習を通じていかにして職場の諸問題を人々は解決するのかという課題である。諸問題とは現代の職場においてますます複雑化し，認識することすら難しくなっている問題である。たとえば，その問題の具体例としては，進展する新しいテクノロジーに対応を図る課題もあれば，いかに職場の仲間が協働で仕事に取り組めるのかといったチームワークのあり方の改善の問題にまで及んでいる。

実際に，職場のチームによる仕事の方法に関する研究は，経営学や人材開発の分野でかなり蓄積されてきており，その知見は日本にも紹介されている。もともとチーム全体で協力しあい，仕事の諸問題に対処する職業人の協調的・

連帯的方法は，日本企業の強みであると同時に，海外の企業人から高く評価されてきた特徴である。しかし，現在の日本企業は，日本型マネジメントである終身雇用・年功序列制が崩れ，また契約社員・派遣社員，パート，外国人労働者の増加など労働者や労働形態の多様化，さらにはeメールなど情報伝達手段の進展などにより，フェイス・トゥ・フェイス（face to face）で一体的に仕事の諸問題に対処する機会が少なくなった。その結果，チームワークを発揮できる機会やその機能自体が弱体化したという考え方がある。

一方，個人主義化の進展する欧米では，改めて日本型マネジメントの方法論として高く評価されたチームワークへの関心が高まりを見せている。さらに近年では，言わば企業内の実践的な問題解決の方法論として，チーム全体で問題を検討する会議の持ち方が研究され，その実践的方法論が後述するように日本でも紹介されて，実践の場で展開される動きもある（コラム2.1参照）。

第2の研究課題は，いかに特定集団の労働者の学びを理解するかという課題である。特に欧米の成人教育学者が関心を持つグループは，あまり影響力を持たない周辺領域に置かれた集団である。周辺領域の人々とは，特定の民族集団，移民労働者，不安定な仕事に従事する低所得労働者等の人々を意味しており，そうした人々の職場と学びに研究関心が向けられているのである。

日本においても，欧米の研究で言うところのマージナルな人々は存在している。日本では欧米諸国のように深刻な移民の労働者問題を抱えてはいないが，派遣・契約社員の増加といった不安定な条件下で働く低所得労働者の問題は同様に存在している。さらに若年労働者の失業率の高さは近年，深刻な社会問題となっており（本田，2009），増加傾向にある外国人労働者の問題も同様である。

日本においても人材開発を含めた学ぶ機会の提供が，個人のキャリアや処遇にどのような影響を及ぼすかについての調査・分析が進められつつある（佐藤，2010）。そうした研究により収集されたデータは，一般に公開されてより多くの研究者の分析に供されることによって職場における学習に関する研究数の相対的な増加が期待できる。今後は，精度の高い大規模調査データの再分析がより容易になることを望みたい。そうした研究の蓄積によって，職場における学習に関する実証的研究の進展が促進すると考えられる。

第3節　職場における学習に関する研究の観点

職場における学習の検討に当たっては，さらに次の3つの研究の観点が浮かび上がる。3つの観点とは，(1)実践に基礎をおく体系的学習に着目する観点，(2)アイデンティティとリテラシー理論の観点，さらには(3)権力と政治の観点である。それらは欧米の職場における学習を検討する研究において，現在，鍵となる概念と目されている。以下ではそれら3つの研究観点を，具体的な事例を交えながら検討することにしよう。

1. 実践に基礎をおく体系的学習を重視する研究の観点
(1) 実践のコミュニティモデル

「学習する組織」(learning organization)の概念は，1990年代初頭から職場における学習に関する研究で現れ始めたものである。その概念を導入する多くの研究は，学習過程において，内省的学習を行う個人と活動的組織体との関係を検討する研究であった。

学習する組織を扱う研究の中で「実践のコミュニティ」モデルは，エティエンヌ・ウェンガー(Wenger, E., 1998)らによってはじめて提示され，その後，多くの研究者が活用してきた概念である。「実践のコミュニティ」モデルを活用する研究によれば，学習とは特定の組織内の特定の活動で具体化されるものであり，絶え間ない実践と知識の精錬だと見なされてきた。また人間とは歴史，文化的諸価値，諸規則，関係の諸パターンを伴うある組織の中で目標，技術，言語といった道具を用いて，あるいはまた目的や規範，実践的諸変化を通じてある特定の場の活動によって学ぶ存在と考えられた。この実践に基礎をおく体系的学習を重視する方向性は，同じく「共同参加」や「共同出現」モデルとしても広く取り上げられている。この種の研究によれば，職場における学習では個人的学習過程も組織的・集団的学習過程も一括りにされて検討されるという特徴が見出せる。

(2) CHATの理論

　実践に基礎をおく学習過程の他の例は，文化的-歴史的活動理論（CHAT）に見出せる。これは北欧の職場における学習研究では長年にわたって着目され，検討されてきた理論である。近年になって北アメリカの文献で紹介された（Sawchuk, Duarde and Elhammoumi, 2006）。

　CHATによれば，職場は組織の「目標」によって，労働者の行動が方向づけられる1つのシステムと見なされる。職場における日々の活動や学習は，職場で働く人々の観点と同様に労働，コミュニティ関係，規則，道具，文化的規範などさまざまなシステムの構成要素によって形作られている。CHATの立場に立つ研究者は，職場システムの文化や歴史に関心を傾ける。すなわち，職場の文化や歴史には具体的にどのような事柄があり，またはそれらを職員はどのように見なしているのかに関心を向け，分析するのである。

　さらにCHATの観点に立つ研究者は，あらゆるシステムはその中に何らかの矛盾をはらんでいると見なす。具体的に言えば，多くの職場システムは，一方ではスタッフの優秀さや熟練の高さ，さらにはミスなしの行動を求めるが，一方ではイノベーションのために圧力をかけたり，組織にとってリスクをはらむ行動をスタッフに求めることもある。あるいは職場システムは，たとえ過剰な生産が生産物の価値を下げ，同時に労働価値を上げるものになるとしても，収益を上げるためにさらなる生産増を図ることもある。そのようにCHATの観点は，資本主義労働システムが本来有している内的矛盾に関心を傾ける。従ってCHATは明らかにマルクス主義の影響を強く受けている理論と見なされている（Fenwick, 2008a: 20）。またCHATの観点によれば，学習とはシステムの目標の拡張であり，あるいはシステムの実践の再構成と捉えられる。すなわち，学習とは個人的発達と，共同体の発展（拡張）やイノベーションを結びつけるものと考えられるのである。

(3) 複雑系の理論

　実践に基礎をおく学習過程を重視する第3の観点は，複雑系の理論である。それは職場における学習過程において，いかに活動や知識やコミュニティが共

に出現するかを理解する有効な方法として，組織研究の中で浮かび上がってきた理論である。個人的相互作用と意味づけは，それ自身が職場の文脈のある部分を形成するものであり，それらは個人が活動するより大きなシステム内にある相互に関連する入れ子構造のシステムである。その中心概念は出現である。すなわち，知識や現象や出来事，行動者は相互に独立の存在であり，相互に構成要素として存在するが，実際には同時に出現するものと考えられる (Fenwick, 2008a: 21)。

たとえば，労働者は，日々の仕事に関する行動やシンボルに影響されており，それに適応しながら学んでいる。労働者がそのような行動をとることによって，労働者の行動や意味づけ，さらには労働者と結びついたシステムに対する効果を変化させる。これらの研究は，経験の構成要素（他の観点では人々，経験，道具，活動といったように断片化された用語で表現される）に注目するばかりでなく，それらを繋ぐ関係にも関心を向ける。職場における学習は，変化する環境の中で，一定の複雑なシステムの繁栄を可能とする。職場の学習はこうした関係性の継続的でダイナミック（動的）な創造過程と考えられる。

(4) 実践に基礎をおく体系的学習を重視する研究の発展の可能性

表2.2は，上述の3種類の実践に基礎をおく体系的学習を重視する職場における学習研究の理論的特徴をまとめたものである。職場における学習研究において，実践に基礎をおく体系的学習を重視する研究は，前述のように1990年代以降に提示されてきた新しい観点であるが，それを批判的に検討する研究によればこうした観点に基づく研究は，一方で政治や権力に関する問いを回避しているという見解がある。

すなわち，実践のコミュニティにおいて知識の構成物から誰が締め出されているのか，機能不全も伴う搾取的な実践がコミュニティにおいていかに実施されているのか，いかなる職場の階層的関係が利益や偏見を再生産するのかといった問いがこの学習研究では重要であるにもかかわらず，実践に基礎をおく体系的学習を重視する理論は，現段階では十分な回答を出していないというのである。

では一体，どのような研究を蓄積すれば，この学習理論のさらなる発展の

可能性が生まれるのだろうか。そこにはいくつかの方向性があると考えられるが、その1つは今後の研究において「実践のコミュニティ」の概念を探求することや、複雑な適応システムの概念を踏まえながら検討することによって当該理論が、職場における学習の目的や政治に関する重要な問いに答え得るという指摘もある。

しかし、そうした指摘は一方で、では一体、複雑な適応システムの概念を具体的にどのように職場における学習研究に導入するのかが大きな課題である。職場における学習研究にそれらの概念を導入するには、新たな研究方法の開発に着手しなくてはならない。結局、それが実現しない限り、上記のような指摘も机上の空論の誹りを免れない。

表2.2 実践に基礎をおく体系的学習を重視する職場における学習研究の理論

理論の名称	理論の特徴	主な理論提唱者や先駆的研究領域
実践のコミュニティモデル	・実践に基礎をおくシステマティックな観点を重視 ・仕事における学習を理解するため「共同参加」や「共同出現」のモデルを活用する ・この理論は個人的学習も社会的学習過程も同一視する	Wenger（1998）
CHAT（文化的−歴史的活動理論）	・職場を組織の目標によって労働者の行動が方向づけられる1つのシステムと見なす ・システムの文化、歴史に研究関心を向ける ・マルクス主義の影響が大である	北欧の職場における学習研究が発端
複雑系の理論	・システム内の構成要素は独立に存在するが、それぞれの関連する事象は複数のものが同時に生起すると考える ・構成要素間の相互連関を調べるだけでは事象の理解は不十分と考える	組織研究において浮かび上がってきた理論

出典：Fenwick, 2008a の文献を基に筆者が作成

2. アイデンティティとリテラシーを重視する研究の観点
(1) 職場におけるアイデンティティ確立への着目

　職場における学習に関する研究において，注目される第2の観点はアイデンティティの確立とリテラシーの重視である。職場で活用する言語や文書などに代表されるリテラシーは，職場におけるアイデンティティの確立にも密接に関連するため，この2つの観点は1つにまとめて考えられる。

　アイデンティティとは自分自身は何者かといった自己概念や，自分は他のいかなる集団に帰する人間と考えるかといった帰属意識などの精神的概念やその表出を意味している。この観点によれば職場のコミュニティとは，その人がアイデンティティを見出す場でもある。仕事に取り組む中で，自分の属するグループが価値づけする知識について知り，自分がどのような知識を持てばいいと感じるかは，人間のアイデンティティの重要な部分を構成していると見なされる。

　そもそもアイデンティティの確立とはそれ自身が，学習を含む概念である。すなわち人間は職場の文化・風土，職場の仲間に価値づけられる知識・技術の習得や態度，行動の変容を学ぶことによって自己のアイデンティティを確立する存在なのである。労働者は時にアイデンティティを確立するために「形の転換」と言われる学習を必要とすることもある。「形の転換」の学習とは，自己を組織につなぎとめ，あるいは組織に対応した一貫性あるアイデンティティを確立するために，異なる自己の形成や異なる環境への適応を遂げるための諸知識を獲得したり，態度や行動を変容する学習を意味している。

　職場におけるアイデンティティ確立に着目する研究は，いかにある特定のアイデンティティが形成されるのか，またいかなる学習過程がそのアイデンティティ確立に寄与するかに注目している。たとえば，ある事例研究では炭鉱労働者がそれまで重い重機を手作業で操作することから，オフィスでコンピュータ化された操作レバーを操作する作業へと変更を強いられる実態を明らかにした。その場合，筋肉質の男らしいアイデンティティは何の意味も価値もないことになる。アイデンティティ確立に着目する研究は，いかにして人間が実際の仕事

上で自己のアイデンティティの限界を認識し，またいかなる戦略を用いて仕事と自己のアイデンティティとの折り合いをつけるように学ぶのか，あるいは抑圧的なルールに適応していくことを学ぶのかといった問題に研究関心を傾けて，分析を行っている（Billet, Fenwick, and Somerville, 2007）。

(2) 職場における学習のリテラシーへの着目

さらに言語や読み書き能力など，アイデンティティ確立に密接に関連すると考えられるのがリテラシーの問題である。なぜなら人は自分がいかなる人間であるかの認識をすべて，個人が活用する言語や言語的諸活動によって行うためである。

リテラシーに着目する観点が，職場における学習の研究に影響を及ぼす具体例をいくつか挙げることにしよう。たとえばある職場研究では，職場のドキュメントや記録書式や従業員の人材開発計画といった特定の文章化された書式がどのように明文化され形づくられているかを分析している。なぜならそれらの文書は，組織内で何が知識として重視されているかを規格化しており，結果的に実際の仕事そのものの活動や雇用労働者と仕事との関係を規定すると見なされるためである。

新たな職場におけるリテラシーに関する実践としては，自己管理的なチームのアレンジメントが挙げられるであろう。自己管理的なチームのアレンジメントに対し，それまでの職場における学習には，階層的なコミュニケーションを重視する組織が多く，そうした組織内で働く労働者は職場の会議でいかに生産的に会議に参加するかを学ばなければならなかった。ところが，自己管理的なチームのアレンジメントによる会議は，いかに目標を設定し，それを分析し，内省的チーム間の対話を通じて仕事を評価するかといった事柄を学ぶのである。こうした実践は，日本においても進展が見られる。清宮普美代氏の提唱する「チーム脳」のすすめといった取り組みは，まさにその実践の1つと考えられる（コラム 2.1 参照）。人々が職場で新しい形態のコミュニケーションの形を学ぶことは，労働者の自己概念を変化させ，また仕事に対する概念も変化させることにつながると考えられている。

> ### コラム 2.1
> ### 職場での集団学習・チームワークに着目する実践的方法論
> ──「チーム脳」とは何か──
>
> 「チーム脳」とは，清宮普美代氏によれば (1)「行動から学ぶ，そして学ぶことで行動する一連のプロセス」であるアクションラーニング活動の中で生まれるものであり，(2) このアクションラーニングが行われている時，チームの中に生まれる協働思考を指すという。
>
> 清宮氏によれば，チーム活動が上手く進展する学習とは，「具体的経験」→「リフレクション（ふり返り）」→「概念化」→「試行」のサイクルを繰り返すことであるとし，そうしたサイクルはデービッド・コルブ（Kolb, D.）の「経験学習モデル」の理論と共通するという。因みにデービッド・コルブは① concrete experience（具体的な経験をする）→② reflective observation（その内容をふり返って内省する）→③ abstract conceptualization（得られた教訓を仮説や概念にする）→④ active experimentation（積極的に新たな状況に応じて試行する）といった学習サイクルを提唱した組織行動学者である。
>
> チーム全体で組織の諸問題の解決に向けて動くためには，まず会議のあり方を変える必要があり，リーダーは否定によるメンバーの攻撃ではなく質問によるメンバーの納得を生むように質問力を高める必要があるという。さらにチームを成功に導くためには「場づくり」が重要であるという指摘は，職場における学習のあり方を検討する上で魅力的である。清宮氏のチーム脳のさらなる詳細については，章末の参考文献を参照のこと。

3. 職場における学習に対する政治と権力を重視する研究の観点

職場における学習についての研究で注目される第3の研究の観点は，政治と権力である。1999年から2005年の9つのジャーナルの文献を検討したフェンウィック（Fenwick, T.）のレビューによれば（Fenwick, 2008b: 227-243），出版された論文の15％が政治や権力に関するものであり，そのほとんどは理論を提示する研究であって実証的研究ではない。そのように実証的研究を基にした研究の蓄積はまだ不十分な領域と言える。実証性の欠如という問題があるこ

とを踏まえて，近年提示されてきた職場における学習に関する研究で，政治と権力に注目する観点を概観することにしよう。政治と権力に注目する観点は，フェンウィックによれば計6つの観点があり，それぞれに異なる特徴があるという。

　第1は革新的観点である。この観点による研究では組織とは生産手段をコントロールする者と，反対に労働や知識を搾取される者との間のイデオロギー的闘争や，矛盾が存在する場と見なす特徴がある。

　第2は推論的観点である。推論的観点によれば，権力は広範な実践や知識の体制を通じて循環する場と見なされる。権力はある特定の人々や機関によって所有されるものではなく，何が規範的で価値あるものかといった概念や人々の関係や実践を通じて，絶え間なく創造され再調整されるものと見なされる。

　第3はアイデンティティ政治の観点である。この観点に基づく研究では，実践や信条が活発な力をもつ支配的な職場文化が，社会的性（ジェンダー）や人種，宗教や性的志向性によって個人を迫害し，排斥する支配的な価値を統合し，あるいは支配的な価値規範に集団を一致させると見なす研究である。

　第4は微視的政治研究の観点である。この観点は，権力関係を反則すれすれのプレーなど自分自身のアドバンテージをうるために行う個人の戦略を制御するものとして分析する研究である。

　さらにコミュニティの観点による第5の研究がある。これは組織の構造，知識，政策や，個人内の政治等に関する一切の批判的分析が避けられる。権力は上からの優しいエネルギーとして捉えられ，また分かち合いの観点や，相互の関連，帰属意識など個人を動員するために働く力と捉える立場に立つ。

　欧米の研究で顕在化してきたこれらの5つの観点に基づく研究の具体例は，紙幅の都合上ここでは紹介ができないが，そうした基本的観点の違いに基づきながら職場における学習研究において，政治と権力の影響力が検討されている。

　フェンウィックはさらに上記5つの観点に加えてマイケルソン（Hearn and Michelson, 2006）らの新しい研究の流れを紹介している。それは批判的地形学を援用しながら，職場における学習と権力の分析に空間と空間性の検討を組み合わせる研究の流れである（Fenwick, 2008a: 24）。そこでは空間は単に仕事や労働者が注ぎ込まれる静的な入れものと見なされるものではなく，反対に「こ

れまでの物語」によって絶えず作り出される動的な多様体と考えられる。批判的地形学の観点に基づく研究では，学習や仕事に関する問題はいかに空間が学習を促進したり抑制したりするか，あるいは不公平や排除を生み出すのか，新しい知識や実践のための可能性を開いたり制限したりするのかなどの問いが重要となる。

　国家の枠を超えた仕事の場やバーチャルな組織といった新しい空間で行われる仕事は特に，空間や時間が仕事に甚大な影響を及ぼすものにすると予想される。その際，バーチャルな空間ではいかなる知識が重要になるのか，どのように異なる時間や空間の中で知識は生み出されるのか，またいかにアイデンティティはバーチャルな空間と折り合いをつけるのか等の問いは極めて重要な意味を有する問いであり，批判的地形学が援用される研究対象となっている。

第4節　今後の職場における学習に関する研究の方向性と課題

　職場における学習に着目する研究は，本章での概観によって近年，非常に多様な方向性を示していることがわかる。職場ではいかなる知識が生まれ，何が重要視され，かつ誰がそれを決定するのかといった基本的問題の検討から，アイデンティティとリテラシーが職場の学習を規定する状況の解明を目指す研究，職場における学習に対する政治と権力の影響を検討する研究，さらには職場という空間が人間の意識や行動，さらには組織のあり方に及ぼす影響を分析する研究など多様な観点，多様な研究対象が浮かび上がってきている。

　職場における学習は個人に焦点をあてる研究もあれば，職場内の集団やチームに着目し，さらにはより大きな会社組織に着目する研究もある。そのように異なる観点，異なる研究対象の併存は，職場における学習についての研究の多様性の高まりと共に生じる当然の現象と言えよう。しかしそのいずれもが，現段階では発展途上にある研究であり，十分に確立されたものとは言えない。それが変化の激しい職場における学習を研究対象とする現在の研究の特徴とも言える。

　異なる観点に基づく職場における学習についての研究に共通する課題を挙げるとすれば，今後は精度の高い実証的研究を蓄積する必要性があるという点

であろう。つまり職場における学習に着目する研究においても，さらにエビデンス（根拠）に基づく研究の蓄積が不可欠だということである。フェンウィクも同様に，実際に職場で展開される学習活動の解明を目的とした研究方法の開発を含めて，実証的研究の蓄積が重要であり，それが従来の単なる規範論的で非実証的研究に反証する手掛かりになるとして期待している。またそうした実証的研究が将来は，職場のあり方や職場空間の検討において，事象の解釈を行う研究から，事象の予測的な研究の可能性も広げると考えられている（Fenwick, 2008a: 24-25）。

■引用・参考文献
Billet, S., Fenwick, T., and Somervliie, M. (eds.), (2007) *Work: Learning and Subjectivity*, Springer.
Fenwick, Tera (2008a) "Workplace Learning: Emerging Trends and New Perspectives," Merriam, Sharan B. (ed.), *Third Update on Adult Learning Theory*, Jossey-Bass,.
Fenwick, T. (2008b) "Understanding Relations of Individual Collective Learning in Work: A Review of Research," *Management Learning*, 39 (3), 227-243.
Hearn, M. and Michelson, G. (2006) *Rethinking Work: Time, Space and Discourse*, Cambridge University Press.
本田由紀（2009）『教育の職業的意義：若者，学校，社会をつなぐ』筑摩書房。
清宮普美代（2009）『「チーム脳」のつくり方』WAVE 出版。
清宮普美代・北川達夫（2009）『対話流　未来を生みだすコミュニケーション』三省堂。
佐藤博樹編（2010）『働くことと学ぶこと　能力開発と人材活用』ミネルヴァ書房。
Sawchuk, P., Duarte, N. and Elhammoumi, M. (2006) *Critical Perspectives on Activity: Explorations Across Education, Work, and Everyday Life*, Cambridge University Press.
Wenger, E. (1998) *Communities of Practice: Learning, Meaning and Identity*, Cambridge University Press.

第 3 章

おとなの生きる力：キー・コンピテンシーの習得

立田　慶裕

✚ 章のガイド
　人の寿命が 100 歳に近づきつつある今日，わずか 20 年弱の学校教育では，その後の急激な社会変化の中を生きていくことはできない。そこで，変化する社会の中で持てる資源を活用する力として，キー・コンピテンシーという考え方が提案された。言葉や知識，技術といった道具を活用する力，他者と良好な関係を作り，協力し，問題を解決する関係形成力，大きな展望を持って，計画を立て，自らを表明する自律的活動力の 3 つの力について，その意義を知る。

✚ キーワード
　社会の変化，生涯学習 (lifelong learning)，生きる力 (zest for living)，キー・コンピテンシー (key competency)

第 1 節　おとなの生きる力

1. 社会の変化を知る

　筆者が生まれた 1953 年の日本人の平均寿命は，男性が 62 歳，女性が 66 歳であった。ところが 2010 年現在では，男性が 79 歳，女性が 86 歳となっており，ほぼ 20 年も寿命が延びている。人生が 80 年以上もある時代に，学校教育を受けるのは，その初期段階のわずか 20 年程度にすぎない。その後 60 年の間に社会や時代は大きく変化する。社会の変化の内容を，学校卒業後私たちは十分に学ぶ機会を持つことがない。
　たとえば，テクノロジーの進展をみると，1950 年代に DNA 構造の発見や

人工衛星の打ち上げが行われ宇宙開発が始まり、テレビ放送が開始された。半導体理論が江崎玲於奈氏によって発表されている。1965年、米国国防総省高等研究計画局（Advanced Research Projects Agency, ARPA）が最初のネットワーク実験に成功。1969年、人類初めての月面着陸に成功。1970年代にはマイクロプロセッサが登場し、ナノテクノロジーの概念が提唱される。1980年代にはコンピュータのダウンサイジングが進み、個人用のパーソナルコンピュータが普及していく。スペースシャトル初飛行が行われたのは1981年であった。また、ネットワーク技術が大きな発展をとげ、1990年ティム・バーナーズ・リー（Tim Berners-Lee）がWorld Wide Web（WWW）を発表し翌年よりプロジェクトを開始、ハイパーテキストとインターネットが結合される。それによりインターネットの利用者が爆発的に増し、2000年にはWebの総ページ数が1億を突破した。また、日本でも2000年のパソコン世帯普及率が51％であったが、2008年には86％に達し、インターネット利用者率も2000年にわずか13％だったが、2009年には78％とほぼ8割に達している。90年代から普及した携帯電話は、私たちの日常生活に不可欠の道具となっている。

　他方、社会そのものも大きな変化を遂げている。20世紀後半から21世紀初頭の今日にかけて、世界の主要国の産業は、日本を含め急速に変化した。日本の産業人口構成比をみると、1950年には、第1次産業が48.5％と半数を占め、第3次産業が29.6％に過ぎなかった。ところが、2007年には第1次産業人口がわずか4.2％となったのに対し、第3次産業は67.7％とまったくその構成が逆転している。第3次産業には、卸売・小売業だけではなく保健や福祉などの対人サービス業が含まれるが、近年では、情報通信やハイテク産業など技術進歩の著しい知識集約産業の創出・拡大が進んでいる。

　こうした状況は、仕事に必要な知識と技能の高度化が進むだけではなく、大規模農業やロボット技術の工場への導入によって人手が不要となるような産業環境が生み出され、慢性的な失業化が進む時代に入ろうとしている。1953年の日本の失業率はわずか2.0％であったが、2010年には5.1％を超え始めた。

　産業構成だけではなく、家族の構成も変わってきた。1950年には、世帯あたりの平均構成人員は、4.5人であったが、1960年以降減少が進み、2005年には、2.55人となった。ひとり親世帯や単身世帯の増加が進み、大家族や核家族

よりも小さな家族が普通となりつつある。

　こうした産業構成の大きな変化や産業で必要とされる知識・技術の高度化に対して，学校で教えられる教科の構成や職業人の養成がうまく対応しているわけではない。そこで，学校教育の限界を超えて，急激に変化する社会に応じる教育システムとしての生涯教育論が，1965年にユネスコで提唱された。

2. 生涯教育論から生涯学習の時代へ

　1965年にユネスコで提唱された「生涯にわたる統合化した教育」(Lifelong Integrated Education) という考え方は，「生涯教育」として世界に広がり，世界の生涯学習活動の発展に大きな影響を与えた。提案者のポール・ラングランは，その意義が「博識を獲得することではなく，自分の生活の多様な経験を通じて，よりいっそう自分自身になるという意味での存在の発展」にあるとし，次の2つの役割をあげた。

　第1は，人が生涯にわたって行う教育機会の垂直的・水平的統合により，学習継続の支援体制の整備を行うという役割である。垂直的統合とは，すべての年齢段階にわたり各人の発達に応じた教育内容や方法，機会を提供することである。水平的統合とは，いろいろな場所で教育機会を提供し，施設の整備・充実を図って多様な場にわたる人間の発達の一貫性を保証していくことである。この多様な教育機会の提供を通じ，第2に，自己の発達を最大限に行う固有の主体として，「学ぶことを学ぶ」ための方法や習慣と能力の修得を行うことが生涯教育の役割となる。その具体的な目標は，全体的な人間の形成，適応性，幸福への教育，生活の質の向上への教育，平和と国際理解にある。そのための社会制度や組織の変革を行うことがこの理念の要点であり，生涯にわたる学習の必要性だけを述べた古典的な生涯教育論とは異なる。

　生涯教育のための学習社会の構築が国際的課題であるとしたユネスコは，1972年に"Learning to Be"と題する報告書「フォール報告」を提出した。この報告書は，学習に3つの柱があるとした。「知ることを学ぶ」(learning to know)，「なすことを学ぶ」(learning to do)，そして「人として生きることを学ぶ」(learning to be) である。つまり，私たちがいかに学ぶかを学んで自己学習能力を身につけるか，その知識を自然体験や社会体験など多くの体験学習を

通じていかに実践に結びつけるか,そして自らが人間として生きることを学ぶか,という柱であり,いわば生涯学習の原則である。

さらに,1996年にユネスコの21世紀国際委員会がまとめた報告書,『学習:秘められた宝』(*Learning: The Treasure Within*)(ドロール報告)では,この3つに「共に生きることを学ぶ」(learning to live together) という柱が加わり,今後の教育におけるグローバルな(地球規模の)視点,地球市民教育を目的とした相互理解と人間関係の重要性を主張した。共に生きることを学ぶには2つの方法がある。第1は,他者の価値を発見し,理解することであり,そのために人はすべて相互に依存しあって生きていることが,教育によって教えられなければならない。もう1つの前提として,他者を理解するためにも自分を知ることが必要である。第2の方法は,他の人と共通の目標を設定し,共通の行動をとることである。共通の努力を行うことで,他者との差異よりは共通点を見いだしていくことができるようになるというのである。

また,1997年に開催された第5回国際成人教育会議において,個人の発達と社会の発達が非常に強い関係にあり,人権を基礎とした参加型の社会こそが公正で持続的な発展をなしうること,さらに,成人学習を,生涯学習の枠組みの中でその可能性と将来性を追求すべきことを決定した。成人学習こそが,人生への意味をもたらし,社会の発展を約束し,新しい世紀を開く鍵となることが宣言(ハンブルク宣言)されたのである。

「成人学習が過去10年間にその本質から変化し,視野と規模は大きな成長を遂げた。世界中に出現している知識基盤社会の中で,成人教育と継続教育は地域社会や職場で不可欠なものとなってきた。社会や職業生活の新しいニーズは,すべての人がその人生を通じて知識とスキルを新しいものにし続けることを期待している」。また,地域社会については,「青少年教育と成人教育の目標は,生涯にわたる過程という観点に立ち,人々と地域社会の自律性と責任感を育て,経済・文化・社会全体で生じる変化に対応する力を強化し,地域社会における市民が共存し,認め合い,情報を得た創造的な参加を促進することにある。つまり,市民がその課題に直面した時に自分たちや社会の運命を自らコントロールできることにある。自分たちの資産,文化,価値や初期経験に基づく成人学習の機会を得ること,そしてこの機会を得る多様な方法によって,すべ

ての市民が積極的に参加でき声を上げることができるよう励まされることが重要なのである」と，宣言されている。地域社会への参加，そして職場における継続的な学習が求められるようになってきた。

3. おとなの生きる力

　一方，日本でも，生涯教育とは「国民の一人ひとりが充実した人生を送ることを目指して生涯にわたって行う学習（生涯学習）を助けるために，教育制度全体がその上に打ち立てられるべき基本的な理念」であり，「自ら学ぶ意欲と能力を養い，社会のさまざまな教育機能を相互の関連性を考慮しつつ総合的に整備・充実しようとする」考え方であり，生涯教育とは生涯学習の基礎となる教育理念（「生涯教育について」中央教育審議会答申，昭和56年）とされるようになってきた。こうして1990年代に展開された多様な生涯学習政策に続き，21世紀に入ってからは，子どもたちだけではなく，おとなについても，「生きる力」としての総合的な力が重要であると言われるようになってきた。

　2008年2月に，中央教育審議会は，「新しい時代を切り拓く生涯学習の振興方策について～知の循環型社会の構築を目指して～」を発表した。そこでは，現代を「総合的な知が求められる時代」と捉え，「社会の変化に対応していくためには，自ら課題を見つけ考える力，柔軟な思考力，身に付けた知識や技能を活用して複雑な課題を解決する力及び他者との関係を築く力に加え，豊かな人間性等を含む総合的な『知』が必要となる。また，その他，自立した個人やコミュニティ（地域社会）の形成への要請，持続可能な社会の構築への要請等を踏まえ，生涯学習振興の必要性が高まっている」としている。

　また，「社会の変化や要請に対応するために必要な力」として，「国民が生涯にわたって各個人のニーズに応じて学習を継続することができる環境を整備し，国民一人ひとりがこのような社会を生き抜いていくための総合的な力を身に付けることを支援する」とし，総合的な力の例として，「単なる知識や技能だけではなく，技能や態度を含むさまざまな心理的・社会的なリソースを活用して，特定の文脈の中で複雑な課題に対応することができる力」である「主要能力（キー・コンピテンシー）」というOECDの定義を引いている。

　この答申は，これまでの答申で述べられた次代を担う子どもたちに必要な

「生きる力」に続いて，成人にも「変化の激しい社会を，自立した一人の人間として力強く生きていくための総合的な力」を身につけることの重要性を説いたものである。これからの社会で成人にも必要とされる力，キー・コンピテンシー（key competencies）とはいったいどのような力なのであろうか。

第2節　キー・コンピテンシー

1. コンピテンシーの定義と選択プロジェクト

　キー・コンピテンシーの概念を提唱したOECD（経済協力開発機構）は，1990年代後半より教育委員会を拡充し，教育調査研究事業に非常に大きな力を注ぎ始めた。特に，1997年より開始した生徒の学力到達度調査，通称PISA（the Programme for International Student Assessment）は，義務教育終了時の生徒が社会に参加するために十分な本質的な知識と技能をどの程度得ているかを観測する目的で始められた。PISAでは，読解力（reading），数学，科学領域での生徒の知識と技能の比較から始まり，問題解決能力やITを活用した調査が試みられている。しかし，選択された学校教科における生徒の達成度評価から，人生における生徒の成功はいっそう広い範囲のコンピテンシーに左右されるということがわかってきた。そこで，PISAを初めとする国際調査研究の進歩のためにも，新しい能力概念である，コンピテンシーの調査研究を行い，長期的な展望の枠組みを形成するために，「デセコ・プロジェクト」が始められた。

　OECDが提起して12の加盟国が参加した「コンピテンシーの定義と選択；理論的・概念的基礎」プロジェクト（通称 デセコ，DeSeCo, Definition and Selection of Competencies ; the conceptual and theoretical foundations）は，アメリカ合衆国教育省やカナダ統計局の支援を受けてスイス連邦統計局が主導し，1999年から2003年にかけて実施された事業である。このデセコ・プロジェクトの目的は，国際的に共通する能力としてのキー・コンピテンシーを確認し，その評価と指標の枠組みを開発することにあった。

　そこでは，次の2つの問いが設定された。第1に，読み，書き，計算能力と別に，知識や技能以上のどんな能力（コンピテンシー）が，個人を人生の成功や責任ある人生へと導き，社会の挑戦に対応できるようにするのか？　なか

でも，社会，経済，政治や家庭，あるいは個人の人間関係や成長を含めた生活のいろいろな領域に参加し，人生を成功に導く重要な能力のセットというものがあるのか？　もしあるとすれば，その中でも重要な鍵となる概念，キー・コンピテンシーをどのように理論的に正当化し，開発し，育み，評価できるか。

　第2の問いは，社会的・文化的な条件，あるいは年齢や性，階層，専門的活動などと関係なく，どの程度キー・コンピテンシーは普遍性を持つか？　国毎に，地域毎に妥当性を持つか？　どんな状況や場所で，若い時，職場に入る時，家族を作る時，昇進する時，引退する時など生涯の各段階でどんなコンピテンシーが特に重要となるか？　というものである。

　ここでコンピテンスとは，「特定の状況の中で（技能や態度を含む）心理社会的な資源を引き出し，動員することにより複雑な需要に応じる能力」とされた。特に重要となる複数形のコンピテンシーとして，いろいろな状況に対応し，各国の教育政策に共通するものは何かが問われたのである。

　このプロジェクトの特徴は，その概念定義を教育学だけに特定された学者や一部の国が恣意的に行うのではなく，学際的な領域の専門家と各国の政策担当者との協働によって進めた点である。参加した加盟国が，CCP（各国による事業協議とその報告，country contribution process）を通じて各国毎にそれぞれの教育政策の検討を行い，どのような価値や優先政策を採っているか，またグローバルな経済的・文化的課題において最重要なコンピテンシーとして共通する価値は何かが二度にわたるシンポジウムで協議された。

　その過程で，「技術が急速に継続的に変化する世界」「多くの多様な文化や集団と交流する世界」「グローバリゼーションの進む世界」が，各国に共通する世界像として捉えられた。4つの事業がプロジェクトの中心となった。第1に，コンピテンシーの先行研究の分析が行われ，これまでどんな概念が用いられ定義されてきたかを明らかにし，その結果から理論的にコンピテンシーにはかなりの非一貫性がみられることと包括的な枠組みの必要性が指摘された。第2に，コンピテンスの概念分類が行われ，キー概念の共通理解の構築が目的とされた。第3に，1組のキー・コンピテンシーが専門家の調査研究に基づき選択された。その際，教育学に加えて人類学から経済学など多様な学問領域の専門家や学者が加わり，政策的な関連性へのを配慮を行い共通基盤の発見に努力した。最後

に，各国間協議（CCP）を通じて，各国がコンピテンシーをどう定義し選択したかのレビューを行い，専門家の理論的視点と各国の優先的な教育政策として現実的な調整が行われた。

　コンピテンシーに共有する価値として，すべての加盟国は，民主的な価値の重要性と持続的な発展の達成という点では合意している。その価値を，個人ができる限り実現する一方，他人や他国への敬意を伴いながら，できる限り公正で正常に機能する社会を形成できる能力が重要となる。この個人的目標と社会的目標の相補性は，個人の自律的な発達と他者との相互作用の両方を認めたコンピテンシーの枠組みに反映される。多くの加盟国では，学習者が社会的に適応するだけではなく，学習者自身が革新的で創造的，自己決定的で自発的な力を身につけることが期待されていた。単なる教えられた知識の繰り返しではなく，課題解決にも取り組める個人の能力のより優れた発達という点でも合意がみられた。こうして正常に機能する社会を形成し，人生の成功につながることが目標として設定され，3つのコンピテンシーが決定されたのである。

2．3つのキー・コンピテンシー
(1) コンピテンスの定義と条件
　コンピテンスという考え方は，ホリスティックな（総合的な）概念であり，理性と感情が生命上関連しあっている考え方から生まれている。また，個々人のコンピテンスは，動機づけから態度や技能，知識とその活用にいたる構成要素から成る資源を持つだけでなく，資源を適切な時，複雑な状況でも適切に活用する能力を含む。コンピテンシーとは，こうしたコンピテンスの集合的な概念であり，キー・コンピテンシーは，そうしたコンピテンシーの中でもさらに重要な概念である。コンピテンスは，個人の属性とその人が働きかける文脈との相互作用の生産物であり，その習得によって社会や個人にとって価値ある成果が得られ，多様な状況における重要な課題への適応の助けとなり，すべての個人にとって重要な力となる。こうしてプロジェクトからコンピテンシーの定義を踏まえて，キー・コンピテンシーとは，「特定の問題状況に対応するため，知識や技能，態度を含む多様な資源を活用し，動員して，複雑な需要やニーズに応える力」とされ，次の3つのカテゴリーが選択された。

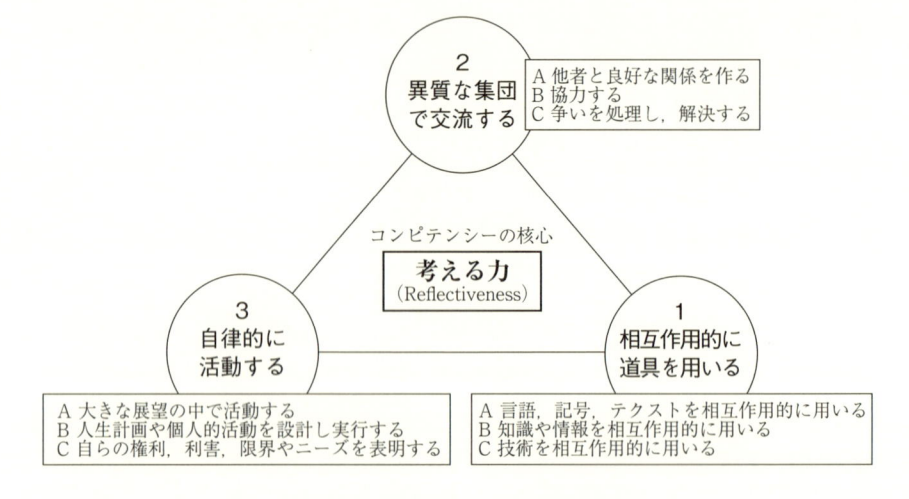

(2) 3つのキー・コンピテンシー

　キー・コンピテンシーの核心には，思慮深さ（反省性, reflectiveness），つまり考える力がある。思慮深く考えるとは，考える主体が相手の立場に立つことだけでなく，メタ認知的な技能（考えることを考える）や批判的なスタンスや創造的な能力活用が重要であるし，ある程度の社会的成熟も求められる。思慮深く考えるには社会的な抑圧から一定の距離を置き，異なる視点を持つことが必要であり，自主的な判断と自分の責任を持つ機会が与えられるにしたがい，この力は育っていく。また，キー・コンピテンシーは，次の3つのカテゴリーからなるが，それぞれのカテゴリーはさらに下位の能力から構成される（図3.1）。

図3.1　3つのキー・コンピテンシー

〇カテゴリー1　道具を相互作用的に用いる力

　・**必要な理由**　このコンピテンシーが必要な理由は，知識や技術の急激な進歩が続き，グローバル化が進むこの時代や社会では，最新の技術を学習し続ける，自分の目的に道具を合わせる，世界と活発な対話をすることが重要だからである。

　・**具体的な能力**　この力で，道具は「人が積極的な対話を行う装置」と捉えられ，コンピュータのような物理的なものだけでなく，知識や情報，技術といっ

たものも文化的な道具と考えられる。その時，人が世界や他者と対話し，相互作用する方法をこれらの道具がどのように変化させるか，また目標を達成するためにどのように活用できるかの理解も重要となる。つまり，道具は，単なる受動的な装置ではなく，周りの環境と積極的な対話を行う装置なのである。「リテラシー」という用語は，このキー・コンピテンシーと関係する。具体的な力としては，次の3つのものがある。

1-A 言語，記号，テクストを相互作用的に用いる能力

さまざまな状況で，話し書くといった言語スキルや，記号や図表の活用を含む数学的なスキルがここに含まれる。ただし，そうしたスキルはまた，社会や職場でよりよく働き，他の人々との効果的な対話に参加するための必須の道具であるともいえる。PISAの読解力（reading literacy）や数学リテラシーは，このキー・コンピテンシーを具体化したものである。

1-B 知識や情報を相互作用的に用いる能力

サービス産業や情報産業分野の拡大，そして知識基盤社会の中で，知識と情報を相互作用的なネットワークの中で活用することは必須の力となりつつある。このキー・コンピテンシーに必要なのは，知識や情報の性質，その技術的基盤や社会的，文化的，思想的な背景や影響について考える力である。情報能力は，選択肢の理解，意見の形成，意思決定を責任をもって行う多様な活動の基礎である。具体的なコンピテンシーとして科学的リテラシーがある。学習者には，科学的な探求活動にどれだけ進んで参加し交流しているか，科学的な疑問にどれだけ関心をもっているかがこの力として問われる。たとえば，わかっていないことを知り，何をすべきか決定する力，適切な情報源を探し，発見する力，情報源に加えてその情報の質，適切さ，価値を評価する力，知識と情報を整理する，などの力がある。

1-C 技術を相互作用的に用いる能力

技術革新は，職場の内外で新しい技術の学習を求めるだけでなく，技術の進歩自体もまた新しい道具の開発を通して新しい学習法や学習機会を人々に提

供している。通信技術の発展は，対話などの相互作用への活用を促し，その手法は日々の生活に活用できることも示されている。膨大な情報量をたやすく利用でき，場所にかかわらず学び働き，世界中の人々と対話する可能性が生まれている。しかし，基礎的な技能の学習だけでなく，こうした技術の潜在的な可能性や危険性を考えながら，私たちは自分たちの生活の問題や目標に関連づけ，共通の実践や問題解決に技術を役立てることができる。

○カテゴリー2　異質な集団で交流する力
・必要な理由　このコンピテンシーが必要とされる理由は，私たちが価値や文化の多元化が進む社会に生きており，多様な人と豊かで円滑な生活を送るためには，他者への思いやりと理解を深める力や，人間関係の形成と運営を良好に行える力が重要となってきているからである。
・具体的な能力　人生を通じ，人は他者との絆に依存する。そこで，この力が個人に求めるのは，他者と共に学び，働き，円滑に交流することである。家族や地域といった既存の社会的な絆が弱められ，断片化と多様化の進む時代に，新しい人間関係を形作ったり，その良好な管理を図る力は，個人にとっても新しい社会を作る上でもいっそう重要である。社会的能力，ソーシャルスキル，異文化間能力，柔軟な能力などの用語と関係する多くの特徴をこのコンピテンシーは持つ。その具体的力として次の3つがある。

2-A 他者と良好な関係を作る能力
　このコンピテンシーは人間関係を作るだけでなく，その維持や管理も行う力である。家庭や職場，地域での良好な関係作りはその絆の強化を含めて，社会的・経済的成功の条件でもあり，情動的な知性をも企業は重視している。自分に快適な環境を作るには他者の価値観や信念，存在を尊敬し評価するだけでなく，他者から学んで成長することも重要な力である。他者と良好な関係を作る力には，次のようながものがある。
　共感性：他者の立場に立ち，その観点から状況を想像する。これは内省を促し，広い範囲の意見や信念を考える時，自分にとって当然だと思うような状況が他の人に必ずしも共有されるわけではないことに気づく。

感情の効果的なマネージメント：自分のことに気づき，自分の基本的な情動と意欲の状態と他の人の状態を効果的に読み取る。

2-B 協力する能力

個人単独で対処できないような要求と目標に対し，チームや市民運動，経営組織や政党，労働組合などのグループで力をあわせ，同じ利害を共有する人々の力が必要となる。そうした協力に必要なのは，メンバーが一定の資質を持って，集団の目標や関わりと仕事の優先順序を調整し，役割分担しながら他者と助け合う力である。

たとえば，自分のアイデアを出し，他人の話を聴く力，討議の力関係を理解し，基本方針に従う力，持続可能な協力関係を作る力，交渉する力，反対意見を考え決定できる包容力などがある。

2-C 争いを処理し，解決する能力

家庭や学校，職場を含め，人間関係に常につきまとう現実として，争いは生活のあらゆる面にみられる。各人やグループが多様な要求，利害，目標，価値観をもつ以上，その調整をしないと対立や争いが生じる。この争いの存在を否定するよりも建設的方法で取り組む鍵は，争いを目標実現のための１つのプロセスと考えることである。対立する両者の利害や要求を考慮して両方の利益が得られる解決策を工夫する力が重要となる。たとえば，できるだけ異なる立場があることを知り，現状の課題と危機にさらされている利害（たとえば，権力，メリットの認識，仕事の配分，公正）について，すべての面から争いの原因と理由を分析する力，合意できる領域とできない領域を確認する力，問題を再構成する力，進んで妥協できる部分とその条件を決めながら，要求と目標の優先順位をつける力などがある。

○カテゴリー３　自律的に活動する力

・**必要な理由**　このコンピテンシーが必要とされる理由としては，複雑な社会で自分のアイデンティティを実現し目標を設定する，権利を行使して責任を取る，自分の環境を理解してその働きを知ることがあげられる。

・**具体的な能力** 自律的に活動するとは，明らかな自己概念を伴い，意思を持った行為を行えること，つまり決定や選択，そして自らの欲求や要求を実際の活動に置き換える能力である。具体的能力として次の3つがある。

3-A 大きな展望の中で活動する力

人は自分がどこにおり，どんな人物として生きているか，自分の行為や決定がどんな影響を持つかを社会や時代の大きなイメージの中で知り，選択と活動を行う必要がある。

たとえば，歴史や社会の認識とビジョンを持つ。社会の理想像を自分と結びつける。その構造や文化，実践，自分が果たすべき役割や期待を理解し，法律や規則，また文書化されていない社会的規範や道徳作法，マナーや慣習を理解する。義務に関する知識は，他方で権利についての理解ともつながる。自分の行為の直接的・間接的な結果を知る。個人及び共通の規範や目標に照らして行為が導く結果を考え，違う道に至る行為の選択も行う，などがある。

3-B 人生計画や個人的活動を設計し実行する力

このコンピテンシーでは，自分の希望や夢と可能性，そして実現可能な領域での堅実な将来展望が求められる。自分の人生を1つの物語と見なし，変化する社会や環境の中に意味と目的を与える力である。

たとえば，計画を決め，目標を定める。知識や技術，時間，お金，人間関係など自分が利用できる資源と必要な資源を知り，現状を評価する。目標の優先順位を決め，整理する。多様な目標に照らし必要な資源を用意する。過去の行いから学び，将来の成果を計画する。進歩をチェックし，計画の進展に応じて調整する，などがある。

3-C 自らの権利，利害，限界やニーズを表明する力

多くの権利や要求は，法律や契約により制度的に擁護されているがそうでない状況もある。そうした問題に対して，自分自身の権利や要求，利益を知り，積極的に主張して守る時，最終的には個人の力が重要となる。他方で，集団の一員としても自分が生活する地域や働く職場で，民主的な団体や地方と国の政

治活動への積極的な参加などが求められる。

　たとえば，過去の行いから学び，将来の成果を計画する。進歩をチェックし，計画の進展に応じて必要な調整を行う。選挙への参加などのように自分の政治的利害関心を理解する。個々のケースの基礎となる文書化された規則や原則を知る。承認された権利や要求を自分のものとするための根拠を持つ。処理法や代替的な解決策を指示する，などの力がある。

　相互作用的に道具を活用する力，社会的に異質な集団で交流する力，自律的に活動する力，この３つのコンピテンシーはまったく別々に機能するのではなく，いろいろな状況に応じて重要となるコンピテンシーは変化する。また，１つのコンピテンシーの学習は，他のコンピテンシーの基礎ともなり，深い関連を持つものと考えられている。さらに，キー・コンピテンシーは，個々人の生涯にわたり成長したり，変化する。加齢にしたがい，キー・コンピテンシーを獲得したりすることもあれば，喪失していく可能性もある。その発達は，青年期から成人期を通じて継続し，状況に応じて変化するが，核心部にある思慮深さ，考える力だけは成熟に伴い成長すると考えられている。

第３節　キー・コンピテンシーの実態と意義

１．成人のキー・コンピテンシー

　このようなキー・コンピテンシーを私たちは，日常生活でどのように身につけ，学習していけばいいのだろうか。学校教育では，PISA調査に対応した教育内容やその結果を活かした教育が展開されていくのだろう。しかし，大学生や成人については，この概念をどのように生涯学習活動の実践に活かせばいいのだろうか。OECDは，キー・コンピテンシーを基礎として，科学的な尺度を用いて測定する成人コンピテンシーの国際アセスメントプログラム，通称PIAAC（ピアック）を2012年に実施する。ただ，この調査では，言語や，知識技術を相互作用的に用いる道具活用力を主としたテストが中心となる。これに，他者と良好な関係を作り，協力し，問題を解決する関係形成力，大きな展望を持って，計画を立て，自らを表明する自律的活動力のそれぞれも含めて，

3つのコンピテンシーを，学校や職場，地域で習得できるようになれば，キー・コンピテンシーの目標である個人の幸福の実現や社会の持続的な発展につなぐことができる。

　そこで実際に，成人がそれぞれの力についてどのような意識を持っているかについての調査結果を見ることにしよう。図3.2～図3.4は，社会人を対象したネット調査から，道具の活用力，自律的な活動力，人間関係力について下位の概念項目を具体的に設定し，「あなたは，次のことがどの程度できますか。それぞれについてお答えください」と尋ねた結果である。「よくできる」「少しはできる」「あまりできない」「ほとんどできない」の4つの選択肢でその意識

コラム 3.1

PIAAC（国際成人力調査）

　OECD は，1990年代以降，これまでに成人の能力を調査する試みとして，国際成人リテラシー調査（International Adult Literacy Survey, IALS）や，成人のリテラシーとライフスキル調査（Adult Literacy and Life Skills Survey, ALLS）などを実施してきた。その研究成果を踏まえ，新たに「国際成人力調査」（成人コンピテンシーの国際アセスメントプログラム，Programme for the International Assessment of Adult Competencies, PIAAC）という，教育政策を支援するための調査事業を開始した。

　PIAAC では，コンピテンシーという概念を用い，知識や技能だけでなく，動機や態度などの資質や社会的な資源を活用して，多様な状況での複雑な要求に応える力を意味し，前述の答申の「総合的な力」にも対応するものとなっている。PISA の読解力（literacy）や数学力（numeracy）の成人版に加え，新たに「IT 環境下での問題解決能力（problem solving in technology-rich environment）」など職場や家庭で働く成人について新たな開発も進められる。

　調査の目的は，国際的な共同事業を通じた知的資源の蓄積を通じて，各国の経済的・社会的成果に影響する成人力の分析，各集団間や各国間の比較による教育・訓練システムの教育成果の測定，学校教育，生涯学習，職業教育政策への貢献を行うことにある。

を尋ねた回答から,「よくできる」と「できる」を合計した比率を示した[1]。

図3.2の道具の活用に関係した力についてみると,「情報収集」や「eメールを書く」「文章を書く」などは8割から9割の人々ができると回答している。これは,ネット調査であるために回答者のパソコンを用いたインターネット利用能力が前提となっているためであり,当然の結果であるが,郵送調査や個別面接調査となると回答率はもっと低くなるだろう。また,パソコンを使っているとしても,プレゼンソフトなどの特別なアプリケーションの利用能力は4割と低くなっている。特に,低いのが「外国語で外国人と話せる」という力である。わずか16%にすぎない。

ここでは性別比較を試みたが,10%以上の差異がみられるのは,「知識を整理する」「地図を読む」「新しい機械を使う」「論理的に考える」「暗算をする」

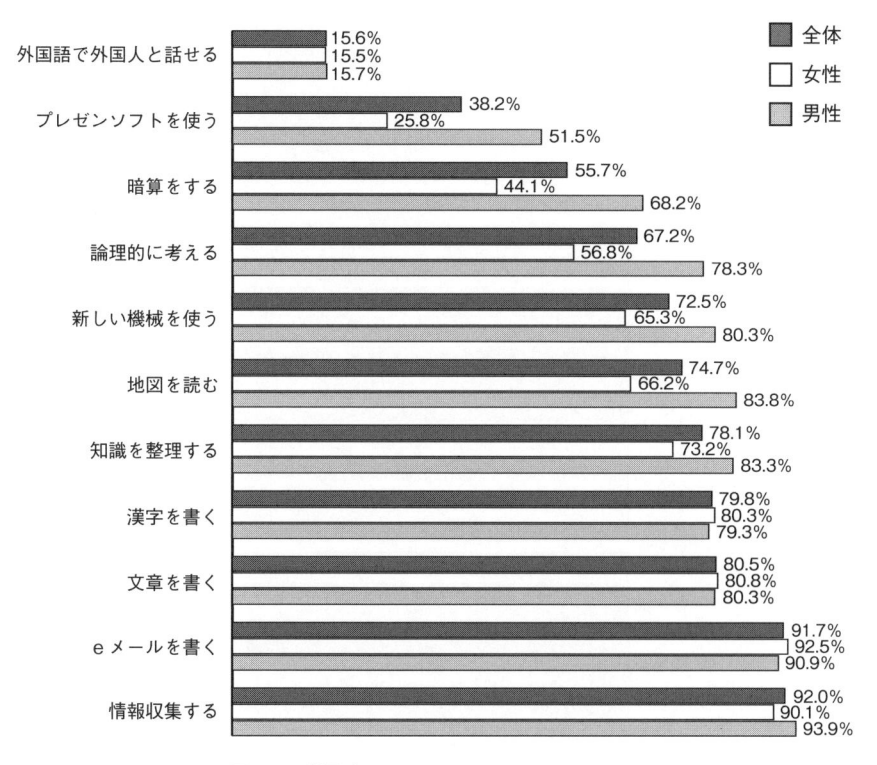

項目	全体	女性	男性
外国語で外国人と話せる	15.6%	15.5%	15.7%
プレゼンソフトを使う	38.2%	25.8%	51.5%
暗算をする	55.7%	44.1%	68.2%
論理的に考える	67.2%	56.8%	78.3%
新しい機械を使う	72.5%	65.3%	80.3%
地図を読む	74.7%	66.2%	83.8%
知識を整理する	78.1%	73.2%	83.3%
漢字を書く	79.8%	80.3%	79.3%
文章を書く	80.5%	80.8%	80.3%
eメールを書く	91.7%	92.5%	90.9%
情報収集する	92.0%	90.1%	93.9%

図3.2　道具力 (成人男性 N=198, 成人女性 N=213)

「プレゼンソフトを使う」などはいずれも男性が高い比率となっている。

図3.3の自律力をみると，「マナーを守る」，「朝，ひとりで起きる」「規則や法律に従う」などの項目は9割以上の人ができると回答している。一方，できないこととしては，「事業計画を立てる」「人生計画を立てる」「意見をはっきり言う」などの項目があげられている。この項目では，できる項目の性別比較をみると，「食事の後かたづけをする」「朝食をきちんと取る」「食事を自分で作る」「自分の部屋のそうじをする」など家事の基本的な行動については，女

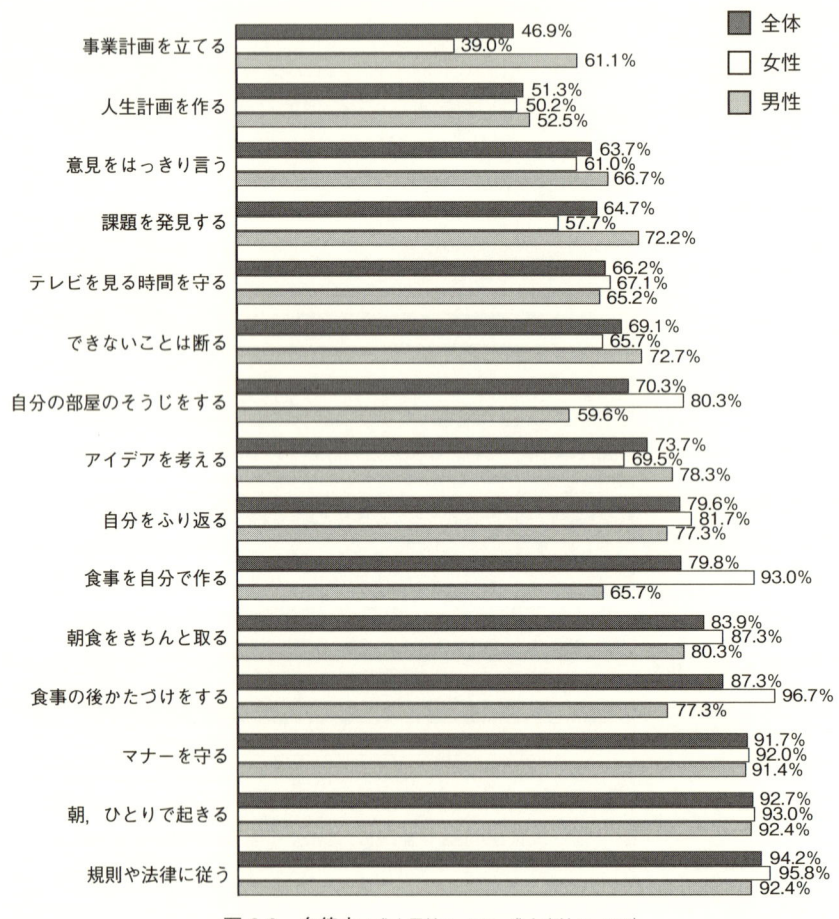

項目	全体	女性	男性
事業計画を立てる	46.9%	39.0%	61.1%
人生計画を作る	51.3%	50.2%	52.5%
意見をはっきり言う	63.7%	61.0%	66.7%
課題を発見する	64.7%	57.7%	72.2%
テレビを見る時間を守る	66.2%	67.1%	65.2%
できないことは断る	69.1%	65.7%	72.7%
自分の部屋のそうじをする	70.3%	80.3%	59.6%
アイデアを考える	73.7%	69.5%	78.3%
自分をふり返る	79.6%	81.7%	77.3%
食事を自分で作る	79.8%	93.0%	65.7%
朝食をきちんと取る	83.9%	87.3%	80.3%
食事の後かたづけをする	87.3%	96.7%	77.3%
マナーを守る	91.7%	92.0%	91.4%
朝，ひとりで起きる	92.7%	93.0%	92.4%
規則や法律に従う	94.2%	95.8%	92.4%

図3.3 自律力 (成人男性 N=198, 成人女性 N=213)

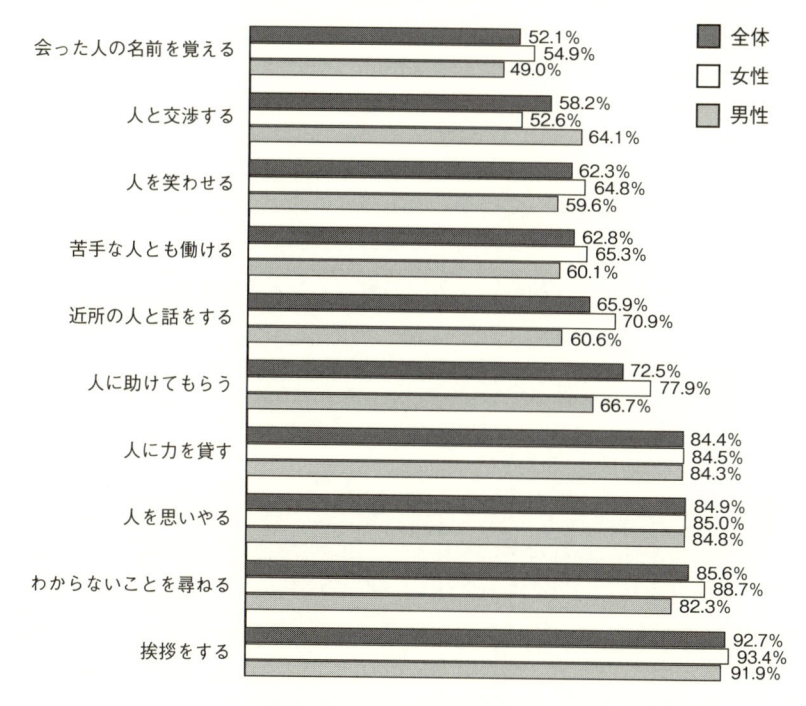

項目	全体	女性	男性
会った人の名前を覚える	52.1%	54.9%	49.0%
人と交渉する	58.2%	52.6%	64.1%
人を笑わせる	62.3%	64.8%	59.6%
苦手な人とも働ける	62.8%	65.3%	60.1%
近所の人と話をする	65.9%	70.9%	60.6%
人に助けてもらう	72.5%	77.9%	66.7%
人に力を貸す	84.4%	84.5%	84.3%
人を思いやる	84.9%	85.0%	84.8%
わからないことを尋ねる	85.6%	88.7%	82.3%
挨拶をする	92.7%	93.4%	91.9%

図3.4　関係力（成人男性 N=198, 成人女性 N=213）

性の方が高い自律性を示している。男性は、「事業計画を立てる」「課題を発見する」など仕事に関係した自律性の項目で高い傾向を示している。

　図3.4の関係力では、「挨拶をする」「わからないことを尋ねる」「人を思いやる」「人に力を貸す」という項目ではいずれも8割を越える人ができると答えている。一方、4割を越える人ができないのが「会った人の名前を覚える」「人と交渉する」ことである。ここでも性差をみると、女性では「人に助けてもらう」「近所の人と話をする」といった力が強く、男性には「人と交渉する」力が強くみられる。

　この結果は、あくまで意識にすぎない。実際にテストしてできるかどうかは、PIAACの調査項目が開発されるまで待たざるを得ないが、こうしたコンピテンシーの向上が図られれば、学習者の幸福や社会の発展につながっていくということをデセコが提言したわけである。欧米の先進国からの提言であり、これ

に東洋や日本の智恵を加えればさらに進んだ生涯学習のプログラムを作っていくことができるのではないだろうか。

2. キー・コンピテンシーの意義

　キー・コンピテンシーの提言やその事業の目標からすれば，この概念は，生涯学習にとって多くの意義を持つ。成人のための形成的評価の意義や可能性，国際的な学習成果の客観的測定，各国の教育政策と他の政策を連動させる職業と教育の統合的システムの可能性などである。しかし，ここでは最後に次の2つの意義について述べることにしたい。

(1) すべての人の能力向上

　キー・コンピテンシーの最も大きな意義は，それが特定の人の能力向上だけを目的として考えられた概念ではなく，生涯学習の機会をすべての人に提供することを目的として考えられたという点である。また，コンピテンシーは学習者の先天的な能力に依存するものではなく，後天的に学習できる力として考えられていること，そして学習活動を通じて，競争社会の中での成果主義による格差を広げるためではなく，格差の是正を目的にしている点である。

　すべての人や国に共通する基礎的な能力概念などあるはずも，それを探索することができるはずもないという批判がある。一方で，DeSeCoは，ドロール報告を参考として，状況や文化，個人の相違を前提としながら，教育や学習という点で共通の理想を持って，共通の概念を持つことができるという目的を持った。

　人を比較したり，競争的な状況におくのではなく，共に生きることを学ぶという点で，コンピテンシーの概念は，無能感ではなく有能感をもたらすという意義を持つ。特に，できる人の行動を真似て学習するプログラムを提供するキー・コンピテンシーは，学習者の自信や自尊心と非常に深い関係を持つ。

　人間の有能感に注目した精神分析学者のホワイト（White R. W.）は，『自我のエネルギー』という本の中で，環境と相互作用する概念としてコンピテンスという言葉を用いた。彼のいうコンピテンスも学習の産物であり，私たちができることとできないことを学習し，できることに集中して満足を得ていくこと

第3章　おとなの生きる力：キー・コンピテンシーの習得　67

から，人は有能感，コンピテンス感覚を育むことができるとしている。
　こうした有能感あるいは自己効用感は，自分が他の人に役に立つという感覚であり，子どもの時から高齢者までどのような人でもその感覚を持つことは，学習や社会参加，成長と発達への重要な動機づけとなり，自尊心を育てる。「効力性への強い関心が，たとえようもなく深く，人間の本性の中に埋められている」(White, 1985: 251) のであり，どんな人にとっても「自分が何ができて，何ができないか」ということの有能感が非常に大切である。この有能感，コンピテンスの感覚が，人の自我のエネルギーの基礎になる。いろんなことに挑戦しようとする心から，何かができるようになれば，人の役立つ力も大きくなり自我のエネルギーも大きく成長する。
　有能な人にできることをできる限り多くの人と共有化しようとするキー・コンピテンシーの考え方は，その意味で多くの人に自尊心や有能感をもたらす。

(2) 学習機会の保障

　学習機会の質と量の向上を含む学習機会保障の問題は，ヨーロッパの生涯学習推進に関するCERI（教育研究革新センター）の報告書でも重要な項目としてあげられている（OECD CERI, 2004=2010）。EC（欧州委員会）では，2006年にキー・コンピテンシーの提言を行ったが，そこでも，社会参加や民主的な市民精神のコンピテンシーが知識社会発展に必要なコンピテンシーとされている。経済のグローバリゼーションや仕事の高度化が進む中で，学校教育や生涯学習で生じる格差を是正するために，社会的に排除される層に対してコンピテンシーの学習機会を提供することが重要となってくる。
　社会的に排除される危険のある層に対して，個人的充足，社会参加，雇用の機会を提供する上で，キー・コンピテンシーの政策が重要な意味を持つ。その政策を推進するには，教育分野だけではなく，雇用，医療，環境，福祉といった分野の政策との調整が不可欠となる。その点では，DeSeCoの「正常に機能する社会」や「維持的発展」といった社会的目的とも共通する面を持つ。
　日本もまたグローバリゼーションの波の中にあり，外国人問題が異なる特性を持つとしても，国際化の問題は次第に重要なものとなりつつあるし，成人学習における機会の格差については日本でも学校卒業後の学習における格差拡

大の可能性がある（立田，2007）。

　コンピテンシーという概念が有効な理由は，単なる知識や技能だけではなく，コンピテンシーの形成を行う際には，プログラムの中に学習への動機づけや態度といった課題を組み込む必要が生じ，いっそう広い枠組みで学習の問題を捉えることができる点である。各国の国民全部が優れた学習者になり，知識社会発展の源となり，同時に国民自身の幸福を実現するためのチャンスが，キー・コンピテンシーという概念の中に含まれている。

■注
(1) データは，国立教育政策研究所プロジェクト研究（平成19～21年度）の「言語力の向上をめざす生涯にわたる読書教育調査（社会人対象）」により，2009年度に実施したネットコミュニティを用いたウェブ形式のアンケートの結果である。大学生を除く全国の成人を対象とした社会人の調査は，平成21年7月30日～平成21年8月4日にかけて実施した。対象者は，サンプリングの段階で男性，女性を半々，20代から60代まで各年齢階層を100名ずつ，また全国の都道府県の人口規模をベースにして，都市部と地方部の人口分布を代表できるような形での選択を行い，計500名を回収した。

■引用・参考文献
OECD CERI (2004) *Promoting Adult Learning*, OECD.〈邦訳〉立田慶裕監訳 (2010)『世界の生涯学習：成人学習の促進に向けて』明石書店。

Rychen, D. S., and Salganik, L. H. (2003) *Key Competencies for a Successful Life and a Well-functioning Society*. Hogrefe & Huber.〈邦訳〉立田慶裕監訳(2006)『キー・コンピテンシー：国際基準の学力をめざして』明石書店。

立田慶裕 (2007)「生涯学習のためのキー・コンピテンシー」『生涯学習・社会教育研究ジャーナル』1, 157-198。

White, R. W. (1963) *Ego and Reality in Psychoanalytic Theory: A Personal Regarding Independent Ego Energies*, International Press.〈邦訳〉中園正身訳(1985)『自我のエネルギー：精神分析とコンピテンス』新曜社。

第4章

生涯学習に関する社会理論：
ポストモダンを超えて

荻野　亮吾

✤ 章のガイド

　生涯学習は，社会における真理や知識，アイデンティティのあり方から大きな影響を受けている。生涯学習の変化を大局的に捉えるためには，その背後にある社会の仕組み，社会の構造と社会の変化を適切に知ることが重要となる。社会構造の変化を扱う社会理論は，そのための重要なツールである。本章では，近代の代表的な社会理論として批判理論，ポストモダニズム，ペリポストモダニズムの考え方を紹介する。

✤ キーワード

　近代主義（modernism），批判理論（critical theory），ポストモダニズム（postmodernism），ペリポストモダニズム（peri-postmodernism），アイデンティティ（identity），社会運動（social movement）。

第1節　生涯学習に関する社会理論

　本章では，近代からポストモダン，およびそれ以降の社会理論を取り上げ，生涯学習を取り巻く真理や知識，アイデンティティの変化を見ることとする。
　生涯学習論と一口に言っても，個人の心理的な変化に関わるものから，組織・集団における学習，社会のシステムの変化を促す学習を扱うものまであり，その射程は幅広い。しかし，その注目する部分に応じて，(1) 個人の態度や価値観（ミクロレベル），(2) 学習が行われる場や文脈（メゾレベル），(3) 学習の背

景にある社会構造（マクロレベル），という3つのレベルにまとめることができる。

　赤尾勝己（2009）によれば，(1)を中心に扱うのが，生涯発達や経験学習，意識変容の学習理論である。人々は，多様な背景を持ち，人生を送り，さまざまな経験をしており，学習を通じて，経験に意味づけがなされ，それまでの知識と結びつけられることで，意識や価値観の変容がなされる。この過程におけるより良い学習支援の方法を考えるために，発達や変容の過程を概念化していくのがこのレベルの理論である。一方，(2)のメゾレベルに注目するのが，正統的周辺参加や学習組織論，知識創造論，活動理論である。これらの理論は，学習や教育の場や文脈に埋め込まれている知識や文化，ルール，物語に注目し，それらがどのように学習や教育を規定するかを明らかにする。

　(3)について，メリアムとカファレラ（Merriam and Caffarella, 1999=2005: 399）は，「学習が行われる背景」，具体的には，より広い社会システムや，学習を形づくる文化や制度，学習という営みに枠組みを与え，それを規定する社会構造や歴史的状況を分析することで，知識の構築や習得の意味が明らかにされると述べている。このような社会構造を中心に扱うのが，さまざまな社会理論である。社会理論の視点から生涯学習を見ることによって，個人の発達・変容や，学習が行われる場や文脈についても，新たな知見が得られる。

　社会理論には，マルクス主義，構造主義，フェミニズム，批判理論，ポストモダニズムなどさまざまな理論が存在する。本章では，このうち，批判理論とポストモダニズムを取り上げる（第2節，第3節）。これらの理論は，近代への批判意識を伴い，生涯学習を見る上で欠かすことのできない論点を提起している。さらに第4節では，近年見られるペリポストモダニズムとよばれる視点を取り上げる（Hill, 2008=2010）。それぞれの理論が，社会をどのように捉え，どのような問いかけを発しているのかを見ていきたい。

　その前に，批判理論や，ポストモダニズムから批判にさらされることで明らかになってきた，近代主義（モダニズム）の特徴をまとめておきたい。時に基礎付け主義として批判される，この考え方の特徴は，真理，知識，アイデンティティの3つの点から説明できる。

　まず，根底的な世界観として，(1)近代主義は，絶対的な真理の存在を前提とし，人々のあらゆる行動や社会的な現象を説明する普遍的な原理があると

考える（Merriam and Caffarella, 1999=2005: 410）。人々は，客観的・実証的な事実やデータに基づき，論理を積み重ねていくことで，まだ見えない真理へと到達することができると考えられてきたのである。しかし，批判理論やポストモダニズムにより，この普遍的な真理という考え方は，強く批判されている。なぜなら，近代主義の理論で，中立的・普遍的な真理と捉えられるものは，特定の人種，階級，ジェンダーの利益に資するものであるか，もしくは社会の権力関係を反映したものに過ぎないと考えられるようになったからである。

次に，(2) 学習と密接に関連する知識についても，近代主義は批判にさらされてきた。キルゴール（Kilgore, 2001: 60）によれば，近代では，知識は発見されるものであり，人々の手で形作られるものではないと考えられてきたという。しかし，批判理論や，社会構成主義，フェミニズム，ポストモダニズムなどさまざまな社会理論によって，知識とは社会的に作り出される産物であることが明らかにされてきた。これらの理論に基づけば，知識とは，学習によって得られる価値中立的なものではなく，学習の過程や学習を巡る政治を反映し，人々の間での交渉の結果として生じるものである。

さらに，(3) 学習者の持つアイデンティティについても，見直しが進んでいる。近代においてアイデンティティとは，各人の中で統合され，確立されている主体を意味した。そのため，民族や地域によって，あるいは性や世代によって社会にさまざまなアイデンティティを持つ人々がいること，個人の中でもそうした幾つかのアイデンティティがせめぎ合っていることが理解されてこなかった。たとえば，ブルジョアジーと労働者という階級対立の視点は，この見方を示す典型的な例である。しかし，少し考えてみるとわかるように，アイデンティティの基盤になるのは階級だけではない。たとえば，1人の人が女性，日本人，親でありつつ，子ども，30代のシステムエンジニアであるというように，性別，民族，人種，出身地域，世代など，人々のアイデンティティを構成する要素はさまざまである。このような学習者が持つ多様なアイデンティティへの配慮のなさが，ポストモダニズム以降，批判されていくこととなる。

第2節　批判理論における生涯学習の捉え方

　批判理論は，近代における真理や知識のあり方を批判的に考える社会理論である。近代主義の考え方によれば，現状の社会の仕組みを分析し，それに関する探究を深めることで，普遍的な法則や真理が見出されるという。一方，批判理論では，真理や知識を価値中立的なものではなく，特定の個人や集団が，他の集団・個人の犠牲の上に利益を得ようとする合理的な戦略の産物として考える（Kilgore, 2001: 54）。つまり，批判理論では，知識の背後にある権力と抑圧の構造に注目する。たとえば，ヘゲモニー（支配権）という考え方は，中立的に見える知識が，実は特定の集団の利益に資するものであることに注目するものである（Giroux, 1997）。このことに気づかぬまま，社会で特定の知識が「常識」として受容されていくことで，ある集団は権力を持つことになり，一方，知識を持たないその他の個人・集団は，抑圧される立場にまわる。このように，社会における権力と抑圧の構造を明らかにし，現状の知識のあり方を批判的に問い直すのが批判理論の基本的な学びの特徴であり，身ぶりである。

　批判理論はメジロー（Mezirow, J.）を始めとして生涯学習の理論に大きな影響を与えてきた。その貢献は3点にまとめられる（Welton, 1993）。(1) 3種類の知識の区分に基づき，生涯学習を構成する知識を見直す契機を提供したこと，(2) 省察的な対話が生まれるための理想的な条件を示すことで，教育・学習の相互作用の力学の分析が行われたこと，(3) システムと生活世界の視点により，生涯学習を取り巻く権力と抑圧の構造が批判的に捉えられたこと，である。以下，それぞれについて詳しく見よう。

　第1の貢献について見ると，ハーバーマス（Habermas, 1968=1981）は，知識が客観的・中立的なものではなく，人々の関心に基づいて構成されている，という議論を展開し，「技術的知」「実践的知」「解放的知」の3種類の知を示した。ここで，「技術的知」とは，経済や行政の「システム」を組織し，維持するような技術的・科学的知識である。一方，「実践的知」は，他者とのコミュニケーションの中で有効性を発揮するものである。これに対し，「解放的知」は，社会で，正しいもしくは良いと思われていることを批判的に問い直し，社

会構造への理解を進めるものである。たとえば，「成人が高校卒業資格を得るには，大学検定試験で十分な点数を取ればよい」というのが「技術的知」，「大検の資格は高校卒業の資格とまったく同等の価値を持つ」というのが「実践的知」，そして，「私たちの社会ではなぜ，大検の資格が高校卒業資格と同等に扱われないのか」というのが「解放的知」に該当する（Merriam and Caffarella, 1999=2005: 409-410）。

　知識が，特定の集団の利益や関心に基づいて形成されることで，権力につながるとすれば，逆に知識を得ることで権力を得たり，権力から自由になることもできる。ここから生涯学習は，抑圧を生む「経済構造と社会構造およびその結果生ずる権力構造に対して批判を行うこと」（Merriam and Caffarella, 1999=2005: 413），もしくは，「解放的知を用いて，ヘゲモニーについて省察し，意識化を行うことで権力を置き換えていく過程にある」（Kilgore, 2001: 58）ものとして捉えられる。しかし，実際には，成人教育の領域では，専門職主義や技術的合理性が重視されることで，社会活動への参加や抑圧からの解放に関心を向けることが阻まれてしまっていることも指摘されている（Collins, 1991; Wilson, 1993）。

　第2の点について，ハーバーマス（Habermas, 1981=1985・86）は，対話を促す「理想的発話状況」として，「理解可能性」「真理性」「正当性」「誠実性」の4つの基準を示している。ハーバーマスのいう対話とは，相手を論破したり，事実を証明するためのものではなく，相手との相互理解に達するためのものである。そのために，相手にとってわかりやすく話す「理解可能性」，発言の内容が客観的に誤ったものではないという「真理性」，社会的な規範やルールに反したものではないという「正当性」，そして話し手が聞き手を欺こうとしない「誠実性」の4つの基準を満たすことが求められるとされる。

　この議論を受けてメジロー（Mezirow, 1995: 53）は，「対話を成立させるには，偏見や先入観，個人的な関心を捨象し，公正，客観的になることに最大限努めつつ，根拠の提示や評価を行い，主張に賛成や反対をするにあたっては事実や論拠をふまえて，合意にいたることが求められる」という対話の基準を示している。このような基準に照らし合わせることで，正当な議論を展開するために，学習者が必要な技術を習得しているか否かを判断することが可能となる。また，

教育機関が省察的な対話を生みだす「学習コミュニティ」であるかを考える際にも有用である。たとえ現在の教育機関が，自由で抑圧的でない学習を阻むように組織されているとしても，人々が日々の相互作用の中でそれぞれの能力を高め得るような環境に作り替えていくことが必要である（Welton, 1993: 89）。批判理論に基づき，社会のさまざまな場が，開かれた対話や，批判的な省察を促す学習の場として成立する条件を探究する研究が進められつつある。

　第3に，ハーバーマスは，社会を「システム」と「生活世界」に区別している（Habermas, 1981=1986・87）。ここでのシステムとは，貨幣と権力を媒介として維持される，経済システムと行政システムのことを指す。一方，生活世界とは，文化の継承，社会的連帯の維持，アイデンティティの形成に重要な役割を果たす，言語を媒介として相互理解を進める人間関係の世界を指す。ハーバーマスは，近代に入り，生活世界の合理化と，生活世界とシステムの分化，システムによる生活世界の「植民地化」が進んだと述べる。生活世界とシステムの分化の1つの例は，教育である。前近代の社会では子育てや教育は家族や共同体で行われていたが，近代化が進むにつれ，行政による教育や家族，医療制度の整備や，市場でのサービスによってその役割が代替されていく。「植民地化」とはこのような分化の結果，日常生活に，貨幣と権力を媒介とする相互作用が浸透し，生活世界を構成していたコミュニケーションを通じた関係が崩れていくことである。

　このような「植民地化」の動きに対して，企業や国家の管理から逃れ，抵抗しようとする「生活世界の潜勢力」とでもいうべき力も存在する。その1つの例は，1960年代以降活発化した「新しい社会運動」である（コラム4.1参照）。ウェルトン（Welton, 1995: 154）は，「環境保護運動，平和運動，女性運動，地方と個人の自立をめざす運動などの，新しい社会運動は市民が反体制的な言説を展開するのに格好の場である」と述べ，その役割を評価する。

　生涯学習は，この「植民地化」に抵抗するもう1つの有効な手段である。学習は，生活世界とシステムの不均衡を是正するために，権力や抑圧に立ち向かう手段として重視される（Merriam and Caffarella, 1999=2005: 409）。ただし，コリンズ（Collins, 1991; 1995a）が指摘するように，生活世界は本来，社会問題や政治問題について議論を交わし，システムに働きかける契機が生まれる場であ

るにもかかわらず，実際には技術を向上させるような学習システムへと置き換えられてきた。もちろん，このようなシステムの抑圧性や「植民地化」の動向を批判するだけでは十分ではない。効率的に専門職を養成するというシステム的な価値だけでなく，成人の自己決定学習を支援するという成人教育の原理自体も批判的に見直される必要がある。このように，生活世界とシステムという概念を並べて考えることで，より民主化された社会の実現を阻むシステム上の障壁を考察することが可能になる（Collins, 1995b: 198）。

　以上の批判理論の身ぶりを，ブルックフィールド（Brookfield, 2005: 42-65）は，7つにまとめている。それは，(1) イデオロギーを問い直すこと，(2) ヘゲモニーに対抗すること，(3) 権力のベールをはぐこと，(4) 疎外を克服すること，(5) 解放のための学習を行うこと，(6) 理性を取り戻すこと，(7) 民主主義を実践すること，の7点である。

　批判理論は，知識を対称ではない権力関係に基づき，社会に偏在するものとして扱いつつも，知識の持つ重要性や価値自体を否定しているわけではない。この意味で，近代主義と同じく，真理や知識への信頼を有している。知識の習得という身ぶりを基本とする点で，批判理論もまた，近代における生涯学習論であると見ることができる。

第3節　ポストモダニズムにおける生涯学習の捉え方

　ポストモダニズムとは，一言で言えば，近代の価値を根本的に見直し，その限界を指摘する考え方である。絶対的な真理が存在するという見方や，知識を自明なものとする態度をとらない点は，批判理論と共通する。両者が異なるのは，権力は特定の個人や集団が所有するものでなく，各人の関係の中にあると捉える点である（Usher, Bryant and Johnston, 1997）。表4.1に示したように，ポストモダニズムでは，権力とは主体によって表現され，作り出されるものであるとして，知識をその権力を表すものと見なす（Kilgore, 2001）。

　ポストモダニズムにはさまざまな考え方が含まれる。1つは，ポストモダニティの議論である。この議論には，脱産業社会論，消費社会論，情報社会論など，社会の構造的な変化を扱う理論が含まれる。2つ目は，ポスト構造主義に

代表される,言語の持つ権力性に焦点を当てる思想的・哲学的なポストモダニズムの議論である。フーコー（Foucault, M.）はその第一人者である。3つ目は,建築や芸術の分野における文化的ポストモダニズムである。このように,ポストモダニズムの考え方は,決して1つの体系とは言えないが,近代主義や批判理論と比較すると,3つの特徴がある。

第1に,真理への懐疑である。たとえば,リオタール（Lyotard, 1979=1996）は,ポストモダンとは「大きな物語の終焉」であるとする。近代が,人類の進歩や抑圧からの解放,社会の永続的な発展などの「大きな物語」に依拠してきたとすれば,そのような普遍的な真理の存在はポストモダニズムにおいては,否定される。ポストモダニズムは,真実,進歩,正義といった普遍的な物語すべてに疑問を投げかけ,物事の解釈は何通りも存在すると考える。カニンガムとフィッツジェラルド（Cunningham and Fitzgerald, 1996: 49-50）は,さまざまな思想的立場を比較検討し,ポストモダニズムの特徴を,唯一の真理は存在せず,もし存在したとしても相対的なものとして捉える考え方であるとしている。

批判理論では,学習を通じた抑圧の克服が目指されるのに対し,ポストモダニズムでは,抑圧からの解放という物語そのものが疑問視される。したがって,生涯学習に与える影響については,正負2つの評価がある。まず負の評価としては,「断片化や崩壊,沈滞,無意味であるといった厭世的で消極的,陰鬱な見方を提供する」（Rosenau, 1992: 15）というものがある。一方,「非教義的,

表4.1 批判理論とポストモダニズムの世界観の比較

	批判理論	ポストモダニズム
知識	人間の関心の理性的な産物	暫定的・多面的なもの 必ずしも理性的なものではない
権力	主体によって所有され,抑圧的なもの	主体によって表現され,作り出されるもの
知識と権力の関係	知識は,主体を権力から解放するもの	知識は,権力を表象するもの
学習	批判的省察,意識化によってなされるもの	脱構築,ゲーム,折衷主義を通じてなされるもの

出典：Kilgore, 2001: 59

第4章 生涯学習に関する社会理論：ポストモダンを超えて 77

暫定的で，イデオロギーに基づかない」(Rosenau, 1992: 16) 立場であるとして，その考え方を肯定的に評価する見方もある。両者の評価を参考としながら，生涯学習に貢献する点を考えていく必要がある。

　第2に，ポストモダニズムは，知識への新たな見方を提示する。ピエトロコースキー（Pietrykowski, 1996）によれば，ポストモダニズムでは，知識と権力が一層強く結びつけられ，知ることそのものが権力として考えられるという。知ることとは意味を作り出すことであるが，意味が作り出される際には価値づけが行われ，権力が生まれると考えられている。

　フランスの哲学者フーコーは（Foucault, 1975=1977; 1976=1986），この考え方を「権力／知」の概念として示し，社会に存在する知識と不可分な権力のあり方を明らかにしている[1]。杉田敦（2000: 31）の整理にしたがって，その内容を見ていこう。(1) 権力は誰かが所有できるものではなく，無数の点を出発点とするゲームの中で発揮されるものである。(2) 権力とは，経済的・知的・性的関係などさまざまな関係の外部から，それらを規制するものではなく，それらの関係の内部で直接にそれらを生みだすものである。(3) 権力は下から来る。二者間の支配的な関係を想定するべきではない。(4) 権力は意図的であっても，非主体的である。それぞれの局面で意図的な行為が行われていても，全体をコントロールしている主体はいない。(5) 権力のあるところ，抵抗がある。逆に言えば，個別の権力に対する抵抗しかできない。権力そのものをなくすという意味での権力からの解放はない。

　つまり，権力とは，人々の関係の中に現れるもので，家庭，学校，職場などの日常の生活の場面で日々行われる，言語を通じた戦略的なゲーム全体を指す。この見方は，知識や権力が特定の個人，集団によって所有されているという見方を斥ける。フーコーの言う権力とは，通常，権力ということばでイメージされる支配や服従の関係とも，また軋轢のない自由なコミュニケーションの状態とも異なる（関，2001）。権力を一手におさめるような主体は存在せず，権力というゲームのプレーヤーである個々人には，ゲームの外部に出るという意味での主体性や自律性はない。可能なのは，それぞれの場所で，日常的にコミュニケーションと抵抗を繰り返していくことである。

　この見方に基づけば，知識は，それが生じる社会的・文化的な文脈と切り

離すことができないもので，暫定的で相対的なものとして捉えられる。このようなポストモダニズムの考え方を，教育や学習に応用する試みも徐々に進められている。たとえば，キルゴール（Kilgore, 2004: 48）は，「ポストモダン教育学」を，「教師と生徒という社会的地位と，両者の間の権力関係を揺り動かす」ものとして示す。具体的には，教師や生徒の存在を自明なものとせず，拡散し脱中心的な権力のあり方について考えることが必要になるとされる。

第3に，ポストモダニズムは，アイデンティティの見方を2つの点で変化させた。1つは，ポストモダニズムでは，近代のように統合され，確立された自己という視点をとらないことである。たとえば，社会構成主義の視点をとるガーゲン（Gergen, 1991: 7）は，「ポストモダンの状況下では，人々は構築と再構築が続く環境下にある。これは，すべてのことが，交渉され得る世界である。自己という現実は，反省的な問いかけや，反語的表現，そして究極的には，遊び半分の別の現実の探究へと取って代わられる」と述べている。また，自己は多面的で，さまざまな部分から構成されることも指摘されている。たとえば，クラーク（Clark, 1997: 111）は，「統合された自己を前提として学習を概念化することによって，理性的で自律的な主体が特別な地位に置かれ，そのため自己の他の側面を認識し，言及することができなくなる」ことを批判している。このようなポストモダンの主体像を思い描くならば，語りや物語を用いて，アイデンティティを再構成していくことが重要となる（第8章参照）。

もう1つは個人の中に重なり合うアイデンティティへの注目である。批判理論は，経済，階級，権力を中心に分析してきたが，ポストモダニズムは，これまで見逃されてきたさまざまなアイデンティティの存在に焦点を当て，周辺的な位置に置かれてきた社会集団が，社会の表舞台に登場するのを後押しする。具体的には，抑圧されてきた女性，黒人，ゲイ，少数民族などの集団が，自ら語り，特定のテーマに沿ってさまざまな方法で自ら力をつけていく過程に注目する（Usher, Bryant and Johnston, 1997: 22）。

以上のような特徴を持つ，ポストモダニズムの身ぶりを典型的に示すのが，「脱構築（deconstruction）」，つまりコミュニケーションやことばを構成している二分法を特定し，それを疑う実践である（Kilgore, 2001: 56）。

たとえば，エドワーズとアシャー（Edwards and Usher, 1994）は，成人教育

のコンピテンシー（能力）の理解を「脱構築」することを目的として，コンピテンシーということばに潜む権力の分析を行っている。確かに，コンピテンシーを向上させることは，人々がさまざまなことができるようになることを示し，可能性の広がりを示す。しかし，それは同時に1つの社会的基準を内面化し，自律的に統制を行うようになる過程でもある。コンピテンシーという基準に基づく能力の向上とは，自己を他律的に訓練していく点で，能力主義につながるような権力の1つの作用なのである。これは，コンピテンシーに限らず，道徳や教育，学習という活動自体が持つ権力との関係性を示す。このように，ことばや言説（discourse）の分析を通じて，社会で，規範とされ，正しく，良いとされている前提を，見直していく身ぶりは，近代と異なるポストモダニズムの視点をよく表すものである。

コラム 4.1

「新しい社会運動」と生涯学習

　社会運動は，社会変動を説明する代表的な要因として扱われてきた。社会運動への注目の仕方はさまざまである（Crossley, 2002=2009）。たとえば，社会運動の要因を社会構造から生じる不安や不満に求める集合行動論，本人を取り巻く集団や組織，ネットワークが抗議活動への参加を促すとする資源動員論，運動組織が持つ「フレーム」に注目するフレーム分析など，その視角は幅広い。

　フランスの社会学者トゥレーヌ（Touraine, A.）が名づけた「新しい社会運動」論もその1つである。トゥレーヌは，1960年代以降，西ヨーロッパで起こったフェミニズムの運動，環境運動，平和運動，生協運動，マイノリティの運動，住民運動などさまざまな運動をまとめて「新しい社会運動」とよんだ。「新しい社会運動」論では，運動参加者，関係者の主体的な意味づけの過程が注目され，集合的なアイデンティティをどう形成するかが重視される（西城戸，2008）。

　「新しい社会運動」の特徴は，その主体の多様性にある。それまでの大衆運動や労働運動が，支配者と被支配者，ブルジョアジーと労働者といった二項対立図式をもとにしていたのとは異なり，これらの運動は，新たな

集団（女性，マイノリティなど），目標（環境保護，平和など），もしくは価値（生活，自立，協同など）を基盤としていることに特徴がある。また，従来の運動は，組織の形態をとるものが多かったが，「新しい社会運動」では，ライフスタイルや主張の多様性をもとに，ネットワーク型の形態をとるものも数多く現れた。

　生涯学習との関連で注目されるのは，社会運動が知識の習得の場となり，個人のアイデンティティを形成し，学習を促す側面である。運動の目標を達成するため，また広範に運動を展開するために，積極的に学習が行われる。また運動の過程でさまざまな人々と知り合い，話し合いながら，社会のあり方を見直していく過程も1つの学習となる。批判理論を代表するハーバーマスも，これらの運動がシステムの生活世界の「植民地化」を食い止め，市民の間の対話を生みだし，新たな公共圏を構成する可能性に期待をかけている（豊泉，2000，5章）。

　ただし，「新しい社会運動」は，特定の集団や目標，価値に基づいて運動を展開するため，ある種類の抑圧や差別が強調され，他の抑圧されている集団との共通性が見出しにくくなる傾向を有している。このことを批判して，近年，「収束運動」という新たな運動の展開が見られる（コラム4.2参照）。

第4節　ペリポストモダニズムにおける生涯学習の捉え方

　批判理論とポストモダニズムは，知識が中立的なものではなく，社会の権力関係を反映し，抑圧や対立の契機を含んだものであることに気づかせてくれた点で，生涯学習理論に大きな貢献を果たしている。しかし，身につけるべき知識の内実や，そのための方法という点での探究は，決して十分ではない。

　この点に関して，近年「認識上の推移帯（epistemological ecotone）」という表現を用いて[2]，近代主義や批判理論が示した知識の習得という考え方と，ポストモダニズムが示した知識を疑う身ぶりを統合しようとする試みが見られる。この視点を示したヒル（Hill, 2008=2010）によれば，現代はペリポストモダンの時代であるという。

　ペリポストモダンとは，近代とポストモダンの考え方が入り交じり，ポストモダンを取り囲む時代のことを指し，ポスト・ポストモダンへの移行期を指

す。ここでは，これまでの真理，知識やアイデンティティの捉え方が変化する。

　第1に，真理との関係では，ポストモダニズムがともすれば，真理の存在を疑問視し，相対主義に陥ってしまったのに対して，ペリポストモダニズムは，相対主義を乗り越え，根本的な批判を伴った，新たな創造や解釈を行うことを試みる。ペリポストモダンにおいては，ポストモダニズムの真理への批判的な意識を受け継ぎつつも，社会的正義のための学習という，近代で重視されてきた基本的な価値をもう一度見直そうとする。

　第2に，知識の身につけ方や知識の普及の方向性が見直されている。たとえば，近年，「知識基盤型社会」への移行と，ナレッジ・マネージメントの重要性が指摘される。ナレッジ・マネージメントとは，「企業や行政，地域，学校などの組織がその知的財産を開発し，価値を創造していくプロセス」である（立田，2006: 70）。ここでは，知識が生みだされ，普及され，活用されるという，これまでの直線的なモデルが見直され，3つの過程が相互に，反復的に影響を与え合い，社会のさまざまな場で知識が生まれると考えられている。たとえば，インターネット上で発信される情報や，バーチャルなコミュニティを通じたつながりは，知識の双方向のやり取りを促進し，新たな学習を生みだす有力な手段となっている。世界的な広がりを見せる「収束運動（Convergence Movement）」（コラム4.2参照）や，さまざまなシティズンシップ教育の実践も，新たな関係を生みだし，異なる価値観が融合する場として注目される。さらに，知識の捉え方も広がり，芸術やスポーツを通じて，もしくは物語や語り，身体を用いて，さまざまな知識の習得がなされていくと考えられている（Merriam et al., 2007）。

　第3に，ペリポストモダンにおいては，「新しい社会運動」の基礎となってきたような，アイデンティティという考え方自体が見直される。ポストモダンにおいては，アイデンティティの統一性や固定性が疑われ，周辺的な位置にあったさまざまなアイデンティティが明るみに出されてきた。しかし，アイデンティティを再びつなぎ合わせ，再構成していくという観点が希薄であった。このことによって，さまざまな運動の間に連帯を形成することが難しくなっていた。

　「収束運動」は，新たなアイデンティティへの見方を提供する。この運動は，

断片的で再構成されたアイデンティティの基盤の上に成り立つ。ここでは，人種，民族，ジェンダー，その他の属性が固定的・永続的なものであるという考え方をとらない。むしろ，すべての人々の社会的な包摂を進めるために，「脱構築」されたアイデンティティの複数性を，再びつなげようとする。この運動の目標は，すべての人々が，自ら望むように異なる権利を有することを広め，差異の文化を消すのではなく，差異を承認する文化を創造していくことにある。

　ペリポストモダンにおける生涯学習の形は，まだ明確にはなっていないが，「もし〜としたら，どうするか」という問いがペリポストモダンの身ぶりとして注目される。ヒルがあげる例は，以下のようなものである（Hill, 2004; 2008=2010）。もしある人の解放をめざすことが，別の人を激しく糾弾にすることになるとしたらどうするか。もし社会的に無視され抑圧されている人々への共感が，結局は他者を取り込み，差異を消すような行為に過ぎないとしたらどうするか。もし，政策提言を行う活動が，「救われる人々」の夢や願い，喜びや嬉しさ，怒りといった思いから離れて，社会的正義を掲げる人々の文化資本や特権，エリーティズムを示すものになるとしたらどうするか。もし，学問的に実践と関わることが，結果として実践者を助けるどころか，一種の暴力となってしまったらどうするのか。

　これらの問いは，ポストコロニアル理論や，クィア理論の視角を取り入れたもので[3]，抑圧からの解放や，社会的弱者への共感や支援，研究と実践との協働といった，生涯学習で自明視されてきた価値を改めて問い，自らが具体的にどう考え，行動するかを反省的に問い直す身ぶりである。近代において真理を探究し知識を習得することが，ポストモダンにおいてはすべての価値を疑うことが代表的な身ぶりであったとすれば，ペリポストモダンでは，仮定を用いて批判的な問いを自身に向けることで，社会の問題に対して自分がどのような立ち位置をとるかを，常に問い直す身ぶりが求められている。

第5節　社会理論の意義

　ここまで，近代，ポストモダン，ペリポストモダンの理論を見てきた（表4.2参照）。それぞれの理論で，真理，知識，アイデンティティの見方と，権力

コラム 4.2
「収束運動」とは何か

　近年，「新しい社会運動」に代わる新たな運動の形が見られる。それは，「収束運動」や新たな「新しい社会運動」(Hill, 2008=2010)，トランスナショナルな社会運動（Tarrow, 1998=2006）とよばれる運動である。たとえば，1999（平成11）年にシアトルで開かれた世界貿易機構（WTO）の閣僚会議の際には，世界中から市民団体・NGO関係者，約5万人が集まり，「反グローバル化」を掲げて，会場周辺で抗議活動を行った。これ以降，2000（平成12）年のワシントンでの国際通貨基金（IMF）機関の会議，同年のプラハでの世界銀行・IMFの総会，翌年のジェノバサミットでの反対運動が続いた。2001（平成13）年には，「もう1つのグローバリゼーション」を掲げ，企業経営者や政治的指導者が会する世界経済フォーラムに対抗して，ブラジルのポルトアレグレで，NPO，NGO，社会団体が中心となり，「世界社会フォーラム」が開催された（吉田，2005）。
　この他にも，刑事事件への国際的な支援運動，環境保護運動，エイズの撲滅運動，核反対運動，動物愛護の活動，遺伝子組み換え食品への反対運動，街の緑化を進めるゲリラ・ガーデニング，スターバックスやウォルマート，コカコーラ，マクドナルドなどの世界的な企業への反対運動などがあげられる。
　これらの運動の主な特徴は3点である。1つは，インターネットなどの情報通信技術を用いて，市民の間の国際的なネットワークを広げている点である。第2に，これらの運動は，さまざまな運動がつながり，複数の争点を有する，「運動のための運動」である。「新しい社会運動」が特定の集団や価値，主張を中心として構成されていたのに対し，「収束運動」は運動の間の暫定的・一時的な協働や連携の上に成り立つ。第3に，抗議，デモ，座り込み，占拠，ネガティヴ・キャンペーンなどの直接的な行動を含んだ，複数の戦術を駆使する点があげられる。
　社会運動は，社会構造の変化を反映し，労働運動や大衆運動から，「新しい社会運動」へ，そして「収束運動」へとその形を徐々に変えながらも，人々の間につながりを作り出し，新たな価値観を形成する重要な場となっている。生涯学習のこれからの展開を見る上で，これらの運動が発信するメッセージに耳を傾け，それぞれの場でどのような学習が生起するかに注目する必要がある。

や言語の捉え方は異なる。近代主義では，知識の習得によって普遍的な真理に到達することが目標とされ，その背景にある権力や抑圧の構造，知識と不可分の関係にある言語の存在に焦点が当てられてこなかった。批判理論では，このような中立的な知識のあり方が見直され，その背後にある権力と抑圧の構造を明るみに出すことが試みられた。一方，ポストモダニズムは，権力とは特定の主体や集団が所有するものではなく，社会に遍在するものであるという新たな権力の見方を打ち出した。さらに，知ることそのものが権力であるという見方が示され，両者の結びつきを示すことばや言説が分析の対象とされた。さらに，ペリポストモダニズムは，知識の生産や普及，活用のあり方を見直し，言語を用いた批判的な問い直しを通じて，個人のアイデンティティと，社会のあり方双方の再構成を課題として掲げている。

　このように，それぞれの理論で，真理や知識，アイデンティティの位置は異なる。しかし，新たな社会理論が示され，真理や知識，アイデンティティと，権力や言語との結びつきが明らかにされるにつれ，生涯学習への見方が一層豊かになってきたことは間違いない。生涯学習に関する社会理論の意義は，現状を常に問い返し，生涯学習の新たな地平を拓いていくことにあるだろう。

表4.2　近代・ポストモダン・ペリポストモダンの対比

	近代	ポストモダン	ペリポストモダン
真理への姿勢	真理への信頼	真理の否定	真理への疑念と信頼
知識の見方	発見され，習得されるもの	社会の中で作り出され，表現されるもの	新たに創造されるべきもの
アイデンティティの捉え方	統合されたもの　画一的で固定的なもの	多様なもの　社会的に構築されたもの	流動的なもの　再構築されるべきもの
代表的な社会運動	労働運動　大衆運動	新しい社会運動	収束運動
基本的な身ぶり	真理を見出し，知識を身につける	自明視されている価値を疑う	すべての価値を疑い，自らに問い返す

■注

(1) ただし，フーコーの権力論は，時期によってその強調点を大きく変化させており，異なる権力論を展開しているという見方もある。
(2) 推移帯とは，生態学の用語で，2つの生態学的共同体の間の移行地域を指す。外部と接触する推移帯では，内部とは異なる特性が現れるという「周縁効果」が存在することが明らかにされている（Odum, 1966=1974）。
(3) ポストコロニアル理論とは，植民地主義や帝国主義に関わる文化や歴史を批判的に考察していく理論・批評のこと。クィア理論とは，セックス，ジェンダー，セクシュアリティの関係や，社会的な性や生へのまなざしについて，批判的に考察する思考や取り組みをまとめて指すもの。

■引用・参考文献

赤尾勝己（2009）「成人の学習を拓く理論」小池源吾・手打明敏編『生涯学習社会の構図』福村出版，43-55。

Brookfield, S. (2005) *The Power of Critical Theory: Liberating Adult Learning and Teaching*, Jossey-Bass.

Clark, M. C. (1997) "Learning as a Non-Unitary Self: Implications of Postmodernism for Adult Learning Theory," in Armstrong, P., Miller, N. and Zukas, M. (eds.), *Crossing Borders, Breaking Boundaries: Proceeding of the 27th Annual SCUTREA Conference*, Birbeck College, University of London, 108-111.

Collins, M. (1991) *Adult Education as Vocation*, Routledge.

Collins, M. (1995a) "Critical Commentaries on the Role of the Adult Educator: From Self-Directed Learning to Postmodernist Sensibilities," in Welton, M. R. (ed.), *In Defense of the Lifeworld*, State University of New York Press, 71-97.

Collins, M. (1995b) "In the Wake of Postmodernist Sensibilities and Opting for a Critical Return," in Welton, M. R. (ed.), *In Defense of the Lifeworld*, State University of New York Press, 195-201.

Crossley, N. (2002) *Making Sense of Social Movements*, Open University Press.〈邦訳〉西原和久・郭基煥・阿部純一郎訳（2009）『社会運動とは何か：理論の源流から反グローバリズム運動まで』新泉社。

Cunningham, J. and Fitzgerald, J. (1996) "Epistemology and Reading," *Reading Research Quarterly*, 1996, 31 (1), 36-60.

Edwards, R. and Usher, R. (2000) "Disciplining the Subject: The Power of Competence," *Studies in the Education of Adults*, 32 (1), 93-106.

Foucault, M. (1975) *Surveiller et Punir: Naissance de la Prison*, Gallimard.〈邦訳〉田村俶訳（1977）『監獄の誕生：監視と処罰』みすず書房。

Foucault, M. (1976) *La Volonté de Savoir*, Gallimard.〈邦訳〉渡辺守章訳（1986）『知への意志』（性の歴史Ⅰ）新潮社。

Gergen, K. J. (1991) *The Saturated Self,* Basic Books.

Giroux, H. A. (1997) *Pedagogy and the Politics of Hope: Theory, Culture and Schooling*, Westview Press.

Habermas, J. (1968) *Erkenntnis und Interesse*, Suhrkamp.〈邦訳〉奥山次良他訳（1981）『認識と関心』未來社。

Habermas, J. (1981) *Theorie des Kommunikativen Handelns*, Bd.1, Suhrkamp.〈邦訳〉河上倫逸・M.フーブリヒト・平井俊彦訳（1985・86）『コミュニケイション的行為の理論』（上）（中）未來社。

Habermas, J. (1981) *Theorie des Kommunikativen Handelns*, Bd.2, Suhrkamp.〈邦訳〉河上倫逸・M.フーブリヒト・平井俊彦訳（1986・87）『コミュニケイション的行為の理論』（中）（下）未來社。

Hill, R. J. (2004) "Activism as Practice: Some Queer Considerations," in St. Clair, R. and Sandlin, J. A. (eds.), *Promoting Critical Practice in Adult Education,* New Directions for Adult and Continuing Education, 102, Jossey-Bass, 85-94.

Hill, R. J. (2008) "Troubling Adult Learning in the Present Time," in Merriam S. B. (ed.), *Third Update on Adult Learning Theory*, New Directions for Adult and Continuing Education, 119, Jossey-Bass, 83-92.〈邦訳〉荻野亮吾訳（2010）「現代の成人学習の課題」立田慶裕・岩崎久美子・金藤ふゆ子・荻野亮吾訳『成人学習理論の新しい動向：脳や身体による学習からグローバリゼーションまで』福村出版, 119-132。

Kilgore, D. (2001) "Critical and Postmodern Perspectives on Adult Learning," in Merriam S. B. (ed.), *The New Update on Adult Learning Theory*, New Directions for Adult and Continuing Education, 89, Jossey-Bass, 53-61.

Kilgore, D. (2004) "Toward a Postmodern Pedagogy," in St. Clair, R. and Sandlin, J. A. (eds.), *Promoting Critical Practice in Adult Education*, New Directions for Adult and Continuing Education, 102, Jossey-Bass, 45-53.

Lyotard, J. -F. (1979) *The Post Modern Condition: A Report on Knowledge.*〈邦訳〉小林康夫訳（1996）『ポスト・モダンの条件：知・社会・言語ゲーム』水声社。

Merriam, S. B. and Caffarella, R. S. (1999) *Learning in Adulthood: A Comprehensive Guide* [2nd Edition] Jossey-Bass.〈邦訳〉立田慶裕・三輪建二監訳（2005）『成人期の学習：理論と実践』鳳書房。

Merriam, S. B., Caffarella, R. S. and Baumgartner, L. M. (2007) *Learning in Adulthood: A Comprehensive Guide* [3rd Edition] Jossey-Bass.

Mezirow, J. (1995) "Transformation Theory of Adult Learning," in Welton, M. R. (ed.), *In Defense of the Lifeworld*, State University of New York Press, 39-70.

西城戸誠（2008）『抗いの条件：社会運動の文化的アプローチ』人文書院。

Odum, E. P. (1966) *Fundamentals of Ecology.* Philadelphia: Saunders.〈邦訳〉三島次郎訳（1974）『生態学の基礎』培風館。

Pietrykowski, B. (1996) "Knowledge and Power in Adult Education: Beyond Freire and Habermas," *Adult Education Quarterly*, 46(2), 82-97.

Rosenau, P. M. (1992) *Post-Modernism and the Social Sciences*, Princeton University Press.

関良徳 (2001)『フーコーの権力論と自由論：その政治哲学的構成』勁草書房。

杉田敦 (2000)『権力』岩波書店。

Tarrow, S. (1998) *Power in Movement*, Cambridge University Press.〈邦訳〉大畑裕嗣監訳 (2006)『社会運動の力：集合行為の比較社会学』彩流社。

立田慶裕 (2006)「ナレッジ・マネージメント：OECDの教育開発戦略を中心に」赤尾勝己編『生涯学習社会の諸相：その理論・制度・実践』(現代のエスプリ，466) 68-81。

豊泉周治 (2000)『ハーバーマスの社会理論』世界思想社。

Usher, R., Bryant, I. and Johnston, R. (1997) *Adult Education and the Postmodern Challenge*, Routledge.

Welton, M. R. (1993) "The Contribution of Critical Theory to Our Understanding of Adult Learning," In Merriam S. B. (ed.), *An Update on Adult Learning Theory*, New Directions for Adult and Continuing Education, 57, Jossey-Bass, 81-90.

Welton, M. R. (1995) "We Need to Have a Radical Learning Theory," in Welton, M. R. (ed.), *In Defense of the Lifeworld*, State University of New York Press, 218-223.

Wilson, A. L (1993) "The Common Concern: Controlling the Professionalization of Adult Education," *Adult Education Quarterly*, 44(1), 1-16.

吉田正純 (2005)「『世界社会フォーラム』と成人教育：『もうひとつのグローバリゼーション』のための教育は可能か？」日本社会教育学会編『グローバリゼーションと社会教育・生涯学習』(日本の社会教育第49集) 東洋館出版社，215-227。

第5章

シティズンシップと生涯学習

佐藤　智子

✣ 章のガイド

　生涯学習（life-long learning）という言葉が意味するように，人がいつでもどこでも学習の機会を得られることは重要である。では個人や社会にとって，学習することはなぜ必要なのだろうか。学習が必要だと考えられる理由を，個人と社会の両方の側面から説明するために有意義なのが，「シティズンシップ」の概念である。この章では，はじめにシティズンシップの概要をまとめ，そのあとにシティズンシップの学習に関わる課題について触れることとしたい。

✣ キーワード

　シティズンシップ（citizenship），ナショナリティ（nationality），国家（nation），グローバリゼーション（globalization），人権（human rights），参加（participation），コミュニティ（community），ガバナンス（governance）

第1節　シティズンシップとは

　シティズンシップ（citizenship）とは，厳密には日本語に訳しづらい概念である。あえて日本語にするならば，「市民権」や「市民性」といった訳が充てられることが多い。シティズンシップは，国家と個人のあるべき関係性を含意した規範的理念である（岡野八代，2003: 14）。シティズンシップがどのように定義されるのかを考えることの難しさは，この概念に込められた規範がそれぞれの社会の特質によって異なっているし，また，時代によっても変化していることに起因する。

第5章 シティズンシップと生涯学習　89

　マーシャル（Marshall, T. H.）は，「シティズンシップとは，あるコミュニティの完全な成員である人々に与えられた地位身分である」と定義した。そして，「この地位身分を持っている人々は，その地位身分に付与された権利と義務において平等である」が，「そうした権利や義務がどのようなものとなるかを決定するような普遍的原理は，存在しない」（Marshall, 1950=1993: 37）と述べている。

　私たちがシティズンシップを理解しようとする時に考えるべき観点がいくつかある。それは，シティズンシップの文脈（context），範囲（extent），内容（content），そして厚み（thick or thin）である（Faulks, 2000: 7）。まずはじめにシティズンシップ論において考えるべき重要な点は，どのような社会的・政治的な体制がシティズンシップの「文脈」を形作り機能させるのか，である。あらゆる権利は資源の分配に関連しており，義務は社会的文脈の中で果たされることを考えると，シティズンシップについて議論することは，政治的・社会的な権力の問題を考えることでもある。社会的な闘争はしばしばシティズンシップの「範囲」と関連してきた。そこで市民として見なされるのは誰であるべきなのか，また，シティズンシップの利益から一部の人を排除する際の基準が存在するとすれば，どのような基準なら正当だと言えるのか，という問題である。さらに，権利と義務の観点から見てシティズンシップの「内容」とは何なのか，私たちのシティズンシップの概念化はどれくらい「厚みのある」ものであるべきなのか，という点も重要である。ここで言う「厚みのある（thick）」シティズンシップと，「希薄な（thin）」シティズンシップとは，表5.1のような特徴を表している（Faulks, 2000: 11）。

　シティズンシップ概念の歴史は古く，古代ギリシアやローマ帝国の時代にまでさかのぼることができる（Pocock, 1995; Delanty, 2000=2004: 22-25; 岡野, 2003: 28-34）。古代ギリシャでは，シティズンシップは権利というよりもむしろ特権的な資格であり，そのような特権的な資格を持つ市民とは原則としてアテネ市民男性のみであった。それは法によって排他的に厳しく規制されていた。このような厳しい規制の理由としては，シティズンシップが卓越的な徳性を得る機会を人々に与えるものという考え方があり，そもそも卓越性を得ることのできない人々を排除していたからである。よって，市民が市民としてどのような活

動に参加するのかが重要な論点であり，ここに，市民としての実践内容を重視するシティズンシップ論の起源がある。もう1つの特徴としては，市民の最大の義務である兵役がある。これが，古代ギリシャにおいて女性が市民から排除されていた理由である。ローマ帝国の時代になると，シティズンシップが異なる様相を帯び始めた。当初は政治参加や実践と強く結びついたギリシャ的なシティズンシップが維持されていたが，帝政期になってその排他性が徐々に薄まっていった。これは，新たに征服した土地の人々にもシティズンシップを認めることによって，ローマの支配を正当化できると考えられるようになったためである。ここではシティズンシップが特権ではなくなり，ローマ帝国支配領域内に生きる人々にとっての法的な保護を意味するようになった。よってシティズンシップの目的は，徳の育成ではなく社会的統制と平和維持に重点が置かれ，社会的軋轢を減少させるための道具へと変化していった。こうしてシティズンシップは，市民に要求される実践内容を示す実質的なものから，純粋な法的身分を表す形式的な概念へと移行していった。西ローマ帝国崩壊後，思想史上シティズンシップについて論じられることのない時期を経ながらも，形式的なシティズンシップ観は，近代国家を支える「権利」概念を中心としたシティズンシップ論へと引き継がれていった（岡野，2003）。

表5.1　シティズンシップ概念の「厚み」に関する理念的類型

希薄なシティズンシップ	厚みのあるシティズンシップ
特権化された権利	相互補完的な権利と義務
消極的／受動的	積極的／能動的
必要悪としての国家	善き生の基盤としての政治的コミュニティ（必ずしも国家である必要はない）
純粋に公的な地位	公的にも私的にも浸透している地位
独立的	相互依存的
選択を通じた自由	市民的徳の実践としての自由
法的	道徳的

出典：Faulks, 2000: 11: table1.1 より作成。岡野，2003: 52: 表1を参照

デランティ（Delanty, G. 2000=2004: 28）によれば，近代的なシティズンシップの主要な伝統は市場にもとづくモデルにあり，この考え方はトマス・ホッブズ（Hobbes, T.）やジョン・ロック（Locke, J.）にさかのぼるという。ここでの政府は市場の条件を最小限度に保障するための必要悪であり，市民が形成する市民社会は政府からの自由を前提として成立すると考えられた。しかし，19世紀後半になって社会政策が登場すると，シティズンシップの焦点は市場から国家へと移っていった。デランティは，それを示す典型例がデュルケム（Durkheim, É., 1950=1974）の職業倫理と市民道徳（professional ethics and civic morals）に関する理論であるとしている。デランティによれば，シティズンシップを近代社会の社会統合のかたちとして初めて社会学的に捉えたのがデュルケムであった（Delanty, 2000=2004: 29）。デュルケムは，国家だけでは完遂できない社会統合のためには，個人と国家の中間領域にあるアソシエーションが必要となると論じている。

デュルケムと同時期に，近代におけるシティズンシップを3つの要素，つまり市民的，政治的，社会的なものに区分して提示したのがマーシャル（Marshall, 1950=1993）であった。市民的要素は個人の自由のために必要とされる諸権利から成り立っている。具体的には，人身の自由，言論・思想・信条の自由，財産所有の自由などを意味する。政治的要素とは，政治権力の行使に参加する権利のことを意味している。たとえば，国会や地方議会の選挙権や被選挙権などである。最後の社会的要素は，経済的福祉や安全といった最小限の権利に始まり，社会的・文化的に十分な水準の生活を送る権利に至る，広範囲の社会的権利を指している。この社会的要素に強く関連した制度は，教育システムと社会サービスであると述べられている（*Ibid.*: 15-16）。

ここまでシティズンシップの歴史を簡単にみてきた。古代ギリシャのポリスと近代国家の2つのタイプのシティズンシップは，表5.2のようにまとめられる（Faulks, 2000: 15）。

このように，シティズンシップの考え方は競合的であったり流動的であったりする。それは，社会の内部で見られる国家と個人の関係，統治制度，ガバナンスの状態などと一定の関連性を示している。シティズンシップ概念を検討することが有意義であるのは，それが個人の尊厳を認識させると同時に，個人

がその中で活動している社会的文脈を再確認させるからである。よってシティズンシップは，ギデンズ (Giddens, A., 1984: 25) が「構造の二重性 (duality of structure)」と表現したものの優れた例である (Faulks, 2000: 5)。個人的な行為と社会的な実践は相互に関連しており，個人が権利を行使し義務を果たすことによって，シティズンシップのために必要な社会的条件を再生産するのである。

表5.2　古代ギリシャと近代国家のシティズンシップの比較

	古代ギリシャのポリス	近代国家
コミュニティのタイプ	有機的	法的／分化した結社
規模	小規模	大規模
シティズンシップの厚み	厚い	希薄
シティズンシップの範囲	排他的 地位身分による固定的な不平等	漸次的な包摂 理論的には平等主義 （ただし国家主義的文脈によって制約）
シティズンシップの内容	広範囲の義務	権利と限定的責務
シティズンシップの文脈	奴隷社会 農業生産	家父長的・人種主義的な資本主義国家システム 工業生産

出典：Faulks, 2000: 15: Table 1.2 より作成

第2節　シティズンシップと近代的教育制度

1．国家の教育目標としてのシティズンシップ

　マーシャル (Marshall, 1950=1993) の理論では，「職業構造と関連する教育を通じて，シティズンシップが社会的階層化の道具として作用している」と述べられている。彼は，教育によって獲得された地位が正当なものと見なされているのは，教育制度が，市民に正当な権利を授けるために設置された制度だからであると考えていた (Ibid.: 85-86)。
　教育目標としてのシティズンシップはそれほど新しい考え方ではない。そ

れは古代ギリシャの教育システムにおいても中心的なものであった。国家は，教育の過程を通していかに社会秩序を安定させるかという点に広い関心を抱いている。多くの国家におけるシティズンシップの目的は，国家のイデオロギーに挑戦し変革する市民を育成することではなく，広く普及している国家のイデオロギーを強固なものにすることに重点を置いてきた（Griffith, 1998: 31）。よって，広く普及しているシティズンシップの性質は，流布しているイデオロギーに応じて変動する（Ibid.: 32）。

現代においてシティズンシップ教育が国際的な注目を集めている要因としては，次の3つが指摘されている（Osler and Starkey, 2003）。第1に，南アフリカやラテン・アメリカの国々のように，近年になって民主化された国家が出現したことである。そこでのシティズンシップ教育は，国民が民主主義と人権の基本的原理を理解するためには不可欠である。第2に，民主主義がすでに確立されている国家の政府においては，選挙を含めた制度的な政治過程に対する信頼が揺らいできている点である。そこでのシティズンシップ教育は，民主主義に対する信頼を再構築する手段として考えられている。第3に，グローバリゼーションが移民を増加させたことによって，結果的に人口動態が変化したことによる要因である。とりわけ都市部の学校では，移民や難民の存在などによって文化的多様性の程度が急速に高まっている。よってシティズンシップ教育は，異なる背景を持つ子どもや若者の共生と包摂のために実施されている。

2. 学校とシティズンシップ教育

「学校」とは，近代国家の成立によって確立された近代的制度である。そのような学校で行われる教育は，社会の中で自立して生活していけるようになるための準備と訓練の機会だと見なされている。この考え方によれば，学校におけるシティズンシップ教育はその社会のシティズンシップの理念を反映すべきであり，シティズンシップの諸形態（権利と義務，個人とコミュニティ，参加など）に関わる知識やスキルについて，学校コミュニティの実践の中で習得させるべきだと考えられる。

グリフィス（Griffith, R., 1998: 32-34）によれば，シティズンシップ教育には伝統的に2つのアプローチが存在してきた。シティズンシップについての学

習（learning about citizenship）と，シティズンシップにおける学習（learning in citizenship）である。シティズンシップについての教育は，子どもや若者に，彼らが市民として後々持つことになる権利と義務についての知識を教えることから構成される。このアプローチに共通した教授戦略は，ロールプレイング，ドラマ，ゲームのような疑似的活動を行うことである。もう一方のシティズンシップにおける教育は進歩主義的であり，学校によって準備された環境の中での個人の活動を通して，子どもが自らの権利と義務を探究することによってシティズンシップを発展させることを狙いとしている。このアプローチでは，学校は子どもに市民の権利の一部を授与し，その実践的な適用と発展を促す。ここではシティズンシップの知識よりも，シティズンシップのスキルに重点が置かれ，シティズンシップの問題が子ども自身の日常的な生活の中にあることを実感させる。これら2つのアプローチは実践的には必ずしも分離していないが，これらを議論の中で扱う際には，区別して論じることが有意義である。

　グリフィスは，この第2のアプローチが理論の中では一般的に支持されるが，実践の中では受容されない場合が多く，学校カリキュラムの周辺に（あるいは範囲外に）位置づけられてきたと述べている。大半の場合，教師は，授業の中で子どもがシティズンシップの権利を行使する可能性について意識していない。また，委員会や評議会に子どもが「参加」することによる学校の民主化は，実際には，大多数の子どもに対してシティズンシップの機会を否定することにもなりかねない。なぜなら大半の子どもの権利は，自らが直接的に決定したり活動したりすることで行使されるのではなく，選ばれた一部の「代表」によって行使されるからである。たとえば，教室で飼っている動物の世話，植物への水やり，本棚の整理など，子どもに対する特定の責任の委譲がなされるが，シティズンシップ教育の観点からすると，単に学校制度にとって都合がよいという側面を隠して，子どもの責任感を促進する教育だと強調しているに過ぎない。悪く言えば，子どもを「指導者」と「支持者」のように階層的に分化させる二重構造のシステムを強化するようなものとなる。さらなる批判としては，ここでいう子どもの「権利」は，教師によって取り上げられたり奪われたりする可能性があるので，そのような実践自体が単なるシミュレーションに過ぎない。よって子どもたちは実際のところ，学校の制度のなかではほとんど権利を持ってい

コラム 5.1
変容する子ども期の概念

　シティズンシップ概念が変容していると言われる中で,「市民」が持つとされる権利と義務を, 子どもや若者に対してどこまで与えるべきかについては明確な社会的合意がなく, 難しい争点として存在している。この問題は,「子ども」という概念, あるいは「子ども期」をどう理解するのかという問いを含んでいる。

　近代以前の子どもたちは親の所有物と見なされ, 社会的な保護の対象とは考えられていなかった。しかし産業化にともなって家庭外での子どもの就労が増加した結果, 過酷な労働環境に置かれた子どもの問題が認知されるようになり, 貧しい子どもを保護するための施策が導入されるようになる。20世紀には, 特に先進諸国を中心として子どもの地位が変化し始め, 子どもの権利を成文化する国際的な試みが行われるに至った (Hart, 1991; Osler and Starkey, 2005=2009: 66-68)。

　子どもの権利に関する議論が活発化する中で, 子どもにもおとなと同様の権利を与えるべきだという意見の一方で, おとなとの関係における子どもの自律性に疑問を呈する意見もあった。ただし相対的に見ると, 子どもを弱者と見なした上での保護に加えて, 子どもにも自己決定権と参加を認める方向に動いてきたと理解することができる。「児童の権利に関する条約（子どもの権利条約）」[1]では, 子どもに認められるべき権利として 3 つの P を示している。それは, 保護 (protection), 供給 (provision), 参加 (participation) である。特に困難な状況に置かれている子どもたちには, 特別な「保護」が必要であり, 特定のサービスや物質的な「供給」がなされる必要がある。さらに, 子どもたちは自分の見解を表明することができ, 自らの生活や生き方に関する決定に「参加」できるように, 適切な教育を受けることが求められている (Osler and Starkey, 2005=2009: 55)。

ないのである (*Ibid*.: 35)。

　では第 1 のアプローチについては問題がないかというと, 必ずしもそうではない。確かに, このアプローチは学校において中心的かつ不可欠であり, 十分に体系化されている知識を, 個人に対して平等に伝達するという点でリベラ

ルなアプローチである。ただし，教育の対象となる子どもや若者にとっては受動的な学習としての側面が強く，その成果を市民としての社会的実践や能動的な学習にどのようにつなげていくかが課題となる。

　以上のように，学校におけるシティズンシップ教育は，大きな期待と成果を担っている一方で，難しい問題も抱えている。その多くは学校の実践の中で改善可能であるかもしれないが，学校が近代国家を基盤として存立している制度である限り，根本的に解消できない問題が残される。ギデンズ（Giddens, 1991=2005）の表現を借りるならば，モダニティは自己実現やエンパワーメントの可能性における格差を生み出す。つまり，「解放の可能性を提示しておきながら，同時に近代的制度は自己実現ではなく，自己の抑圧のメカニズムを作り出す」のである（Ibid.: 6）。

第3節　グローバリゼーションとシティズンシップの変容

1. グローバリゼーションの影響

　「グローバリゼーション」とは，地球規模で生じる社会変化の過程を意味する。ウォーターズ（Waters, M., 2001: 5）は，グローバリゼーションを「経済的・政治的・社会的・文化的な体制に関する地理的な制約が減少し，人々がそれらの減少を認識し，それに応じて行動するようになる社会的過程」として定義している。グローバリゼーションは，現代に生じている状況の多くを説明するのに欠かせない用語となっている。コミュニケーションのための道具やシステムが発達し，世界市場が拡大し，多国籍企業が増加していくことによって，さまざまな事象が，地域や国家の境界を超え，地球規模で影響を及ぼし合って変化するようになっている。

　このようなグローバリゼーションは，従来は社会的な帰属を決定づけてきた国境の存在意義を，物質的にも心理的にもますます弱いものにしている。このことによってグローバリゼーションは，シティズンシップの意味やその妥当性に疑問をなげかける契機となった。政治的コミュニティと密接に関連してきたシティズンシップの概念は，グローバル化した時代においては，もはや意味のないものになってしまったのだろうか。

実際に，グローバリゼーションを後押しした資本主義の価値とシティズンシップの間には強い矛盾があるといわれている（Faulks, 2000: 136-137）。市場の価値が支配的なところでは，シティズンシップは薄くて脆弱な地位しか得られない。グローバリゼーションは，以下のような点で，この矛盾をさらに深刻化させている。第1に，ハーストとトンプソン（Hirst P. and Thompson, G., 1996）が指摘しているように，世界経済はますます国際的になっているが，実際には「グローバリゼーション」という用語の持つ包摂的な意味におけるグローバル化を実現していないという点である。そのような状況で国家は，最小限度にしか統制されない国際的なシステムの中にあって市場獲得に奔走している。第2に，シティズンシップに対して市場が優位性を示す状況が，グローバルなリスクを増大させる要因となっている。グローバルな市場が創出されたことによって，人々には大きな利益がもたらされたかもしれない。また，グローバリゼーションの拡がりによって抽象的な個人主義の価値が実現されたかもしれない。しかし，その一方で生じるグローバルなリスクは，地球に対して，まさに惑星規模の衝撃を与えるという点で深刻である。このようなグローバルなリスクという考え方は，単一の国ではうまく処理できない問題の存在を含意している。たとえば，移民，感染病，国際犯罪，核兵器の脅威，環境破壊などの問題のいずれもが，国家の存立によって堅持される国境を尊重してくれないのである。そして，これらのリスクの多くが，国家間に存在する高い程度の不平等に関連している。これらの不平等は人々の基本的な権利や自由の問題に関わっており，その影響は，貧しい国だけではなく，豊かな国に対しても直接的な影響を与えている。

　ミラー（Miller, D., 1995）のようなナショナリティの擁護者は，国民と外国人のあいだの心理的な障壁がなくなれば，シティズンシップが表面的な概念となり，ガバナンスの良好な状態にとって必要な市民的な徳性の価値が生まれなくなると指摘している。ミラーは，このような立場から，ナショナリティの機能を回復・強化すべきだと主張している。その一方で，ソイサル（Soysal, Y. N., 1994）のように，グローバリゼーションの文脈においては人権概念がますます重要になり，シティズンシップ概念の有効性が喪失すると論じた研究者もいる。個人の自律性を保障するための鍵は，普遍的な権利の保護にあるという考え方

である。

確かに，人権の保障は重要である。しかし，良好なガバナンスの状態を維持するためには，権利保障だけではなく，人々が政治に参加し責任を果たすことも不可欠である。ガバナンスとシティズンシップの関連性を探究することを通して，グローバル化した時代にシティズンシップを問うことが本当に無意味なのか否かを熟慮することが必要である。ここでの問題は，グローバリゼーションという条件の中での国家の限界を乗り越えなければならないと同時に，国家内部のガバナンスにおいてシティズンシップを強化することが依然として重要だという点である。

2. グローバリゼーションと人権

グローバルなリスクに対する個人の権利が自国の外にあるコミュニティにおいて保護されないとすれば，国家は国民の権利を確実に保障することができなくなる。そこで個人の権利を確実に保障するために，シティズンシップではなく，人権の重要さを主張する立場がある。たとえば，外国で働いたり生活したりしている人の中で，何年もの間，シティズンシップの地位（市民権）を与えられない場合がある。ソイサル（Soysal, 1994）は，そのような人々に対する人権保障の重要性が増すほど，シティズンシップの重要性が減っていくだろうと論じている。

ターナー（Turner, B., 1993）が示したように，人々が人間存在の弱さを認識し共通の関心を持つ要因の1つは，リスクの存在を認知するからである。よってリスクは，人権の必要性について人々が合意するための基礎を生み出す。ターナー（Ibid.: 187）にとってグローバリゼーションは，学術的にも政治的にも，シティズンシップについての議論から人権についての議論へと置き換わる契機を意味している。

ソイサルやターナーによって強調された人権の役割は，本当に，シティズンシップ概念の有効性の終わりを示すものだろうか。彼らが言うように，グローバル化した状況において人権の役割は重要である。ただし，ソイサルやターナーの主張には弱点が指摘されている（Faulks, 2000: 142）。彼らに対する批判の中でも特に重要なのは，多くの外国人労働者が，今後ますます社会的・

市民的権利を得ていくと思われる一方で，政治的権利を持っていないという点である。もし私たちが，シティズンシップの性質として定義される「参加」と「実践」の側面に重点を置くとすれば，この点が核心的な問題である。移民は，市民社会の文脈で自らを政治的に組織化することは可能であるが，選挙で投票したり，公式の手段で政府に意見を表明したりする権利を持っていない。よって，たとえ彼らの社会的地位や市民的自由に対して悪影響を及ぼす可能性のある政策であっても，原則的にその企画や審議に参加することができないのである。国籍を保有している人々を「国民」と表現するならば，国民ではない人は，能動的な主体というよりも，国家政策の客体と見なされる。

　人権保障の問題そのものも，現実には，ガバナンスに関わる政治的問題から切り離すことができない。ここで重要なのは，人権が安定的な基盤を得るためには，国家に依拠する政治の定義を超えたメカニズムを見つけることが必要だという点である。人権が重要であることは確かだが，シティズンシップは，ガバナンスの問題を検討する際には有効性を維持している。これには主に2つの理由がある（Faulks, 2000: 145-146）。理由の1つは，グローバリゼーションが，国家による統治の文脈を変えてきたにもかかわらず，依然として，経済，軍事，通信の権限を集中させることのできる制度を維持しているのは国家である（Faulks, 1999）点である。今でも市民の権利と責任は主に国家レベルで行使されているし，世界銀行やIMF（国際通貨基金）などの国際機関も国家の集合によって決められたルールの枠に依拠している。理由の2つめとしては，シティズンシップが，ガバナンスのあらゆる形態にとって重要な，権利，責任，そして参加の間の関係性を表現している点である。人権は，人々の実際の義務遂行能力とは独立した基準において普遍的に保障されるべきものである。よって本来的に人権の概念は，義務との相互依存関係の問題を扱うことができない。人権は政治的コミュニティの概念と接続しておらず，また，その不足を満たすための効果的なメカニズムも欠いている。人権概念それ自体は，社会秩序のための適切な文脈を生み出しにくいのである。

　以上を踏まえると，人権によってシティズンシップが不要になるとは考えにくい。グローバル化した時代において，人権が重要であるという事実を認めた上でもなお，シティズンシップを議論することが必要なのである。

3. コスモポリタン民主主義とシティズンシップ

　人権概念は，先に言及したように，重要なものである一方で，それだけではグローバルな問題に対する影響力に限界がある。ただし，グローバリゼーションの過程は次のような点で私たちの基本的人権に対する認識を変えつつある（Faulks, 2000: 150-152）。第1に，国境横断的な脅威に関する安全保障上の新たなジレンマによって，国家が，他国の人々の人権に対して敏感になっているという点である。その背景には，人権論の拡大や国際機関の存在によって国家主権の正当性が揺らいでいるという状況がある。国家にとっては，今後ますます，国家の壁を越えた協調や連携が必要になると考えられる。第2に，環境破壊によって引き起こされる危害に対する人類の脆弱性への認識が高まったことで，他者との関係性の中で人権を理解する必要性が認知されるようになった点である。このような関係的な権利観は，権利から生まれる利益をあらゆる人々に拡張するための方法を見つけることを求めるだけではなく，権利の維持のためには国境を越えて，他のコミュニティや自然環境に対してより大きな責任を負う覚悟をすることが不可欠であるということも認識させるものである。

　グローバリゼーションは，国家とシティズンシップの連結をいったん断ち切り，シティズンシップを再定義する必要性を生じさせている。グローバリゼーションの条件下においては，権利と義務，そして参加といったシティズンシップの構成要素を，地域レベルと地球規模のレベルの両方におけるガバナンスに対して適用するための方法を考えなければならない。このようなグローバリゼーションの時代におけるシティズンシップを考える上で有用な理論が，ヘルド（Held, D., 1995）が示した「コスモポリタン民主主義」の考え方である。コスモポリタン民主主義は，シティズンシップを，人権の保障だけではなく，国家を超えた義務の拡張とグローバルなガバナンスの制度の発展を含意するものとして理論化しようとしている（Faulks, 2000: 149）。

　ただし，コスモポリタンなシティズンシップのためには，普遍的な人権の保障と国家を超えた義務によるグローバルなガバナンスだけでは不十分だという指摘もある。リベラリズムとコミュニタリアンのそれぞれのシティズンシップに関する問題を克服することを目指したデランティ（Delanty, 2000=2004: 267-

コラム 5.2
シティズンシップとコミュニティ

　ヘルド（Held, 1995）は，シティズンシップとコミュニティの関連について，次のように述べている。

　　古代から現代に至るまで，シティズンシップのあらゆる形態は共通の特徴を持ってきた。シティズンシップは，コミュニティに対抗する権利とコミュニティに貢献する義務の相互関係を意味してきた。シティズンシップは，人々が生活しているコミュニティのメンバーシップを必要としている。メンバーシップには，つねにそのコミュニティへの一定の参加がともなう（Ibid.: 66）。

　このように，シティズンシップの理解において鍵となるのが「コミュニティ」の概念である。オスラーとスターキー（Osler and Starkey, 2005=2009）はシティズンシップの3つの次元，「地位」「実践」「感覚」を提示しているが，たしかにシティズンシップは「地位」の次元において排他的な側面を持っている。「地位」としてのシティズンシップは，誰がコミュニティの成員に含まれて誰は排除されるのかを明確に示す。しかし一方で，すべての者はシティズンシップを「実践」することのできる市民的・社会的なコミュニティに属している。人々がそのコミュニティの中で自らの行動の自由を率先して制限し義務を果たすかどうかは，多くの場合，コミュニティへの帰属の「感覚」によって規定される。この次元からみたコミュニティは，安全の感覚や友好的感情を提供し，アイデンティティの主な拠り所となる（Ibid.:107-109）。

　グローバリゼーションの結果，シティズンシップとナショナリティとの不一致がますます大きくなっている。その中で，シティズンシップを，コスモポリタンなものとして再定義することは可能なのかという問題がある。デランティは，「コスモポリタンなシティズンシップは，コミュニティとの関係が再び確立さえすれば可能である」（Delanty, 2000=2004: 267）と論じている。彼は，コミュニティの本質は，グローバリゼーションを契機としたトランスナショナルな移動にあるのではなく，コミュニケーションにある点を強調している（Ibid.: 279）。

285）は，ヘルドの「コスモポリタン民主主義」論を基本的には支持をしながらも，それがコスモポリタニズムの文化的基盤を無視している点を批判している。彼は，討議を通して構成された市民的なコミュニティに根ざした「文化的コスモポリタニズム」を主張している。彼の主張において重要な点は，コスモポリタンな法的秩序や政治的秩序に先行して，公共的コミュニケーションの市民空間の存在を必要視していることである（*Ibid.*: 283）。ここでは討議の過程が重要だと考えられ，その過程が自己と他者の関係性を学習する契機となることが期待されている。

第4節　シティズンシップの学習

1. シティズンシップのための教育モデル

オスラーとスターキー（Osler, A. and Starkey, H., 2005=2009）は，狭く定義された国家的アイデンティティのための政治運動は，民主的なシティズンシップのための教育を通して批判的に考察される必要性があると述べている。アイデンティティの政治的な一面は，平等な権利を基盤とした民主主義においては肯定的なものにも否定的なものにもなるがゆえに，アイデンティティに基づいた政治運動は，シティズンシップのコスモポリタンな見方を支援することもできるし，否定することもできる。よって，シティズンシップを学習する上で，市民はアイデンティティの政治を学び，政治的な意味で自らのアイデンティティを考察することができるようになる必要がある（*Ibid.*: 112-114）。

先に言及したように，シティズンシップとは複雑で競合的な意味を含んだ概念である。そこで，そのようなシティズンシップの概念を「最小限（minimal）」のものから「最大限（maximal）」のものにまで分節化したのがマクローリン（McLaughlin, T. H., 1992）であった。このような連続体における「最小限」「最大限」の目的の違いは，単純化して言うと，たとえば，形式と実質，私と公，受動性と能動性，閉鎖性と開放性のような対照によって表現できる。教育の目的としておそらく最も重要な対照点は，シティズンシップにとって必要と見なされる批判的な理解と問いかけに関するものである。

オスラーとスターキーは，マクローリンのシティズンシップ教育の「最大

限」,「最小限」の分類を水平的な次元として援用しながら，それに加えて構造的／政治的次元と文化的／個人的次元という垂直面を設定し，シティズンシップ教育の構成要素を示した（表5.3）。この構造的／政治的な要素は認知的（cognitive）であり，文化的／個人的な要素は情緒的（affective）である（Osler and Starkey, 1999）。彼らは，シティズンシップを「地位」「実践」「感覚」の3つの次元に分類しており，前者の構造的／政治的なものはシティズンシップの「地位」に対応し，後者の文化的／個人的なものは「感覚」としてのシティズンシップに対応している（Osler and Starkey, 2005=2009: 114-115）。

シティズンシップ教育の「最小限」のレベルは，学習者が自分自身を市民とみなすことができるために必要な知識や体験や省察の機会を提供する。つまり，社会における民主的な基盤について市民が理解しておくために最小限に必要なものである。もう一方の「最大限」のレベルは，シティズンシップ教育において意欲的に取り組むべき目標であり，ここでのシティズンシップ教育の成

表5.3 シティズンシップ教育の構成要素

	構造的／政治的	文化的／個人的
最小限	権利 ・権利に関する知識 ・民主主義 ・多様性 ・差別の廃絶 ・市民社会（NGOなど）	アイデンティティ ・単一（either/or） 　（緊張 tension） ・複数（both/and） 　（混成 hybridity）
	含意：人権教育	含意：感情と選択
最大限	包摂 ・ベーシック・インカム ・身体的・社会的・心理的安全 ・アクティブな参加	コンピテンス ・政治的リテラシー ・変革をもたらすスキル 　（言語，主張，動員など）
	含意：善い社会／ 学習するコミュニティのモデル	含意：行動スキルと訓練

出典：Osler and Starkey, 1999: 200

果は，究極的には，そのシティズンシップ教育が生み出したその後の社会のあり方によって評価されなければならない（Osler and Starkey, 2005=2009：116-117）。

2. シティズンシップのための生涯学習

シティズンシップのための学習は，市民による社会的・政治的・文化的な参加のために必要と考えられるような，知識，スキル，態度，そして価値に関連している。「市民」として想定されるのは一義的には成人である。よって，シティズンシップの学習主体として成人を想定することは原則として適切である。その上で，シティズンシップのための教育が子どもにとって重要であるのは，子どもがいつかは成人となり「市民」となるべきだからである。よって，子ども期から成人期への連続性を踏まえ，シティズンシップのための学習を生涯学習の観点から捉えていくことが重要である。

シティズンシップの意義が語られる時，それは公的な地位を重視するものから，感覚的・実践的な能動性を重視するものへとその力点を移行させつつある。言い換えれば，シティズンシップが，法律に基づいて「与えられるもの」から，社会的・政治的・文化的に実践する中で「獲得するもの」であるという意味合いを強めているということである。そのようなシティズンシップ獲得の過程が「学習」そのものであると捉えると，学習の場面は学校だけではなく，学校外の教育活動の場にも限られることなく，社会の中の多元的な文脈において意図的にも偶発的にも生じるものであると考えざるを得ない。

本章では，学習理論について直接的には言及していない。しかし重要なのは，流動的で競合的な概念であるシティズンシップを理解するために，国家と社会と個人の中に生じる多様な学習形態や学習過程を捉える必要があるという点である。シティズンシップ概念は，学習理論と政治的・社会的・文化的実態とを結びつけ，個人の学習行為と制度的・文化的変化の連関を説明するための枠組みを用意するものである。つまりシティズンシップは，個人的行為と社会的現象に生じる変化の文脈を説明するために不可欠な概念の1つである。

■注

(1)「子どもの権利条約」は，1989（平成元）年の国連総会にて採択され，1990（平成2）年に発効した国際条約である。日本はこれを1994（平成6）年に批准している。この条約は，「児童（子ども）」を18歳未満と定義し，国際人権規約において定められている権利を児童（子ども）について敷衍して，子どもの人権の尊重や確保のために必要となる具体的な事項を規定している。

■引用・参考文献

Brookfield, C. (1992) *Professional Ethics and Civic Morals.* (2nd ed.), Routledge.
Delanty, G. (2000) *Citizenship in a Global Age.* Open University Press.〈邦訳〉佐藤康行訳（2004）『グローバル時代のシティズンシップ』日本経済評論社．
Durkheim, É. (1950) *Leçons de Sociologie : physique des moeurs et du droit*, Presses Universitaires de France.〈邦訳〉宮島喬・川喜多喬訳（1974）『社会学講義：習俗と法の物理学』みすず書房．
Faulks, K. (1999) *Political Sociology.* New York University Press.
Faulks, K. (2000) *Citizenship.* Routledge.
Giddens, A. (1984) *The Constitution of Society.* Polity Press.
Giddens, A. (1991) *Modernity and Self-Identity. ;Self and Society in the Late Modern Age*, Polity Press.〈邦訳〉秋吉美都・安藤太郎・筒井淳也訳（2005）『モダニティと自己アイデンティティ：後期近代における自己と社会』ハーベスト社．
Griffith, R. (1998) *Educational Citizenship and Independent Learning.* Jessica Kingsley Publishers.
Hart, S. N. (1991) "From Property to Person Status: Historical Perspective on Children's Rights," *American Psychologist,* 46 (1), 53-59.
Held, D. (1995) *Democracy and the Global Order.* Polity Press.〈邦訳〉佐々木寛・小林誠・山田竜作・遠藤誠治・土井美徳訳（2002）『デモクラシーと世界秩序：地球市民の政治学』NTT出版．
Hirst, P. and Thompson, G. (1996) *Globalization in Question.* Polity Press,
Marshall, T. H. (1950) *Citizenship and Social Class.* Pluto Press,〈邦訳〉岩崎信彦・中村健吾訳（1993）『シティズンシップと社会的階級：近現代を総括するマニフェスト』法律文化社．
McLaughlin, T. H., (1992) "Citizenship, Diversity, and Education: A Philosophical Perspective." *Journal of Moral Education,* 21 (3) 235-250.
Miller, D. (1995) *On Nationality.* Oxford University Press.〈邦訳〉富沢克・長谷川一年・施光恒・竹島博之訳（2007）『ナショナリティについて』風行社．
岡野八代（2003）『シティズンシップの政治学：国民・国家主義批判』白澤社．
Osler, A. and Starkey, H. (1999) "Rights, Identities and Inclusion: European Action

Programmes as Political Education," *Oxford Review of Education.* 25 (1) (2).

Osler, A. and Starkey, H. (2003) "Learning for Cosmopolitan Citizenship: Theoretical Debates and Young People's Experiences," *Educational Review.* 55 (3) 243-254.

Osler, A. and Starkey, H. (2005) *Changing Citizenship.* Open University Press. 〈邦訳〉清田夏代・関芽訳 (2009)『シティズンシップと教育：変容する世界と市民性』勁草書房。

Pocock, J. G. A. (1995) "The Ideal of Citizenship since Modern Times," in R. Beiner (ed.), *Theorizing Citizenship.* State University of New York Press.

Soysal, Y. N. (1994) *Limits of Citizenship: Migrants and Postnational Membership in Europe.* University of Chicago Press.

Turner, B. (1993) "Outline of A Theory of Human Rights," in B. Turner (ed.), *Citizenship and Social Theory.* Sage, 162-190.

Waters, M. (2001) *Globalization,* (2nd ed.), Routledge.

第6章

成人教育学とサービスラーニング・アプローチ

井上　豊久

✢ 章のガイド

　現代の青年は成熟していないと言われるが，青年への従来の教育学的アプローチでは，青年を成熟した成人へと育成することには限界がある。それに対し有効なアプローチの1つとして，サービスラーニングが考えられる。このアプローチを取る場合，成人性の育成を考慮すれば，成人教育学（アンドラゴジー）の視点は不可欠と言える。本章では，成人教育学の特徴およびサービスラーニング・アプローチのあり方について，その可能性と課題をまとめる。

✢ キーワード

　アンドラゴジー（andragogy），サービスラーニング（service learning），ボランティア（volunteer），自己決定的学習（self-directed learning）

第1節　ボランティアと成人教育学

1. ボランティアの社会的背景と特徴

　住民参画・市民参画，行政のスリム化・費用対効果，といった面からも，生涯学習・社会教育，そして成人教育の分野において，近年，ボランティアはその重要度を増し，期待が高まると同時に実践が進展してきている。しかしながら，ボランティア活動の中での葛藤や活動の衰退，そして，人材育成の困難性が多々取り上げられる。こうした中，学校における従来型のボランティア教育の課題，福祉分野以外へのボランティアの拡充は，改めて成人教育学の視点からボランティアを考える必要を増している。

ボランティアの基本的条件として，平成4年の生涯学習審議会答申では「自発性，無償性，公共性，先駆性」の4つが示されている。このようにボランティアの条件として4つが示される場合，このように自主(自発)性，無償制，公益(公共)性の3つに加え，先見(先駆)性が入れられることが多い。しかし，立田慶裕は「先見性は積極的に社会変革を進めるボランティアとしての行為に伴う性格であり，むしろパイオニアとしての性格と重複する部分がある」(「市町村における生涯学習ボランティア・バンクの活性化に関する実証的研究」山本慶裕代表，平成8年度科学研究費報告書，1996) と述べている。先駆性は教育機能としては重要な部分もあるが，ボランティアの支援・促進を拡充していく場合，条件としては必ずしも含まなくてもよいと考えられる。以下，上記のボランティアの条件に加えて成人教育学からの視点を取り入れた考察を行う。

2. 成人とボランティア

平成4年の生涯学習審議会答申ではボランティア活動そのものが自己開発につながり，学習成果の実践につながり，生涯学習の支援を行うボランティアが得られる，といったボランティア活動の意義が強調された。近年，市民活動分野だけではなく従来行政が担っていた分野に関しても市民参画が進められており，福祉の領域だけではなくボランティア活動への成人の参加のためには，多様な学習領域が必要とされてきている。それと並行して，人々のボランティアへの関心や実践意識は高まり，ボランティア活動をするための研修会・資格取得研修への参加，ボランティアを生活の一部とする価値観や意識ひいては生活習慣の改善，ボランティア登録を受け，活動機会を得ようとするなど自主的にボランティアをする成人が増加している。ただし，登録しても活躍の場がないという状況が少なからずあり，希望していたボランティアと実際に参加したボランティアが合わないといった「ミス・マッチ」の状況もみられる。企業においても，フィランソロピーという名称で，企業としてだけではなく，最近は企業で働く企業人が個人として行うボランティア・地域貢献活動を支援するシステムを整えたり，身近なPTA活動を促進するなどの企業も見られる。

全体としては，経済活動と同時にボランティアへの参画をはかりながら，可能な限り人生や生活の質（QOL）を高めるような生活を送ることを目指す人々

も若干ではあるが増加してきている。

　ボランティアは，かつて福祉関係者が主導し，専門的知識を背景に目標の設定や望ましい行動の選定，評価などを行ってきた。しかし，上述したように，近年，福祉分野だけではなく，教育，子ども，環境，情報等々の分野への広がりと同時に，ボランティア自身によるセルフマネージメントの重要性やそれによって個人の生活がより主体的で有意義なものになるという観点から，ボランティア活動を行う学習者がその自発性を発揮することが重視されている。そこでセルフマネージメントを支える理論の1つとして成人教育学の基本的考え方を以下に示す。

　成人教育学では，人間を生涯にわたり学習し成長する存在として捉え，成人の発達段階の特徴に応じた教育の在り方を示している。つまり子どもの教育では，指導者が学習内容や学習方法の多くを選定する場合が多いが，成人教育では学習者が主導権をもち，指導者には学習の支援者としての役割を果たすことを基本としている。したがって指導者は知識や技術の伝達という役割よりも，学習者が自己の経験を活かして現在直面している課題や問題の解決に主体的に取り組み，現状に応じた習慣や価値観へと変容する過程を支援する役割が重要となる。

　社会教育法第5章第20条で公民館の目的は「住民の教養の向上，健康の増進，情操の純化，生活文化の振興，社会福祉の増進……」とされている。この規定においては「生涯学習の基盤整備について」（平成2年）でも示されているように，成人教育，社会教育では学校教育分野のみではなく，学校教育以外の幅広い分野を対象とし，ボランティア等にも関わることが重要視されている。特に成人教育に関わる教職員等は，市民参画・行政の効率化という視点からもボランティアとの関わりが不可欠となってきている。

　しかしながら，ボランティアという言葉は，わが国では「売名行為」「陰徳（善行は隠れて行うべき）」などの言葉と重ねられ，時には偽善（者）といった視線にさらされることもある。ボランティアは阪神淡路大震災以降，認知度は急激に高まったとはいえ，成人一般に日常化しているとは言い難い。成人教育の重点基本事項の1つである相互学習は，わが国では取り立ててボランティアと言わなくても「お互いさま」「お陰様」という相互扶助や支え合いの風土もあっ

た。しかし，近年以前見られた地縁・血縁などによる地域社会の連帯やつながりが崩壊していく中で，ボランティア活動は個人の自由や責任を基本とした成人性の獲得と同時に新しい地域の再生を行う人材養成の場としての可能性を有している。

　官・行政という視点から見ると，ボランティアは民間の活動であるが，公共という視点から見ると官・行政と協働の視点を必要とする公益活動とみることができる。ボランティアに関する各種調査結果からは，先述の偽善とはほど遠い自尊感情を向上させ，人間のつながりや，社会づくりへとつながる活動であることが明確にされている。社会教育法において示されている福祉の増進という目的は社会でその主体として市民的責任を担う成人に特有の課題であり，ボランティア活動を常に伴いながら成人教育が担うべき課題であろう。ボランティア活動そのものは成人の学習と言えないが，市民としてボランティアについて学び，あるいは，ボランティア活動を通して学ぶという学習の現実がある。

3．成人教育学の視点

　成人教育に関わるボランティア研究は，主としてボランティア活動の支援理論，ネットワーク理論などのアプローチが見られる。しかし，これまでのところ，ボランティアそのものを成人教育の理論から解釈し直し，再構築している研究は不十分と言えよう。従来の，実践を積み上げ，分析・検討するだけではなく，根本的な検討を行うことが求められよう。ここでは，成人教育学の根本的な理論化を図ってきているドイツのペゲラー（Pöggeler）とアメリカのノールズ（Knowles）の成人教育学（アンドラゴジー）の理論を中心にボランティア活動を考える枠組みを作っていこう。ペゲラーは子どもの教育が個人化を求めているのに対して，おとなの教育は「社会化」(socialization)を志向していると示している。社会化としてのボランティア活動は，青年期発達の特徴の1つであるが，成人教育学の視点から改めて問い直す必要があろう。

　また，ペゲラーは社会化のために大切な目標として，事象の理解力の向上，知識を科学と関連させて手段化し，思考力や判断力を身に付けること，他人との共同の必要性を見出すこと，といった学習の目標をあげている。ボランティア活動は，こうした学習を可能にし，深めていく適切な場と言える。

第2節　成人教育の特徴とボランティア

1. 自立性

　成人教育学があげる成人学習者とその教育の特性（成人性）を以下に示す。

　成人教育学では，第1に学習者の高い自立性を活かし，学習に関する判断や決定に最大限学習者の意思を取り入れるということが基本とされる。人間は成長し，成人期に移行する間に，他者への依存性から徐々に脱却し，自立性を高めていく。そして自分のことは，自分で判断し，決定し，行動したいという願望が強くなり，他者に一方的に決定されることや指示されることに抵抗感をもち，学習が滞ることもある。ただし，成人教育の分野であっても，職業資格の取得学習などの場合は，他者が決めるカリキュラムや方法に依存せざるを得ない。

　そこで，このような学習者の特性を尊重し，学習内容や学習方法に関しても学習者に最大限の自由を与えるように十分に話し合い決定する。このように成人が本来備えている自立性を発揮した学習を支援するには，まず学習者が尊重されていると感じ，リラックスでき，自由に自己表現できる学習環境を準備することが求められる。しかし，個々の成人によっては自立的な能力に多様性があり，青年の段階でもその個性に応じた自立のための独自・個別の方法が求められる。たとえば，学習空間を温かな雰囲気にデザインすることや指導者が受容的で親和的な姿勢で関わることなどである。学習者が自立的に学んでいるという自信を持つことは，次の段階への学習意欲につながると同時に学習が自分の生き方と同一化されれば，QOLの向上ともなる。

　ボランティアでは，多様な学問分野などの専門的な知識を必要とすることがあるので，学習内容や方法を学習者が決定することは困難なこともある。そこで，指導者がいくつかの異なる学習内容・方法を示し，その中から学習者に選択してもらう，学習の順序を学習者に確認する，学習者が希望する学習内容をプログラムに含む，また学習方法についても，事例を用いたグループ討議がよいかそれともビデオを利用したシミュレーション学習がよいかの決定に学習者の意見をいれる，といった工夫も考えられる。

なお学習者に決定権を委ねる場合には、それぞれの学習方法のメリットやデメリットなどの情報を提供し、その決定に際しても助言するなど留意が必要であろう。

成人であっても現実の生活で関与しないことや新しく直面した課題に対してはその意味が理解できずに依存的になることもあるため、学習者に応じて対応することが大切となる。

2. 経験性

第2に、成人の学習者は青少年に比べて豊富な経験を持つため、その経験を学習の資源として活用することが教育効果を高める。成人は今までの人生の中でさまざまな経験をし、その経験によって形成された独自の価値観を持っている。たとえば、あるボランティア活動をすることによって、学習成果が急激に改善された経験を持つ人は、その行動を価値あるものとして、その後も継続するなどである。このような直接的な経験によって獲得したものは、書物やメディアから得た知識に比べて自分のものとしてとりいれやすい。したがって指導者が早急な変容を求めることや過去の経験を否定することによって学習者の自尊心を傷つけることもあるのでその人の経験の持つ価値を尊重することが求められる。たとえば、生活習慣が適切でない場合にも、その習慣を継続している背景を理解した上でより望ましい方法を提案し話し合うなどして、学習者自身が「やってみよう」「できるかもしれない」と思えるように学習者に関わることが必要であろう。

個人の経験に基づく価値観や行動を変容するには、他者との交流による経験の共有が効果的なことも多い。たとえば、同じような障害を持つ人の経験談を聞くことや自分の経験を他者に話すことなど、経験を共有し合うことで他者の行っている方法を取り入れれば、自己を振りかえる機会ともなる。ただし集団の中で学習することに慣れていない場合には、自己の経験を発表することや意見の対立に戸惑うこともあるので、学習者にとってそうした葛藤状況をのりこえる工夫がプログラムに求められる。プライバシーに関わる話題についても話しやすいことをとりあげるなど、個々の学習者の精神的負担とならないように留意することが必要とされる。

3. 準備性

　第3の特性は，準備性（レディネス）に応じた教育方法や内容を選定することである。準備性とは，ある学習をする時に必要となる学習者の精神的身体的準備状態で，たとえば，既有の知識や技術，経験，興味などの総称である。成人の場合，一般に現実の社会生活や家庭生活での具体的な問題や課題について高い関心を示し，学習の必要性がわかれば主体的に学習する。そこで学習者の関心の在りかを指導者がわかれば，その関心に応じた学習内容や学習方法の提案も可能になる。また加齢に伴う視力や聴力の低下など身体的機能の変化やその人の学習歴による学習の障害となっているものを確認し，教育方法を選択する必要がある。たとえば，視力が低下している人には，文字情報の提示方法を工夫したり，体力が低下している人には1回の学習時間を制限するなどである。

　準備性は1人ひとり異なるもので，個人の準備性に合わない学習方法は，学習効果が低いばかりでなく，学習者にとって苦痛ともなるので，たとえば，語学学習であっても直接国際機関でのボランティア活動や観光ガイドなどのために必要とする場合など，活動に応じた対応をする必要がある。

4. 現実性

　第4の特性として，成人教育では現在直面している課題や問題の早期解決につながる学習に重点が置かれる傾向がある。即時性の問題である。つまり子どものように将来，活用することになるであろう知識や技術を予め準備する学習ではなく，成人学習者には具体的かつ個別的で即時・現実的な解決を得られるような学習が適している。特に，ボランティアの場合，自主性が基本となり，想いが先行することが多く，学習場面でも，学習者相互においても葛藤が生じることもあり，それぞれの学習者の持つ現実的な生活課題への留意が必要である。したがって長期にわたって学習を必要とする場合であっても，当面の目標を設定し，それが達成したら次の目標に向かうような段階的に進むボランティア学習プログラムが望ましい。段階的に学習成果を評価することによって，学習者が成長や変化を感じたり，また効果が低い場合には学習計画を修正するなどの機会をつくる必要がある。

5. 自主性

　第5の成人教育学の視点に基づく学習者の特徴は自主性である。成人の学習者は，自己決定的学習（self-directed learning）が基本となるという特徴があり，学習への内的動機づけと自己診断が必要とされる。顕在的・潜在的ニーズの視点が必要であるが，一般に成人の学習者は，学習者自身から生じた関心や意欲を持って学習に取り組むために，学習成果は得られやすいと言われている。たとえ他者から健康障害を指摘されたとしても学習によって健康的で有意義な生活につながることを自分が合意すれば，学習は促進される。そこで指導者は学習者が自己決定的に実現可能であると感じられるような情報を提供する。ボランティアの場合，活動後の気づきや共有・共感が情熱を生じさせることも多々あり，成人自身が自己評価を行うフィードバックシステムとしての日記やジャーナル，報告を成人教育の視点から明確に位置づけていくことが求められる。

　学習者が自己診断により学習の必要性を確認し，学習経過や学習成果を評価できるように支援する。学習者は自分の目標とその目標に対する現在の自分の状態や能力を明らかにすることによって，順次改善を加えながら，今後どのような学習を行う必要があるか明確にする。ボランティアは自主性が基本とはいえ，ビジョン（夢や目的）とミッション（使命や具体的目標）を明確にしていく中で，目標と現実のギャップを認識し，学習課題が明らかになると同時に学習の動機付けとなる。そこで学習者が希望するレベルと現在のレベルの差を診断することを援助する。その場合，指導者は，一方的に学習者の課題を伝えるのではなく，学習者自身が気づくように学習を振りかえる発問などを行う。成人教育は学習者が主体的に学ぼうとする意志を持ち，学習の仕方を習得し，自分の生き方に関する問題を解決する自主性に基づくものである。

　学習者の多くは，自分の学習欲求や関心事が何であるか気づいているが，ボランティア教育を受ける学習者の中には課題を直視することに抵抗を持ち，表面的な事柄のみに関心を持つなどして，現状を改善したいという気持ちを表現できないこともある。そこで学習者が自分の新しい可能性を実感できるような話題を提供する，学習目標に対する学習者の関心や実行可能性について話し合うなどして，それによって，学習目標を自分自身の目標として感じることがで

きるように自己教育力の育成を図る。その基盤の上に各人の自発的意思から自己に適した手段・方法を自らの責任において自由に選択し，生涯を通じて行うべき学習内容が選べるように支援者はその学習の場と集団的な学習の場を設けていく。

6. ボランティア活動と成人教育学のつながり

　ボランティア活動の内容は多岐に渡っていると同時に，実践的であるという特質がある。これは，まさに成人教育学の視点が効果的に活用できる場であり，学習者の特性に応じた教材を準備することも求められる。現在，ボランティア教育や成人教育に携わりながら，成人教育者としての専門的教育を受けていない者も多いため，自分たちが教えられた方法や好みの学習方法で教えようとし，経験に頼る傾向があることも否定できない。

　ボランティアや成人教育に携わる人は，その学問領域の最新の専門的知識や技能を習得することに加えて，自身の教育能力を向上させるための学習を行う必要がある。その中でも，さらに，ボランティア教育を実践する者は最新のボランティア教育の考え方や方法論を熟知すると同時にボランティアについて教えることの意義や方法についても成人教育学の視点から学ぶ必要がある。さらに学習者への関わりを自己評価し，理論と実践のいずれかに偏ることなく，指導者としての課題や目標を明確にする必要がある。ここで，最近とみに求められているのが成人への橋渡しとしての青年期におけるサービスラーニングである。成人教育学の視点を活かすべき方法としてサービスラーニング・アプローチが挙げられる。次節で，現在，青年期の教育として重視され，わが国の大学等でも少しずつ実践が拡充しつつある新しい生涯学習の形態であるサービスラーニングについて検討する。

第3節．サービスラーニングからのアプローチ

1.「サービスラーニング」とは

　龍谷大学サービスラーニング・センター助手の山田一隆は，「サービスラーニングとは，学生の学びや成長を増進するような意識的に設計された構造的な

機会に学生が人々や地域社会のニーズに対応する活動に従事するような経験教育の一形式である」と定義している（山田一隆，2007）。青年である学生が成人へと移っていく過程への取り組みの1つと捉えられ，そこでのキー概念は省察と互恵である。

「サービスラーニング」はJ. デューイの思想以来の経験学習の伝統があるアメリカにおいて発展した教育形態である。山田明は「サービスラーニングは，一般的に，ボランティア活動を取り入れた教育手法として理解され，全米では950の大学で『サービスラーニング』が取り組まれている」と言う（山田明，2008）。しかしながら，アメリカでも「サービスラーニング」の統一された定義は必ずしも明確ではない，というのが一般的のようである。

また中留武昭の「地域に対する貢献活動を通して，児童・生徒たちがそれらの体験を省察し（振り返り），アカデミックな教科の内容と連関させながら市民性を培っていく学習プロセス。生きること（生活）と学習の連関を，奉仕体験活動を通してつかむことによって，市民として地域に積極的に関わり，地域貢献をするねらいをもった学習活動」という市民性と地域貢献を重視した定義もみられる（中留，2000）。成人教育学の視点からみると，成人の役割の1つである市民となるための体験学習の有効な教育手法の1つがサービスラーニングである。

サービスラーニングのボランティア活動との相違点は，ボランティアのようにコミュニティや地域の活動に参加し貢献するだけではなく，学生として学んだことを活かして活動に参加したり，参加したことから学校教育としての学びを振り返ったりする学習活動が重視される点である。そして，有益な参画型の体験学習，責任・役割をもった協働実践を通じてその地域の市民を育てるという重要な意味も有している。そのように考えると，サービスラーニングは社会・地域と学生・青年の両者に有益な取り組みであるといってよいであろう。このように生涯学習の観点から見るとサービスラーニング・アプローチの内実は，本稿で前述した成人教育の特徴である自立性，現実性，経験性，準備性と深く関わり，青年期において成人への橋渡しとなるものであることは明らかである。

2. サービスラーニングのプロセス

　村上徹也によるとサービスラーニングの目的である貢献と学習は，車の両輪として考えられており，その両方を同時に充実させ，相乗効果を創り出すためには以下の8つの用件が求められる（村上，2005）。

(1) 地域のニーズ／声の把握

　もし地域の課題を解決し，若者に本物の学びの機会を提供しようとするならば，教育者たちが地域のニーズを把握し，地域と積極的に結びついているのかを確認する。

(2) 学習目標の設定

　サービスラーニングに最も大切なことは，若者たちがサービスを通して何を学びたいのかを理解することである。学習目標を立てることによって，若者たちが個人的，社会的，そして知的レベルにおいて何を学ぶかを確認できる。

(3) 若者自身の声の反映と計画づくり

　計画づくりの過程で若者たちに意見を聞き，関わりを持たせることによって，主体性を高め，より多くの学習機会を提供できる。

(4) オリエンテーションと研修

　若者たちは，活動を行う組織，取り組む課題，そして効果的な貢献を行い，最大の学習成果を挙げるために要求される技術について理解する必要がある。

(5) 意義ある活動のための十分な準備

　実際にサービスを経験するには，細心の計画と深い考慮が求められる。意義のある経験を確実に行うには，交通手段，指導監督，危機管理などを含め，たくさんの重要な準備が必要である。

(6) 振り返り

　振り返りとは，サービスの経験から学ぶために，若者たちが批判的にもの

ごとを検討する力を養う場である。このような場を持つことによって，若者たちは，個人的，社会的，そして知的に成長することができる。

(7) 評価

評価とは，活動の過程（何ができ，何がもっと良くできたはずなのか）とその効果（どのように若者たちと地域が変わったのか）を検討し，明らかにすることである。

(8) 認知と祝福

若者たちが地域に価値ある貢献をしたということを認知し，祝う必要がある。そうすることによって，彼らが達成したことの価値を高め，彼らとの関わりをより強めることができる。

以上のように，ある程度定型化された中で，サービスラーニングは行われている。わが国の教育分野で最近よく言われるPDCA（Plan, Do, Check, Action）サイクルと比べ，ニーズと青年の参画を重視していることと，認知と祝福を確実に行っていくという特徴が見られる。このことは，成人教育学の特徴である社会と直接つながる有用観の獲得とつながっている。

3. サービスラーニングによる効果

サービスラーニングは地域社会のニーズに基づき，大学の学問に関連したサービス活動を通じて，社会貢献することで学びを深めることができるという学習形態である。事前準備・活動・振り返り・祝福の過程を踏んだ計画的・組織的・継続的な教育方法である。「生きる力」そして「市民性」の育成が求められている現代の日本の教育には，主体的な社会参加の資質及び能力が必要不可欠だと言える。

サービスラーニングを行うことにより，自分の役割を与えられ，自分の行動に責任を持つという経験を通し，必要とされる知識や技能を習得する力，そこで共に活動した人々との人間関係を構築する力などが身につくと考えられる。そのほかにも，社会で実際にどのような問題が起こっているのか，地域にはど

のようなサービスが必要とされているのかといった社会認識を高めるきっかけになる。大学や生涯学習の場で得た知識を実際の社会で役立てることで，活動に参加した学生にとって，机上で学んだ知識が再認識されるとともに，「自分にもできる」「人の役に立ててうれしい」といった感情を抱くこともできるため，自尊感情を高める効果も期待できる。

　青年期において，成人学習者の特徴を踏まえた上でサービスラーニングを導入することは大学外の生涯学習の場においても成人としての多面的な成熟の獲得に対して有効性を発揮するアプローチであろう。しかし，今日行われつつある体験活動を通してのサービスラーニングは，大学と地域社会の連動がうまくいっていないこと，また，振り返り，評価，認知，祝福の段階が十分になされていないことが多いことも事実である。サービスラーニングを通して，できるだけ大きな教育効果を得るためには，地域・大学の連携や活動の詳細な計画の機会を設けることや，自己評価や他者評価，あるいは第三者評価などの振り返りの機会を設けることが必要である。

　山田明はサービスラーニングの学習効果について，以下のようにまとめている（山田明，2003）。

①学問的な成果に関する問題解決能力，批判的思考力，社会認識の向上
②市民性の涵養に関する奉仕の精神，地域社会に対する思いやり，政治的参加の推進
③キャリアに関する職業についての理解，社会の現状についての理解，人生における貴重な体験，学校での単位取得，大学進学，奨学金の獲得など自立への準備

　すなわち，サービスラーニングは，アカデミックな学びから市民としての社会参加の資質および能力，さらに自己実現への自立の準備まで，青少年が次世代を担う存在となりうる効果的な学習機会を提供する体験的学習活動なのである。

4. サービスラーニングの考察
(1) 「わくわく児童館」の事例
(a) 概要

　平成14年から福岡教育大学生涯教育研究室と福岡県宗像市は協働で子どもの体験活動支援を行っている。一般には，子ども会などの活動に対して，学生が大学で学びながら，たとえば，「ボランティア実践入門」「社会教育計画論」「生涯教育政策演習」「社会教育課題研究」などの授業で学び，ボランティアや社会貢献を行うものである。しかし，その中でも，大学生が直接，小学生（時には幼児も含まれる）の体験学習を指導・支援するのではなく，中高生が小学生（時には幼児も含まれる）の体験学習を指導・支援する活動の指導・支援を行う特色ある活動も行われている。この活動は小学生の時に「わくわく児童館」で体験学習した中高生が自分たちで企画・準備・実施・評価を行うものであり，既に7年間継続して行われている。

　異学年との交流や体験などを通して，社会の決まりごとを覚え，創造力を養う。また中高生企画では小学生のために体験学習支援を行うことにより，中高生の社会貢献意識の醸成を図る。中高生にとって中学高校で学んだ科学的知識や国語等の力の活用につながる。これまでの活動内容は体験活動（地域を知るオリエンテーリング，小運動会，秘密基地作り，季節に応じた作品作り等）の企画・実施・評価・祝福である。

　なお，活動では宗像市に住む中高生が企画を担当するだけではなく受付や収支の計算など実際的な運営も行っていく。当日までに数回の打ち合わせや準備作業の機会を持ち，事前準備等を行う。当日も中高生が主体となって動き，体験活動支援活動を行う。

(b) 実態

　この活動に参加している小学生についての実態から述べる。活動に参加した小学生は年齢の近い中高生が主体となって活動しているということもあって，企画の説明や内容の話も興味深そうに聞く姿が見られた。小学校で行われている活動にはないものも多く，活動は充実していた。作品作りの際にわからないことがあると中高生に気軽に質問ができる環境は小学生にとってよい環境で

あった。作った作品に対しては愛着を持ち，家庭でも実践したいと材料を持って帰る子どももいた。こういった主体的な雰囲気づくりのコツを準備段階から年齢が近い大学生が中高生に育んでいったのである。

一方，中高生は，大学生の的確な助言により企画の打ち合わせの時から精力的に話し合いに取り組んでいた。七夕やクリスマスなどの行事に関する事業では地域の歴史や伝統・昔話を調べて，その行事の経緯を表す劇を企画するなど，独自に積極的に取り組むことができた。当日も小学生の前で話をすることに緊張もあったようだが，達成感を得られた様子である。教えてあげる楽しさがわかるとともに，小学生は何が難しくて，どう工夫することでそれが改善されるのか考えなければならない難しさも，中高生は感じとり，さらに大学生は，中高生の喜びを十分に感じていた。

(c) 考察

「わくわく児童館」の中高生企画は，大学生が中心となって活動していくのではなく，あくまで中高生が中心で大学生はサポーターとして参加していることに大きな意味がある。中高生はこれまでこのような活動に参加した経験がなく，自分たちが企画から運営までを手がけることによって大きな達成感を感じることができる。実態からもわかるように，小学生に教えることを通してリーダーシップも学ぶことができる環境である。打ち合わせには大学生も参加しているため，疑問点を聞いたり，相談したりできることから，中高生にとって貴重な体験となるであろう。中高生をサポートする大学生も大学で学んだことを中高生に教えることや共同で活動することによって「サービスラーニング」の一環になり，成人性の獲得に関して貴重な体験学習になったと考えられる。

(2)「サービスラーニング」の役割

(a) 福岡教育大学学生対象「サービスラーニング」アンケート結果

図 6.1/6.2 はボランティア活動に参加した福岡教育大学 1 学年の学生 87 人の事前事後の調査結果である。

「自分は地域社会の改善のために重要な役割を果たすことができるか」という問いに対しては，事前アンケートで「強く同意する」「同意する」という回

答が合わせて37%から，事後は47%という数値に変化している。これは学生が体験を通して「自分が役に立った」「自分にもできることがあるのだ」と感じたからではないだろうか。ボランティア活動には，体験してみないと感じることのできない達成感ややりがいがある。しかし，ここでは，「よく分からない」という回答が多いことも目立つ。実際に体験をしてみて，自分の能力の有用性を感じることができていないわけではないであろうが，はっきりと自覚できるものではないのかもしれない。サービスラーニングを行うにあたっては「サービスラーニング8つの大切な条件」の中にも示されているように成人教育学の視点と重なる学習目標やそこで要求される技術について学習者自身が理解した上で活動に当たることが大切である。そして活動後には，共感・共有，振り返り，評価を行うことによって自分たちがどのようなことを学んだのか，何を身につけたか自覚できるようになることが，重要だといえる。

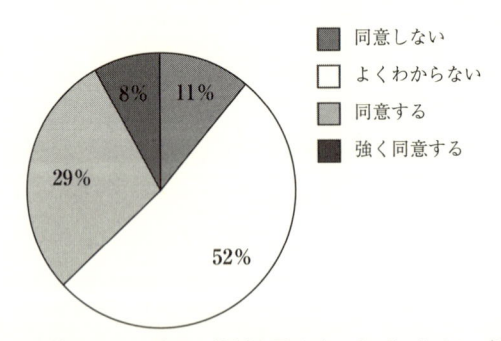

図6.1 自分は地域社会の改善のために重要な役割を果たすことができるか（事前）

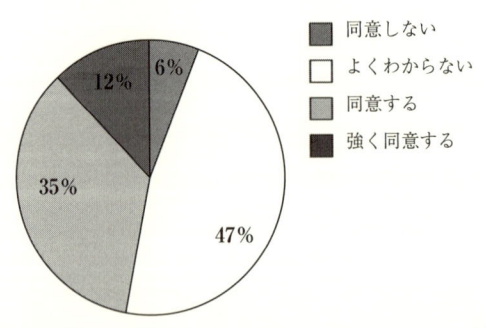

図6.2 自分は地域社会の改善のために重要な役割を果たすことができるか（事後）

(b) 活動支援の方法と課題

　学生が活動に参加しやすくする方法の1つは，サービスラーニング事業に参加しやすい環境をつくることである。本来，ボランティアは義務づけられるものではなく，自発的に行われるのが好ましい。教育機関においては，ただ単に「ボランティア活動に参加しませんか」というのではなく，学生本人の技能を活かしたボランティアを紹介するブースを作るなど，興味を持って一度参加させるといった工夫が必要になってくる。実際に体験することで自己の有用性の認識や自尊感情を育むことができ，そのサービス活動を継続していくことが最も望ましいと言える。

　2点目は「自分は地域社会の改善に重要な役割を果たすことができるか」という問いに対して，「よくわからない」という回答が多かったことは，ボランティアやサービス活動に参加した人が，学びを実感できるプログラム作りが重要であることを示している。同じ対象の学生へのアンケートで，「自分にもできることがあるか」という質問に対して，「自分にもできることがある」という答えの割合が低いという結果から，活動の意味の理解が浅く，自分自身が重要な役割の一部を担ったという自覚が薄いことが推測される。サービス活動を通してどのようなことを学んだのか振り返りの機会を持つことによって，社会性や自己の有用性に気づき「生きる力」の育成につながると考えられる。

　今後，全国の大学もサービスラーニングを行っていくことで，学生の「生きる力」の形成や，職業観の育成はもちろん，共同して事業を行う地域住民の学びの促進など，地域全体の学びの場，コミュニケーションの場として機能するであろう。今後の課題として，サービスラーニングを学生，地域に開放されたシステムにすると共に，学習者が学びを自己決定的学習の視点から，より自覚できるシステムづくりを行うことが重要であろう。振り返り，評価などを着実に行い，学びが自覚できるシステムが構築されることで，青年は成人性を身につけ，活動の継続にもつながりやすく，地域も活性化されるという良い影響をもたらすであろう。

　成人教育学の視点は社会人としての成人，青年により当てはまるであろう。青年はより成熟した市民となるため，従来の教育手法だけではなく，成人教育学という参画型の学習方法の視点に基づいたサービスラーニングの手法を求め

る．今後は，このアプローチに関する研究が実践的にも学問的にも進展することが必要であろう．

コラム 6.1

ICU と龍谷大学における「サービスラーニング」

　ICU（国際基督教大学）サービスラーニング・センターは ICU におけるサービスラーニングのプログラムを全学的に発展させることを目的に 2001 年に設立された．各種のサポートを提供し，国内外の学生受け入れ先の拡充，海外からの交換学生の受け入れ，ネットワーク作りなどを行っている機関である．ICU では 1996 年に初めて履修科目として「国際インターンシップ」が開講され，3 年後には「コミュニティ・サービスラーニング」の授業が始まった．2000 年に，座学形式の講義「サービスラーニング入門」が，そして 2002 年には「サービスラーニングの実習準備」が開講された．ICU でサービスラーニング・センターが正式に発足したのは 2002 年 10 月のことである．国際サービスラーニング（国際 S-L）は，海外のサービスラーニング（S-L）提携大学，国際機関，国際 NGO 等で行われるサービス活動を行う．2008 年度の国際サービスラーニングには，文部科学省の助成金を得て行う ICU-WSU-TLC 国際 S-L モデル・プログラム，海外の S-L 提携大学交換プログラム等がある．コミュニティ・サービスラーニングは，国内の NPO/NGO，公共機関，地域社会などでサービス活動を行うもので，1999 年にスタートした．ICU 生が実習を身近な地域社会である東京都三鷹市役所，墨田区の児童厚生施設・興望館，栃木県那須塩原市の農村指導者育成機関・アジア学院で実施している．

　龍谷大学は 21 世紀初頭の龍谷大学像として「共生（ともいき）をめざすグローカル大学」を掲げ，その中で，「地域社会の教育・研究の中心的拠点として地域社会の発展に寄与しつつ，その取り組みを教学に還元することにより大学の発展を実現し，地域社会とともにさらなる発展を遂げる大学」創りをめざしている．2007 年 4 月，新たに支援拠点として「サービスラーニング・センター」が設置された．龍谷大学のサービスラーニング・センターは学生・教員への支援が大変豊富である．

■引用・参考文献

Knowles, M. S.（1980）*The Modern Practice of Adult Education : From Padagogy to Andragogy*, Cambridge Books.〈邦訳〉堀薫夫・三輪建二監訳（2002）『成人教育の現代的意義：ペダゴジーからアンドラゴジーへ』鳳書房．

村上徹也（2005）「ボランティアのシチズンシップを再考する」日本青年奉仕協会編 『ボランティア白書2005』JYVA．

中留武昭（2000）「学校と地域を結ぶサービス・ラーニングの実践」『教職研修』29(2), 98-106．

日本青年奉仕協会編（2007）『ボランティア白書2007』JYVA．

日本ボランティアコーディネーター協会編（2007）『ボランティアコーディネーター白書2007－2009版』社会福祉法人 大阪ボランティア協会．

Pöggeler Franz（1957）*Einfuhrung in die Andragogik.Ratingen,* Henn.

聖徳大学生涯学習研究所編（2008）『若者がまちを創る』悠雲舎．

山田明（2008）『サービス・ラーニング研究：高校生の自己形成に資する教育プログラムの導入と基盤整備』学術出版会．

山田明（2003）「修士論文 米国型サービス・ラーニング理論の導入における一考察」福岡教育大学．

山田一隆（2007）「龍谷大学FDサロンリポート」龍谷大学．

第 7 章

学習の内部プロセス：脳と記憶

岩崎　久美子

✚ 章のガイド
　本章では，学習や記憶について，神経科学と認知科学の考え方をとりあげる。最初に，脳の構造と機能についての神経科学の考え方，知識や経験についての従来の認知科学の考え方を紹介し，次いで，これらの考え方の成人学習への示唆を取り上げ，最後に成人学習者の役割を明らかにする。

✚ キーワード
　脳 (brain)，シナプス可塑性 (STDP: Spike Timing Dependent Plasticity)，記憶 (memory)，情動 (emotion)，知識 (knowledge)，認知 (cognition)

第 1 節　神経科学からのアプローチ：脳の構造と機能

　MRI（磁気共鳴断層撮影）や CT（コンピュータ断層撮影）などの画像診断技術の発達により，脳の仕組みが次第に明らかにされ，学習についての新しい知見が生み出されている。ここでは，そのような学習に影響する脳と心の機能について，神経科学の観点から紹介することから始めたい。

1．神経細胞（ニューロン）
(1) シナプス可塑性
　人の脳の重さは約 1.4 kg であり，それは体重の約 2％を占めるにすぎない。しかし，脳は食べ物で供給されるエネルギーの 20％以上を消費する。その結果，脳は四六時中情報を処理するだけではなく，将来の外界への反応と作用に

よりよく準備するためにどの情報が記憶される価値があるか選択もしている（シュッピツアー，2007: 77-78）。

　学習は，脳が知覚したり，考えたり，感じた時にいつでも自動的に生じる。同時に脳自体も学習し，学習することで脳自体も変化する。脳の研究の視点から言えば，信号の伝達によりシナプスが変化し，脳が情報を処理する時は学習がいつでも行われると考えられている。

　この情報処理に関わる脳の働きを支えるのは，約1,000億の神経細胞（ニューロン）である。この神経細胞は特定の情報のインプット，つまり身体のある部分に触れられたり，言葉を聞いたり，あるいは場所を認識した瞬間に動き，情報は，神経系統の中で処理される。神経は信号を感覚器官からか，あるいは他の神経細胞から信号を受け取るといった神経細胞間のやりとりによって機能する。

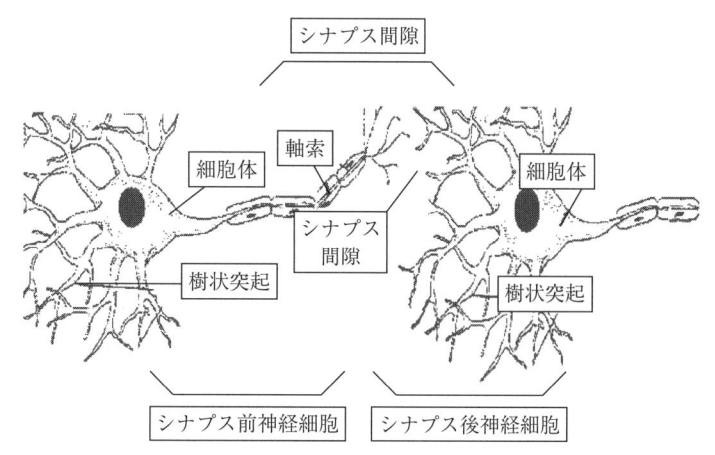

出典：Hinton, C. and Fischer, K. W.（2010）"Learning from the developmental and biological perspective," 118より転用

図7.1　神経細胞間の連結

　このことをより具体的に考えてみよう。神経細胞を1本の木にたとえれば，電気化学的信号は，「根」（樹状突起）に生じ，「株」（細胞体），「幹」（軸索），そして，その後「枝」（軸索末端）へと流れる。その信号は，結合の網の目を作り出しながら，枝の1つから他の木の根や幹，その後，空間を持つ接点（シナ

プス）を横切り伝達される．外界からの信号の新しいパターンにその器官がさらされる時，シナプス結合の強さ（神経細胞間の信号通過の容易さ）は，脳を通じてより複雑な接合に至るよう徐々に変化する．

　神経細胞どうしの接点を「シナプス」とよぶが，この「シナプス」によって，電気的信号は受容する神経細胞に化学的に伝達される．この場合，シグナルを伝える方の細胞を**シナプス前神経細胞**，伝えられる方の細胞を**シナプス後神経細胞**という．シナプスの先端部は，より強いか弱いかの信号を受け取るのであるが，この伝達の強さや弱さによって，同じインプットの信号は，神経細胞に作用したりしなかったりする．記憶とは，このような神経回路の「変化」を意味する．あるきっかけで生じたこの変化を保持する性質を「シナプス可塑性」(STDP：Spike Timing Dependent Plasticity) という．

　記憶や学習はこのシナプス可塑性によって左右され，可塑性が高いということは，新しいことがらへの記憶とその維持が容易であることを表す．脳は，われわれが考える以上に柔軟であり，生涯にわたって可塑性があり，学習すればするほど変化していくのである．

(2) 長期増強

　神経細胞は，シナプス結合を介して信号を伝達するが，シナプス結合の増殖が長期的に持続することを，「長期増強」(long-term potentation：LTP) といい，長期増強は，具体的には情報をより強く（強い刺激），より早く伝える（シナプスの伝達効率）現象をいう．長期増強は学習と記憶に関わる重要なメカニズムである．

　心理学者のヘッブ (Hebb, D.) は，神経細胞間の接合部であるシナプスにおいて，シナプス前神経細胞の繰り返し発火によってシナプス後神経細胞に発火が起こると，そのシナプスの伝達効率が増強されるという「ヘッブの法則」を唱えている．その説によれば，「同時に発火するニューロンは互いに連結する」("fire together, wire together")．つまり，高頻度で連続発火すると伝達効率が増加し，繰り返し行われた接合は，より強固になっていく．つまり，このことは，脳を使えば使うほど，記憶を司る神経細胞は増え，記憶力が増大することを意味する．そして驚くことに，この神経細胞の増殖はおとなになっ

てからでも生じるとされる。

シナプスの空間を縮める可能性がある多くの接合がもたらされると、神経細胞はよりしっかりと編みこまれた神経細胞のパターンをもたらす樹状突起に成長する。シナプス伝達強度が増加することで、長期増強はシナプス前細胞とシナプス後細胞がシナプスを介して信号伝達の伝達効率が高くなり、記憶や学習が強化される。

このように、神経科学では、学習を神経細胞接合の強度と効率によって生じる変化と考えている。

2. 脳の部位

次に、記憶や学習に関わる脳の部位として、大脳皮質の前頭葉、海馬、扁桃体について、簡単に確認してみよう（図7.2参照）。

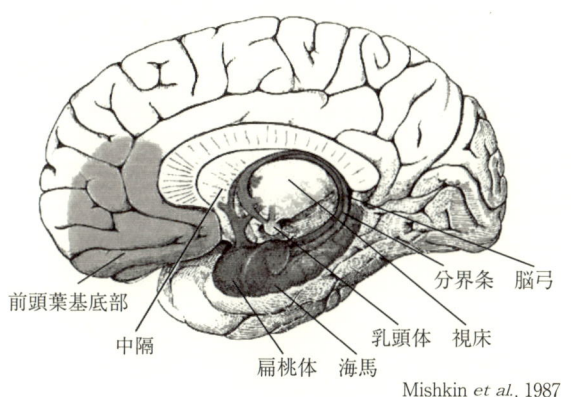

Mishkin *et al.*, 1987
出典：東京都神経科学総合研究所
図 7.2　脳の構造

(1) 前頭葉

大脳皮質は、厚さ数ミリの大脳の表面に広がる神経細胞の薄い層である。ここには、前頭葉、頭頂葉、側頭葉、後頭葉など7つの領域がある。このうち、思考や記憶に関わる前頭葉は、脳の中での成熟度は最も遅く25歳ぐらいまでに成熟し続け、老化に伴って最も早く機能低下が起こる部位である。前頭葉は

両側の大脳半球の前部に位置し，視覚，聴覚，触覚，味覚，嗅覚などの各感覚や体内情報，ほとんどあらゆる外的・内的情報，しかも高次な処理を受けた情報が入る。そのため，前頭葉に情報処理を伴う判断機能が集約されている。前頭葉は，ゴールドバーグ（Goldberg, E., 2007）の表現を借りれば，脳全体を統括する「オーケストラの指揮者」なのである。

(2) 扁桃体

扁桃体は，アーモンドの実の形に似た神経細胞の集まりである（扁桃とは，アーモンドを意味することば）。食欲や性欲，睡眠欲などを生む視床下部の側に位置し，喜怒哀楽などの感情や不安，恐怖などを判断する本能的な部位で，「好き嫌いの脳」と呼ばれている。扁桃体は，感情や意欲に関係する次に述べる海馬と連動して働くことが多い。何かを記憶するかどうかは，そのときの快・不快が影響している。

(3) 海馬

海馬は「タツノオトシゴ」を意味し，「タツノオトシゴ」の形に似ているために，このように名づけられている。大きさは手の小指大，非常に小さな器官であり，頭部左右の側頭葉にある。知覚材料は最大1ヶ月程度，この海馬に一時保存される。この情報への刺激が頻発にあると，長期増強により，これらの材料は長期記憶として大脳皮質に保存されることになる。海馬は，目新しさと重要性という2つの特質が備わった時だけ詳細を記憶する。

このように，海馬は記憶を長期保存するかどうかを取捨選択，決定する「記憶の司令塔」である。たとえば，心的外傷（トラウマ）を負うと海馬は縮少し，長期的なストレスがあるとここに書きこまれてしまう。また，海馬はさまざまな感覚の情報を関連づけ「経験」という記憶をつくる（池谷，2001: 85）。

表7.1　脳の部位と機能

部　位	機　能
大脳皮質・前頭葉　（オーケストラの指揮官）	思考や判断機能などの脳機能の統括
海馬　　　　　　　（記憶の司令塔）	記憶の選別
扁桃体　　　　　　（好き嫌いの脳）	喜怒哀楽などの感情や恐怖

3. 記憶

　学習によって形成される記憶は，脳の部位とどのように関係しているのであろうか。

　記憶とは，新しい経験を脳内に保存し，その経験を意識や行動の中に再生する機能を意味する。脳に障害がおきた場合，脳のどこに障害が起きるかによって記憶障害の形が異なることから，それぞれの脳の部位の記憶の役割が，明らかにされている。

　たとえば，具体的な知覚情報は，順番として，「オーケストラの指揮者」である前頭葉と「好き嫌いの脳」の扁桃体，「記憶の司令塔」である海馬に送られる。前頭葉では知覚情報の認知，扁桃体では好き嫌いといった情動を生じる。そして，海馬に一時的におかれた知覚情報は，長期記憶として保存するために大脳皮質に送るか，忘却かの振り分けが海馬によりなされる。

　長期記憶を扱う大脳皮質は，海馬と比較すると，「規則抽出機械」のようなものである。われわれの脳はビデオのようにできごとを記憶せず，むしろできごとの中に潜む規則を抽出するとされる。その理由は，第1に，すべてのことを記憶するのではなく規則だけを記憶することで蓄える記憶容量を少なくする。第2に，過去の偶然は，将来の行動の指針としては有益ではないが，過去の規則は有益である。われわれの脳は，特別に詳細を記憶する海馬を除き，学習の一般的な規則やカテゴリーに関心があり，このことは，規則やカテゴリーを記憶するだけでなく，実例を処理し一般論を抽出する脳の役割とも関係している（シュッピツアー，2007: 79-80）。

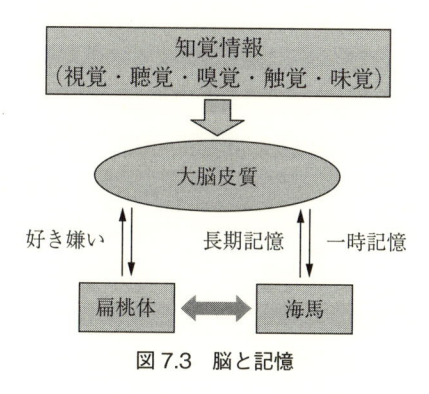

図7.3　脳と記憶

(1) 記憶の種類

このように脳の各部位で生じる記憶には，(a) 感覚記憶，(b) 作業記憶（短期記憶），(c) 長期記憶，の3つの種類がある。

(a) 感覚記憶

視覚，聴覚，触覚といった感覚を通じて，イメージや音などが記憶装置に入る。この記憶は非常に短く，ミリセカンド単位である。

(b) 作業記憶（短期記憶）

感覚記憶に貯蔵された記憶材料を選択的に処理し保存する。蓄積は5秒から30秒である。電話番号の数字をその場限りで覚えるような短時間の記憶である。感覚記憶内の記憶材料は，選択的に作業記憶に変わる。作業記憶は，コンピュータのメインメモリー（RAM）とCPU（中央処理装置）にたとえられる。

作業記憶で構造化された記憶材料は，重要となると海馬に入り，そこで，情報信号処理とコード化が行われる。これは数分から数時間かかる。

(c) 長期記憶

記憶に関する信号が海馬の中でとどまっている間に，脳内蓄積されているほかの記憶と関連づけられ蓄積される。海馬が重要と判断すると，永久保存のための長期記憶装置である大脳皮質へと移される。長期記憶は，コンピュータのハードディスク（HDD）への保存にたとえて考えると理解しやすい。

この長期記憶は，異なった種類の記憶が異なった役割を果たす非階層的なシステムと考えられている。ここでの記憶は，顕在記憶として意識的に思い出せるものと，潜在記憶として，無意識で気づかれていない記憶からなる。顕在記憶については，記憶は思い出すたびに塗り替えられる。新しい感覚の入力が保存されると，脳はより初期の情報を「探し出す」。現存するパターンに関連しうる新しいデータは，「意味づけ」がなされ，より速く思い出されることになる。

また，長期記憶は次のように区分する場合もある。

①陳述記憶：ことがらの記憶（what is 〜）
　・意味記憶：知識
　・エピソード記憶：体験した思い出
②非陳述記憶：やり方の記憶（how to 〜）
　・手続き記憶：からだで習得したもの
　・プライミング記憶：先行する事柄が後続することがらに影響するような思い込み

(2) 記憶の階層

　長期記憶は，短期記憶とともに，私たちが意識できない潜在意識と，意識し得る顕在意識に区分でき，また，原始的な本能的生存に関わる記憶から，高度な内容を持った記憶まで階層化されたものとして考えることができる（図7.4参照）。

　この階層は，人間の成長過程にもあてはまり，子どもからおとなになるにつれて，手続き記憶，プライミング記憶，意味記憶，短期記憶の順に発達し，エピソード記憶は最も遅く発達する。私たちにとって，赤ん坊の頃の記憶がないという現象は，3，4歳までエピソード記憶が発達していないことによると言われている（池谷, 2001: 72-73）。

```
        エピソード記憶
         （顕在記憶）
       短期記憶
       （顕在記憶）
     意味記憶
     （潜在記憶）
   プライミング記憶
    （潜在記憶）
  手続き記憶
   （潜在記憶）
```

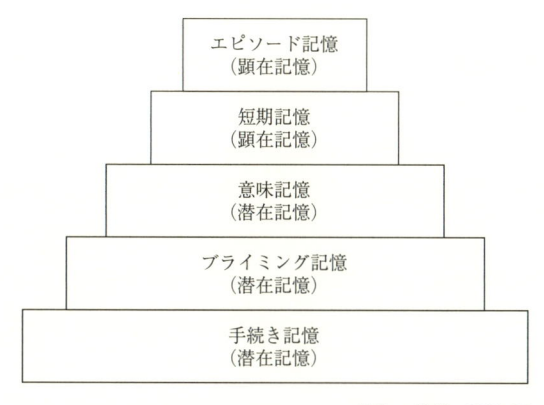

出典：池谷, 2001: 72

図7.4　記憶の階層システム

(3) 記憶のプロセス

このように，記憶とは，脳の中での特定の場に何かを保存するというよりは，「プロセス」と考えられている。この記憶のプロセス上で情報処理する方法として，(a) コード化・獲得の段階，(b) 貯蔵・保存の段階，(c) 検索・再生の段階がある（表7.2参照）。

(a) コード化・獲得の段階
　　視覚，聴覚，嗅覚，触覚，味覚などの知覚情報から記憶を「つくる」段階であり，記憶は記銘される
(b) 貯蔵・保存の段階
　　記憶を「しまう」段階である。記憶は保持される
(c) 検索・再生の段階
　　記憶を必要に応じて思い出し「とりだす」段階で，記憶は想起される

表7.2　記憶のプロセス

段　　階	記　憶	役　割
コード化・獲得の段階	つくる	記　銘
貯蔵・保存の段階	しまう	保　持
検索・再生の段階	とりだす	想　起

(4) 情動・意欲と記憶

(a) プラスの感情と記憶

ここで言う感情とは，情動の意識的に解釈されたものであるが，たとえば，プラスの感情を持って記憶された言葉は，海馬に刻まれる。海馬は，エピソード記憶を仲介する。学習された教材は，最初に学習される海馬から「物覚えの悪い」脳の長期記憶装置である大脳皮質に学習内容を移され，記録，保持される。

(b) マイナスの感情と記憶

反対に，言葉がマイナスの感情でコード化されると，扁桃体が活発化する。扁桃体は，す早く学習することに貢献し，不愉快なできごとについて将来的に

消し去る。扁桃体が活動している時，心拍数と血圧は上がり，筋肉は収縮する。このことは，戦いや逃走におびえ，差し迫った危険に有効な対応をする状況と同様なのである。たとえば，試験の間中不安に陥る人にとっては，不安な状態でなければ簡単に確認しうる創造的解決法を，不安であるがゆえに見つけることはできなくなる。このように，扁桃体が活性化すると，単純な学習されたルーティンは遂行可能だが，創造性を阻害する精神変化をもたらす（シュッピツアー，2007: 86-89）。

このように，情動に裏づけられた感情が，学習や感情に影響を及ぼすとすれば，情動を調整し得る好ましい学習環境が学習を成功させるためには必要となることがわかる。

第2節 認知科学からのアプローチ

これまで神経科学の考え方を紹介してきたが，次に，知識や学習についての認知科学による考え方を見てみたい。認知科学が扱う認知とは，脳の中で情報を受信し，蓄積し，検索し，加工し，発信するといった情報処理プロセスと定義されるものである。

1. スキーマによる知識分類
(1) スキーマという概念

知識や学習を理解する枠組みとして，認知科学ではスキーマ（schema）という概念を用いてきた。ここでのスキーマとは，知識の枠組みであり，知識の構成体となるモジュール（構成単位）である。認知科学では，スキーマは，知識の活用を促進する記憶素材を合成し，記憶を再構成する主要なメカニズムと考えられているのである。

(2) スキーマの種類

アンダーソン（Anderson, J. R.）によれば，このスキーマのタイプは2種類の知識に区別される。それは，宣言的知識（declarative knowledge）と手続き的知識（procedural knowledge）である（Anderson, J. R. 1993 : 18）。宣言的知識

とは,「〜は〜である」と言葉で説明できる事実的な知識である。手続き的知識とは, ノウハウなどの作業に直接適用できるやり方としての知識であり, 目的のための手続きを表す知識である。

(3) スキーマと学習のモデル
スキーマと学習については, 4つのモデルが提示できる。それは,「増大」「同調」「再構造化」「メタ認知」である。

増大：毎日の情報の蓄積であり, 学習していることと同義
同調：現在のスキーマに生じるゆっくりとしたゆるやかな変化
再構造化：新しいスキーマの創造とすでに蓄積されたスキーマの再組織化
メタ認知：複雑な問題解決に必要とされる考えることを考える力
(Merriam et al, 2005; 241-244)

ここでは, 知識は単純な記憶の「増大」だけにあるのではなく, 問題解決的な状況では, 初めに学んだ思考や行為のパターンを現在のスキーマに適用することを意味する。それまでの思考パターンを同調させたり再構造化できないと, 多様な視点からの問題解決が難しくなる。成人期の学習では, 単純な記憶だけでは処理できない学習が多く生じる。そのため, メタ認知（自分の考えや行動を客観的に認識すること）は, 高度な水準の精神的活動であり, 特に複雑な問題解決に必要と考えられている。

2. 既有知識と経験の学習への影響
スキーマの概念のもう1つの仮説は, 新しい知識は, 既に持っている知識と関連づけられて学ばれるということである。成人の学習で特に重要なことは, 既に持っている知識と経験が学習プロセスに大きな影響を持つという点である。
問題解決において, 多くの経験や知識を持っている人は, 問題解決のために多くの知識を利用でき, そうでない人よりも, より深いレベルでものを把握し, 問題をす早く, 経済的なやり方で, 効率的に解決する。アンダーソンによれば, 特定の領域で多くの経験や知識を持っている人は次の点で優れている。

(1) 事実の宣言的知識の明示的使用から行為の手続き的知識の直接的適用への変換が上手である
(2) 暗黙知的な問題を解くために必要な行為の一連の手続きを学んでいる
(3) 1つの問題の鍵となる新しい枠組みやモジュールを開発する
(4) 問題の共通項を，いろいろな問題にわたって繰り返し現れるパターンとして知ることができる

(Merriam et al, 2005: 245)

しかし，特定の領域での既有の知識や経験が，別の領域に同様に役立つかは議論の余地がある。そのため，できるだけ学習者の既有の知識や経験に直接関連した問題について解決能力を活用・開発することが成人教育者に求められている。

3. 認知や学習のスタイル

成人の学習についての研究で，認知的概念として代表的なものは，認知的スタイル，学習スタイル，そして，思考スタイルと呼ばれるものである（Merriam et al, 2005: 247-252）。これらの概念には類似点と相違点がある。

(1) 認知的スタイル

認知的スタイルとは，個人が情報をどのように知覚し処理するか，自分の世界をどのように理解し，意味づけ，違った環境に参加するかというやり方を意味する。多くは子どもを対象にした研究であり，成人を対象にしたものは少ない。

(2) 学習スタイル

学習スタイルとは，学習者が自分たちが学ぼうとすることを効率的，効果的に知り，整理し，蓄積し，思い出す複雑な方法をいう。人が情報を知覚し，組織化し，処理するものとして，学習者と学習環境の両方に強調点を置く。そのため，学習スタイルは，文化的な側面も強く，民族，文化によって多様なス

タイルが見られる。

(3) 思考スタイル

もう1つの概念は，スターンバーグ（Sternberg, R. J.）が提唱した思考スタイルという考え方である。思考スタイルとは，自分の能力を用いる学習者の好むやり方である。

たとえば，新しいやり方でものごとを行い，しきたりを嫌う**革新型**，実証済みの方法でものを行い，しきたりに従う**保守型**といった2つの傾向がある。あるいは，考えごとを，1人で行い，焦点を内向化し，自己満足を好む**内向型**と，人と一緒に働き，焦点を外向化し，相互依存を好む**外向型**にもわけられる。また，思考の形態でも，一時に1つのことを行い，それにすべてのエネルギーと資源を注ぐのが好きという**単独型**，一時に多くのことを行い，時間やエネルギーを優先的に振り分ける**序列型**，多くのことを同時に行うが優先順位をつけるのが苦手な**並列型**，でたらめなアプローチをとるのが好きで，組織的なやり方，基準など抑圧を嫌う**任意型**といった分類ができるのである。

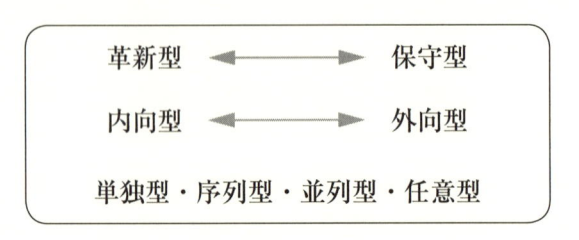

```
革新型 ⇔ 保守型
内向型 ⇔ 外向型
単独型・序列型・並列型・任意型
```

図7.5　思考スタイル

第3節　成人学習理論への応用

1. コルブの学習サイクルの段階

これまで紹介してきた神経科学や認知科学の知見から導かれるおとなを教える最も効果的な方法はいくつもある。いずれにしても，教育者がいかに脳が機能するかを頭に入れて実践を行えば，学習は強化される可能性がある。

たとえば，コルブ（Kolb）の学習サイクルの段階説（1984）は，脳科学から

の知見を踏まえ，感覚的なインプットから，多様な統合的な機能を通じ，最終的には運動的なアウトプットに帰着する脳の中での流れに，経験を変形させて知識とするまでの学習を対応させた内容となっている。そして，そこでは，(1) **具体的な経験**，(2) **省察的観察**，(3) **抽象的概念化**，そして (4) **実践的試み** の4つの段階に応じて，それぞれに異なる能力が必要とされている。

(1) 具体的な経験→新しい経験に関わることへの開放性・自発性
(2) 省察的観察→新しい経験を多様なパースペクティブから見ることのできる観察とふり返りの技能
(3) 抽象的概念化→観察から統合的な考えや概念を生み出すことのできる分析的能力
(4) 実践的試み→新しい考えや概念を実際の実践に使うことのできる決断や問題解決のスキルの段階

(Merriam *et al*, 2005: 247-265: Taylor, K. *et al.*, 2010: 81)

2. ズルの学習の4つの柱

ズル（Zull, 2002）は，このコルブの4つの段階を踏まえ，次のような (1) **経験**，(2) **ふり返り（省察）**，(3) **抽象化**，そして (4) **テスト**と名づけた，「学習の4つの柱」を特定化している。ここでは，このズルの4つの柱について，テイラーとラモローの解説に基づき，その内容を紹介したい（Taylor *et. al.*, 2010: 81-87）。

(1) 経 験

脳は，神経細胞にそって動く信号に応えるわけであるが，このような知覚情報は，脳の中で経験に変わる。脳は同時に起こる刺激をすべて処理することはできないので，この知覚情報は，物理的，無意識，あるいは以前の経験に基づいた心理的選別などによりフィルターがかけられる。脳の知覚情報への物理的反応は，そっくりそのまま経験として，記憶の復元可能なものとして記録される。

(2) ふり返り（省察）

　省察は，新しいイベントと過去のイベントとの間の脳の接合を探し求める物理的プロセスである。それは，より複雑な神経ネットワークを組み立て，類別することにつながる接合を探し求める物理的プロセスである。ふり返りは，そのため，**再構成**（reform）への鍵とされる。それは，神経の接合を変え，それらの接合に基づき意味を変えうるよう，より新しい経験に照らして過去の経験を再解釈することである。

　新しい経験がたやすく現存のパターンに適合しない場合は，ジレンマや不安が生じ，脳は，新しい接合を無理やり作り上げ，新しい意味を作る機会を待つ。

　学習に対するふり返りの重要性の分析において，ボウド（Boud），キオー（Keogh）とウォーカー（Walker, 1985）は，ふり返りのプロセスと経験から実際に学ぶこととの間の強い結びつきを見出しており，次の3段階のモデルを提出する。

　(a) 経験に立ち戻り，追体験する，(b) その経験にともなう感情に注意を向ける，(c) 経験を再評価する（連想→統合→確認→充当）。

　それぞれの経験は，現在の状況と同じくらい学習者自身の過去によって影響を受ける（Merriam *et al.*, 2005: 267-269）。また，ズルは，「熟考を方向づけ，支援することの技術は，脳を変化させる技術である……[そして]学生を理解に導く技術」（Zull, 2002:164）としている。

(3) 抽象化

　ズル（Zull, 2002）は，プランニングと問題解決を含む創造的活動は，非常に進化した脳の部分で生じていると述べる。つまり，その脳とは，大脳皮質の正面，つまり「オーケストラの指揮者」として脳を支配する前頭葉（Goldberg, 2001）である。物事の意味づけをし，問題を解決し，行動方針を決定することは，継続的に行われ続ける。われわれは，呼吸するのと同様，簡単に意味づけをする。

　しかし，学習者の要求に応じて，意識的な意味づけを求めることは，感情と認知の双方を必要とする。認知活動とは，長期記憶と作業記憶の間に関連づけが行われ，現存の神経ネットワークを精緻化していくと同時に，長期記憶と

作業記憶における情報操作と類別を含むものである。

最も抽象的で創造的な思考を行うという課題は，実生活の課題のように単純ではない。漠然とした問題と取り組むことは，ゴールドバーグ（Goldberg, 2001）が**適応的な意思決定**と呼ぶ統合的な脳のプロセスに依る。それは，多様なものの見方から問題を検討することを求める。

適応的な意思決定と対照的に，決定的な回答を求める問題，つまり正しいかどうかを問う問題（明らかに，はい，いいえで回答できるもの），短期記憶を評価するテスト，専門家が言ったことの復唱を重視する記述式テストといった課題は，あまり複雑な意味構築をする必要がない。

(4) テスト

テストは，脳の連想や分別のプロセスが，不適切，もしくは不完全であることを明らかにする。理想的には，この発見は，解釈や修正につながる学習サイクルの別のサイクルの出発点になる。ここでいうテストとは，不安をもたらす試験のことではない。

成人にとって最もよい学び方は，獲得した概念を統合すること，他の学習者とともに作業し考えること，そして，教室以外の環境での活動を学習に位置づけるような課題である。

自分自身にしろ他者にしろ，人との対話やテストは，意味づけを検討する効果的ツールである。

第4節　加齢の影響と成人教育者の役割

このように，成人に対する教育の前提として，学習や記憶の問題を見てきた。最後に成人学習に大きく関わる記憶や学習に対する加齢の影響と成人教育者の役割についてまとめてみたい。

1. 記憶や学習への加齢の影響

加齢に伴い実際には学習過程と神経細胞の相互関連づけや神経可塑性の速さが衰えていくことは多くの研究から知られている。しかし，視覚や聴覚といっ

た感覚には加齢に伴い生理的減退がみられるとしても，それが感覚記憶そのものへの影響を意味するわけではない。一方，作業記憶については，加齢の影響を多く受ける。たとえば，高齢者は，記憶材料や複雑なものについて，非常にゆっくりと処理するようになる。

　長期記憶への加齢の影響は，記憶材料のコード化と獲得，情報の検索，情報処理スピードに現れる。記憶材料のコード化と獲得の変化については，高齢者ほど新しい記憶材料の組織化が非効率的になってくる。高齢者はすでに知っているものと相いれなければ，長期記憶に入れようとしない。また，検索については，高齢者は知っているものをすぐに思い出せないことになる。そのため，過去の記憶が最近の記憶より強いという記憶の逆転現象が生じる。高齢者は，処理スピードについては，急を要する課題，複雑な課題には，困難を感じることが多く，記憶作業には年齢差がでてくる。このように，高齢者の長期記憶が変化するとすれば，その理由は，コード化過程と検索過程のもたつきとして説明されている。そのため，この問題の対応には，コード化の方法の訓練があげられてきた。新しい教材を導入する際，言葉や文字のヒントや記憶術やリハーサルにより，学習活動に記憶補助の工夫を用いることは有効だとされている。

　学習のスピードについても，子どもと高齢者では異なる。このことについて，シュッピツアーは次のように言う。子どもの飲み込みが早いのは，学習をしている間，飢え死にしたり食べ物を食べつくされたりしないためには，急いで学習するべきだからである。ひとは，最初は非常に早く学び，その後には時間をかけて学ぶのが良いとされる。生命体は，環境を知れば知るほど，生きぬける可能性が高くなるからである。高齢になると覚えが悪くなるのは，忘れないため，一般化するため，そして正確であるためにゆっくりと学習すべきだからだ。ひとは年齢を重ねると，若い人々よりもゆっくりと学ぶようになる。しかし，その一方で，年齢を経ることですでに多くを学んでおり，新しい知識をまとめあげるために獲得された知識を用いることができる。知れば知るほど，従来ある知識によりうまく新しい概念が結合していく。学習はこのような結合が生み出されることから成るので，より年齢がいった人々の方が実際有利である。既有の知識に対して新しい知識を構築しそれを固定化するよう知識は用いられる（Spitzer, 2007: 87-93）。

コラム 7.1
高齢者の知能

　キャッテル（Cattell, R. B.）とホーン（Horn, J. L.）は，知能を流動性知力（fluid intelligence）と結晶性知力（crystallized intelligence）の2つに区分している。流動性知力とは，神経生理的基盤をもち，生活経験や教育から独立していると考えられる知力である。一方，結晶性知力は，後天的な文化接触や教育，生活経験などによって培われた知力で経験や学習が反映するものである。彼らの研究によれば，齢をとるにつれて，流動性知力は低下するが，結晶性知力は上昇，もしくは一定であることが明らかにされている。そのため，年をとっても，低下する流動性知力を結晶性知力が補うことで知力は安定する。このことは，年数を多く生きれば生きるほど，人生経験から導かれる熟達した知識である叡知（wisdom）が発達するという考えにつながる。

　たとえば，東パラグアイのアルシュ部族の男性の弓矢による狩猟の成功に関する長期的調査によれば，最も獲物を持ちかえる率が高い男性の年齢は40歳であった。この種族では24歳に体力は頂点に達するのであるが，弓矢の命中率は40歳まで増加し，60歳まで一定であるとの調査結果が明らかにされている。狩猟はヴァイオリン，チェスのように，最低20年ぐらい実践した後に習熟するということなのである（シュピッツアー，2006＝2007: 91-92）。

　このような調査結果から明らかにされることは，若い人は，探究心，記憶力にすぐれ，早く処理できる能力があり，高齢者は，多くの深い知識ベースや経験があるということである。その違いは，脳の中の情報処理の性質によるとも言える。このことは，問題解決時に異なる年齢の人々が共同して取り組むことの効用について，示唆を与えてくれるものである。

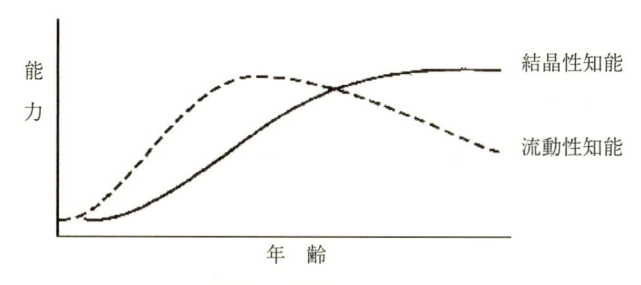

流動性知能と結晶性知能

2. 成人教育者の役割

記憶や学習についての知見を踏まえれば，成人教育者は，学習の感情的な文脈を認識することが重要となる。

前述の通り，ストレスやトラウマなどに関連してホルモンが高レベルになると，扁桃体の影響により，記憶や学習の双方に悪く影響する。あまりに多くのストレスは学習を非常に妨げるのだが，不十分な課題もまた，マイナスの影響がある。退屈な状態での脳は，関心を示さなくなる。成人学習者にとって，最も望ましい学習環境は，多くの支援と高い課題を提供するものである。その方法としては，足場かけ（scaffolding）と呼ばれるやり方が，この2つを提供する効果的なストラテジーとされている。「足場」とは，次のより高いレベルの構造作りを始めるために，建築者がほとんど形づくられた段階を超えて働く一時的構造であり，段差の小さい階段でもある。同様に，成人学習者が，新しい意味を構築する時，足場かけは，成人学習者に，成長する確実な場を超えての活動を可能にする。多くの支援と高い課題の組み合わせは，樹状突起の生産を強める「最適」なストレスであろう。それは，神経細胞・パターンの「連結性」に最も関与する神経細胞のパーツなのである（Taylor et al. 2010: 87-88）。

脳の機能が解明されることは，おとなの学習に多くの示唆を与えるものである。特に，学習や記憶の研究で明らかにされる，高齢になっても病気さえしなければ，学習や記憶を維持できるという事実は，知恵や豊かな経験によって高齢者が学習でき，かつ社会的に活躍できる大きな可能性をあらためて教えてくれる。

このように，脳は，記憶と学習を左右する。神経科学や認知科学の発展により，成人の学習について，今後より一層理解がすすむことが期待されるのである。

■引用・参考文献

Anderson, J. R. (1993) *Rules of the Mind*, Erlbaum.
Anderson, J.R. (1996) *Cognitive Psychology and Its Implications*, (4th ed.) Freeman.
Goldberg, Elkhonon (2002) *The Executive Brain*, Oxford University Press 〈邦訳〉沼尻由起子訳（2007）『脳を支配する前頭葉』講談社ブルーバックス。
Goldberg, Elkhonon (2005) *The Wisdom Paradix*. Gotham,〈邦訳〉藤井留美訳（2006）『老

いて賢くなる脳』日本放送出版協会.
Hill, Lilian H. (2001) "Transformational," in Merriam, Sharan B. (ed.) *An Update on Adult Learning Theory*, 57, Jossey-Bass Publishers, 47-56.
Hinton, C. and Fischer, K. W., (2010) "Learning from the Developmental and Biological Perspective," in Dumount, H., Istance, D. and Benavide, F. (ed), *The Nature of Learning : Using Research to Inspire Practice*, OECD.
池谷裕二 (2001)『記憶力を強くする』講談社.
Merriam, Sharan B., Caffarella, Rosemary S., Baumgartner, Lisa M. (2007), *Learning in Adulthood-A Comprehensive Guide*, Third Edition, Jossey-Bass Publishers.〈邦訳〉立田慶裕・三輪建二監訳 (2005)『成人期の学習：理論と実践』鳳書房.
OECD/CERI (2002) *Understanding the Brain : Towards a New Learning Science*.〈邦訳〉OECD教育研究革新センター（CERI）編著, 小泉英明監修, 小山麻紀訳 (2005)『脳を育む学習と教育の科学』明石書店.
OECD/CERI (2007) *Understanding the Brain : The Birth of a Learning Science*〈邦訳〉OECD教育研究革新センター編著, 小泉英明監修, 小山麻紀・徳永優子訳 (2010)『脳からみた学習：新しい学習科学の誕生』明石書店.
Spitzer, M. (1996) *Geist im Netz: Modelle für Lernen, Denken und Handeln*, Spektrum Akademischer Verlag GmbH.〈邦訳〉村井俊哉・山岸洋訳 (2001)『脳回路網のなかの精神：ニューラルネットが描く地図』新曜社.
Spitzer, M. (2006) "Brain Research and Learning over the Life Cycle," in OECD/CERI (ed), *Personalising Education*, OECD.〈邦訳〉「脳科学研究とライフサイクルにおける学習」OECD教育研究革新センター編著, 岩崎久美子訳 (2007)『個別化していく教育』明石書店.
Taylor, K. and Lamoreaux, A "Teaching with the Brain in Mind, in Merriam, shalan B. (ed.), (2008) *Third Update on Adult Learnig Theory*.〈邦訳〉岩崎久美子訳 (2010)「脳を用いて心に働きかけること」立田慶裕・岩崎久美子・金藤ふゆ子．荻野亮吾訳『成人学習理論の新しい動向：脳や身体による学習からグローバリゼーションまで』福村出版, 75-90。
東京都神経科学総合研究所,『記憶』http://www.tmin.ac.jp/medical/08/memory/.htm〉 (accessed 06/05(2010))

第 8 章

生涯学習へのナラティヴ・アプローチ

荻野 亮吾

✣ 章のガイド

　フィッシャー（Fisher, 1987）が，「物語る動物（homo narrans）」と私たちのことを命名したように，私たちはさまざまな物語を紡ぐ中で生きており，「語り」や「物語」と切っても切り離せない関係にある。

　本章では，ナラティヴ（物語，語り）が生涯学習に果たす役割を示す。第1節では，ナラティヴ・アプローチは，合理的で客観的なアプローチと異なり，人々の主観的な世界を扱う独自のアプローチであることを示す。第2節では，ナラティヴは，アイデンティティを形成するための重要なツールであることを確認し，ナラティヴが経験主義や社会構成主義，状況的学習，批判的学習など，さまざまな学習理論とつながりを持つことを見る。第3節では，日誌やライフ・ヒストリー，事例やシナリオ，ドラマといった方法を用いた，ナラティヴ学習の実践を見る。最後に第4節でこのアプローチの可能性と課題をまとめる。

✣ キーワード

　ナラティヴ（narrative），アイデンティティ（identity），発達へのナラティヴ・アプローチ（narrative approach to development），ナラティヴの持つ社会的な側面，ナラティヴ学習（narrative learning）

第1節　ナラティヴとは何か

　日常的に意識することは少ないかも知れないが，私たちは，状況に応じて2つのことばを使い分けている。たとえば，仕事の場で話をするのと，親しい家族や友人と話すのでは話すことばが異なる。また人を説得しようとする時と自

分が体験したことを伝えようとする時では，使うことばが変わってくる。

　心理学者のブルーナー（Bruner, 1986=1998）は，このような2つのことばのモードを，「論理科学モード」と「ナラティヴモード」として区別した。「論理科学モード」は自然科学に典型的に見られるように，分類や概念を用いて一貫して矛盾のない体系を作り出そうとするものである。一方，「ナラティヴモード」は文学に代表されるように，物語や語りを用いて，人々の気持ちや，相互の関係，個々人の変容を描き出す。ここで，ナラティヴとは，語りや物語のことを指し，語る「行為」と，語られた物語などの「行為の産物」の双方を同時に示す概念である。

　近年では，「エビデンスに基づいたアプローチ」と，「ナラティヴに基づいたアプローチ」という対比がなされることも少なくない（野口, 2009）。前者では，客観的・実証的な事実や証拠の存在が重視され，統計やデータが中心的に扱われる。それに対し，後者のアプローチでは，当事者や関係者の物語や語りを通じて紡がれる意味に焦点が当てられ，ライフ・ヒストリーやエスノメソドロジーなどの質的な手法と親和性が高い。

　2つのアプローチでは，本質的な世界観が異なる。「論理科学モード」や「エビデンスに基づいたアプローチ」の前提は，合理的なアプローチをとれば，どの人でも同じ結論にたどり着くことができるというもので，各人に共通した普遍的な世界を想定する。一方，それぞれの人で世界の見え方は異なり，物語や語りを通して，主観的な世界の多様性を示そうとするのが，「ナラティヴモード」や「ナラティヴに基づいたアプローチ」の姿勢である。

　さまざまな場面において，事実に基づいた議論や対話が果たす役割はもちろん重要だが，物語や語りが，人々の変化や成長に果たす役割を見逃すことはできない。以後，ナラティヴ・アプローチの可能性を見ていくこととしよう。

　ナラティヴは，医療・看護，介護，ビジネス，社会問題の解決といった領域で活発に用いられてきた。たとえば，医療や看護の現場では，専門家と患者，そしてその家族がナラティヴを利用し問題を「外在化」していくことで，当事者には見えにくい問題の所在を明らかにし，状態の改善を図っていく試みがみられる（Monk et al., 1997=2008）。企業では，新しい取り組みを行う際に従来のように，研修を行ったり報告書やマニュアルの作成を行うのではなく，物語

を用いて，企業のアイデンティティを確認したり，現場の問題点を共有したりする試みが行われている（加藤，2009）。物語を通じて組織へのコミットメントを高め，主体的な行動を促し，組織の活性化を図ることを目的としている。さらに，社会でのさまざまな紛争や対立の場面において，ナラティヴを用いて対立の構図を明らかにし，双方の主義や主張を相対化することで交渉や解決の糸口が見つかる場合もある。南アフリカで作られたモン・フレール・シナリオがその好例である[1]。

このように，ナラティヴは，治療，学習，問題解決など，多様な場面で可能性をもつアプローチとして注目を集めている。ナラティヴがこれほど多くの領域で注目される理由は，その構造にある。ナラティヴは，「時間的な順序」「視点の二重性」「他者への志向性」の3つの要素によって構成される（浅野，2001）。「時間的な順序」とは，「出来事Xの後にYが起きた」という，出来事が起きた順序を伝える役割のことを指す。このことで，出来事が時間的に構造化され，理解をしやすくなる。「視点の二重性」とは，多くの物語が持つ，語り手と，登場人物の二重構造のことである。語り手が聞き手に語る世界と，語られた登場人物が活動する世界があり，それを関連させるのがナラティヴである。「他者への志向性」とは，ナラティヴが1人の人だけでは成立せず，社会的な側面を持つ社会性を指す。私たちは，他者に理解されるように出来事の選択と配列を行い，他者に伝わる意味のある物語を作ろうとする。このような要素を持つナラティヴは，人々にとって覚えやすく，わかりやすいものとなり，新たな世界への想像力を喚起し，人と人をつなぐ重要な役割を果たす。

第2節　ナラティヴと生涯学習の関係

1. 発達へのナラティヴ・アプローチ

ナラティヴと生涯学習とのつながりについては，ナラティヴを通じて，それぞれの人のアイデンティティが形成されていく点も注目されている。

赤尾勝己（2009）が述べるように，人々の発達を扱ってきた生涯発達心理学は，画一的な年齢段階を基礎にしたライフステージ研究から，個々人のたどる人生の道筋に焦点を当てるライフコース研究へと移行しつつある。この背景に

は，バウマン（Bauman, Z）やギデンズ（Giddens, A.）などの社会学者が指摘するように，世代や地域という共通の要素をもとに人々を捉える前期近代社会から，個々人の多様性を基調とする後期近代社会への移行という状況がある。流動的でアイデンティティの根拠を見出すことが難しい後期近代社会では，人々は不断に自己を創造し，作り替えることが求められる。ギデンズの「自己の再帰的プロジェクト」による「自己の物語」という視点は，それを典型的に示すものである（Giddens, 1991=2005）。ギデンズによればそれぞれの生活世界が異なるものになり，ライフスタイルが多様化する世界では，さまざまな経験や出来事を「自己の物語」として組織化し，アイデンティティを構築し続けることが必要となる。現代は，物語や語りを用いて自律的にアイデンティティを形成していく時代なのである。

　ここで注目されるのが，「発達へのナラティヴ・アプローチ」（Rossiter, 1999）である。このアプローチでは，アイデンティティを可変的で，持続的に変化する物語として捉える。たとえば，心理学者のレイン（Laing, 1961=1975：110）は，「自己のアイデンティティとは，自分が何者であるかを，自己に語って聞かせる物語」であると述べている。このアイデンティティの捉え方は，私たちがナラティヴを通じて，自分が誰であるか，どのような存在であるかを確認し，これまでどのように生きてきたか，これからどのように生きていくかを自ら定めていくことを指摘するものである。

「発達へのナラティヴ・アプローチ」では，外部から観察できるような客観的な過程ではなく，内部から経験するような，主観的な発達の過程に焦点が当てられる。この観点からは，人生のナラティヴを構築することが，成人の発達の過程となる。たとえば，ケニヨンとランドール（Kenyon and Randall, 1997）は，ナラティヴを「人生の再物語化」として，つまり自己の物語が一貫しなくなり，自身の経験を意味づけられなくなると，それに合わせて物語を変化させていく過程として捉えている。新しい見方や出来事，経験が蓄積されることで，人生のナラティヴは，人生を通して繰り返し修正され，拡大される。人生の物語化と再物語化の過程を通じて，発達的な変化が経験され決定されていく。

　たとえば，若年期から中年期にさしかかると，人は人生の物語の筋書きを徐々に書き換え，自身の新しい役割を自覚していく。また，就職する，結婚す

る，両親を亡くす，大きな病気を克服する，退職するといった，人生における重要な出来事についてのナラティヴは，それぞれの出来事に意味を与え，全体として人生を通じた発達を形作っていく。このように，「発達へのナラティヴ・アプローチ」では，発達を成熟した状態への移行ではなく，漸進的な変化の過程として捉える（赤尾，2004）。この点で，意識変容の学習理論と親和性を有する。

　このアプローチの重要な部分を構成するのが，ナラティヴによる経験や出来事への意味づけという側面である。私たちは，日常的に多くの経験にさらされているが，経験はそれだけでは何の意味も持たない。それを体系的なナラティヴとすることによって，経験に意味づけが行われる。私たちが何かを学ぶ時に行うことは，経験や出来事の構造化であると言える。つまり，出来事や経験の内部の論理や因果関係を見つけ，すでに知っていることと，そのことを関連づけ，理解できなかった要素を筋道の通るものとし，一貫性を保っているのである。この過程は，頭の中で行われるだけでなく，声に出して，あるいは文字化されて行われることもある。また，自分1人で行われる場合もあるし，他の人と共同して行われることもある。私たちはナラティヴをさまざまに用いて，経験や出来事への意味づけを行っているのである。

　このことを学習理論との関連で見ると，ナラティヴは，経験主義や社会構成主義の学習理論とつながりを持つことがわかる。これらの理論では，学習を経験からの意味の構築として理解する。経験主義とは，経験が学習過程において重要な役割を持つと見る考え方である。デューイ（Dewey, J.）を始め，リンデマン（Lindeman, E.）やノールズ（Knowles, M. S.）などの教育学者は，経験を学習における重要な資源と見なしてきた。

　一方，社会構成主義は，私たちがことばを用いて現実を作り出していく側面に重点を置く。この見方をとると，客観的な現実というものは存在せず，現実は出来事への意味づけによって構成されることになる[2]。社会構成主義に基づいた学習理論では，学習者は，経験を省察することを通じてアイデンティティを構成し，学習は省察（ふり返り）の過程で生じるものとされる。

　なお省察がいつ生じるかという点については，幾つかの考え方がある。たとえば，「具体的経験」「反省的観察」「抽象的概念化」「実践的試み」の4つのサイクルとして，継続的な学習の過程を概念化したコルブ（Kolb, D. A. 1984）は，

省察は経験の後に生じるものであるというモデルを提示している。一方，ボウドとウォーカー (Boud and Walker, 1990) は，学習はそれまでの学習者の経験をもとにしてなされるだけでなく，学習が生起する文脈からも生じると述べ，省察は経験の後だけでなくその途中においても生じるという考え方をとる。さらに，メジロー (Mezirow, J. 1991) は，省察が，経験に対して行われるだけでなく，経験を解釈する基礎となる物事の見方や，自身の持つ思考の枠組みに対しても行われることを重視している。このように，省察という行為は，それが学習過程のどこで生じるかという点だけではなく，何を対象とする行為かも論者によって大きく異なっている。

2. ナラティヴの持つ社会的な側面

「発達へのナラティヴ・アプローチ」は，ナラティヴが個人のアイデンティティの形成に果たす役割を見るものであった。しかし，ナラティヴは個人的な側面だけでなく，社会的な側面も有している。

社会的側面の1つは，アイデンティティが，ナラティヴを用いた他者との相互行為・共同行為の産物であるということである。物語を語る際には，それに何らかの反応を示す，実在上，あるいは想像上の聞き手や他者が必要とされる。それらを媒介として自己が形作られていくのである。ブルーナーやガーゲン (Gergen, K. J.) は，このような語り手と聞き手の相互行為という側面を強調する。これは，「関係的な自己」という考え方とつながる。人々は，自己を語る際に，聞き手である他者の存在を意識化し内面化する。一方で，他者の側も同じプロセスを経てアイデンティティを構築している。ことばや身ぶりを用いたコミュニケーションというシンボリックな相互作用を通じて，人々のアイデンティティは構築されていくのである。

レイヴ (Lave, J.) やウェンガー (Wenger, E.) の状況的学習の理論でも，学習において語りが果たす役割が重視されている。彼らは，実践的なコミュニティの中で技能が伝達され，集団に加入した人が見習いから正規の成員へと成長していく過程での語りの役割に注目する。たとえば，アルコール依存症者の自助グループにおいて，「パーソナル・ストーリーを話すことは診断と再解釈の道具になっている。それを集団で行うということは，回復したアルコール依

存症者としてのアイデンティティを形造るのに不可欠であり、飲まないことを続けるためにも必要である。そうした語りは共有された実践の重要な機能を果たすことで成員たることの表明にもなっている」(Lave and Wenger, 1991=1993: 94) ことが指摘されている。状況に埋め込まれた知識の総体であるナラティヴを習得すること、つまり「語ることを学ぶこと」は、集団の一員になることと同じ意味を持つ。

　もう1つの側面は、私たちがナラティヴを通じて現実を形作るだけでなく、社会的、文化的に作られたナラティヴによって規定されていることである。日常では意識せずとも、私たちは、有名な映画やテレビ番組、神話や伝承、宗教的歴史・伝統、社会的な文脈や習慣、うわさなど、文化的な価値観を具現化するあらゆる種類のナラティヴに囲まれて生きている。私たちは、時にこのような文化的枠組みによって制約される形で、また時にこれらの枠組みを積極的に参照する形で、ナラティヴを紡いでいる。たとえば、時代ごとに人々の思考を規定する「大きな物語」も、代表的なナラティヴの1つである。

　ロシター (Rossiter, M.) とクラーク (Clark, M. C. 2007: 20-29) は、社会に存在するナラティヴを文化的、家族的、個人的、組織的なナラティヴの4つに分類している。文化的なナラティヴとは、社会文化的な環境のことであり、私たちの考え方の前提をなすものである。家族的なナラティヴとは、祖先から後の世代に受け継がれてきた伝統や価値観である。個人的なナラティヴとは、アイデンティティを構成し、再解釈し、書き換えることを指す。さらに組織的なナラティヴとは、組織に埋め込まれた暗黙のルールや組織文化を示す。私たちは、このようなナラティヴが多層的に重なり合う世界に生きているのである。

　批判的学習論では、社会に存在するさまざまなナラティヴについて知ることが、社会への批判的な洞察につながることが重視される。学習者は自身がより大きなナラティヴのどこに位置づけられるか、自らの考え方がどのようなナラティヴに基づいて形成されているかを考えることで、学習するとされる。

　ロシターとクラーク (2007) があげる例を見よう。広告は文化的な消費のナラティヴの一部であり、特定の製品を購入する際に果たす役割は決して小さくない。このことを認識することで、文化的なナラティヴについて批判を行うことや、対抗する別のナラティヴを展開することが可能となる。広告への対抗

的なナラティヴとして，ロハス（LOHAS; Lifestyles of Health and Sustainability）やスローライフなど，質素な生活を営む反消費的なメッセージを打ち出すことが1つの例である。このように，社会的な価値観や規範を構成しているが，普段は見えにくいナラティヴの存在を明らかにし，そのあり方を変える方法を提起していくことが，批判的学習の実践となる。

ここまで見てきたように，私たちは，ナラティヴを通じて，経験への意味づけや，他者との相互行為を行い，社会から一定の制約・規定を受ける形で，アイデンティティを構成している。それぞれの学習理論において，ナラティヴのどの点が注目されているかをまとめたものが，表8.1である。

表8.1　各学習理論とナラティヴの関係

学習理論	中心的な観点（ナラティヴを通じて……）
意識変容の学習	どのように，思考の枠組みが変化するか
経験主義	どのように，経験に意味が付与されるか
社会構成主義	どのように，既存の知識体系と経験が結びつけられ，アイデンティティが構築されるか
状況的学習	いかにして，共同体や組織の価値観が内面化され，集団の一員となっていくか
批判的学習	どのように，社会を構成する価値観・前提が問い直されるか

第3節　ナラティヴ学習の展開

次に，具体的なナラティヴを通じた生涯学習（ナラティヴ学習）の実践を見よう。ナラティヴ学習には，テキストに基づくもの，相互の語り合いを中心にするもの，ロールプレイを用いるものなどさまざまな方法があり，相互に重なり合う部分も大きい。ただし，物語や語りのどの部分に焦点を当てるかによって，幾つかに分類することが可能である。表8.2に示したように，(1) 日記や日誌をつけるもの，(2) ライフ・ヒストリーを学習の場面に用いたもの，(3) シナリオや事例研究を用いて，批判的思考力を培うもの，(4) 物語を演じることで豊かな感性を育むことを目的にしたものがある。それぞれについて近年展開されている実践を見る。

表8.2 ナラティヴ学習の方法

方法	内容	実践の例
日記，日誌	日々の出来事を綴る	学習日誌
ライフ・ヒストリー	人生における出来事や経験を語り，執筆する	教育上の自伝執筆，教育上のライフ・ヒストリー，学習ポートフォリオ
事例，シナリオ	物語の続きを描く 実践を追体験する	事例研究，シナリオ・プランニング
ドラマ	物語を演じる	ストーリードラマ，社会的活動劇，再現劇

1. 日記・日誌やライフ・ヒストリーを用いた学習

　日記や日誌をつけること（ジャーナリング）には，長い歴史がある。ジャーナリングは，プライバシーが守られ，取り組みやすい方法であることから，多くの人にとって最も身近なナラティヴ学習の方法であると考えられる。たとえば，ルキンスキー（Lukinsky, 1990）は，ジャーナリングを省察の有力な手段として見ている。その理由は，人がジャーナリングによって，日常の生活から一歩身を引いて深く考えることができ，出来事や経験の持つ意味をよりよく理解し，現実の生活に立ち戻ることが可能になるからだとされる。

　学習日誌（learning journal）は，ジャーナリングを，より積極的に学習過程に取り入れたもので，主に，第二外国語の講座や，高等教育機関や専門職養成のプログラムで用いられてきた（Rossiter and Clark, 2007）。この学習方法は，授業や講座で学んだことを，継続的・日常的に日誌に記すことを課す。学習者は，授業・講座で自分の考えたことを日誌に綴り，書くことそのものが思考の過程となる。さらに自分が書いたテキストを後で読むことで，自分がその時何を考えていたのかをふり返ることもできる。学習者は学習日誌に，以前から知っていたことと新しく学んだ考え方をともに綴ることで，自身が学んだことをそれまでの経験や考え方とつなげ，新たな問いを導き出していく。この過程を通じて，学習者は，講座や授業の内容への理解が徐々に進んでいく様子を常に目にすることができる。学習日誌という方法をとる際には，指導者と学習者の信頼関係や，執筆についての決まり事を作っておくことが重要である。

　一方，ライフ・ヒストリー（生活史）とは，個人の人生を彩る経験や出来事

についての，過去から現在までの記録を指す。ライフ・ヒストリーは，人々の生活を記録し，そこから社会の構造や変化をダイナミックに読み取る研究方法として，近年注目を集めている。これを学習方法として用いたのが，教育上の自伝執筆（educational biography）や，教育上のライフ・ヒストリー（educational life history），学習ポートフォリオ（autobiographical learning portfolio）などの実践である。これらの学習方法では，特定のテーマに沿ったライフ・ヒストリーの記述が求められ，そのテーマへの理解が促される。

たとえば，教育上の自伝執筆について，ドミニセ（Dominicé, P. 2000）は，「自分が今知っていることをどのように学んできたのか」を検討させるために，学習者に自身の学習の履歴を書かせるセミナーを行っている。セミナーでは，学習者が幾つかのグループに分けられ，各グループで以下のような手順で学習が行われた。(1) 最初に1時間ほどグループ内の1人が，上記の質問に対する報告を行う。(2) 次の2時間でグループのメンバーからフィードバックが行われる。(3) このやり取りは録音され報告者に手渡され，(4) これに基づき報告者は自身の教育上の自伝執筆を行う。(5) 執筆された自伝はグループ内で再検討される。(6) セミナーの最後には全体での評価が行われる。この方法の特徴は，グループが相互に傾聴し対話を行う場として機能し，語りと執筆されたテキストの双方を用いて学習が展開されていることにある。

一方，ロシターやクラーク（2007）は，教育上のライフ・ヒストリーや，自伝的な学習ポートフォリオの実践を行っている。教育上のライフ・ヒストリーとは，これまでの学校に通った経験を語り，各学校段階で最も印象に残った教育機会をあげ，なぜそれが重要であったかを説明してもらう方法である。この目的は，教育制度におけるジェンダーに基づく個人的・構造的な不平等を明らかにすることにある。

学習ポートフォリオの実践は，成人期に行った学習の物語を語り，その過程で高等教育を通じて何を学んだかをふり返ってもらうというものである。ここで用いられるのは，日誌，個人的な経験を示す資料，他の講座の宿題，写真，ビデオなど，学習についてのナラティヴを語るために必要なものすべてである。学習者は，自身の学習の経験について，テーマをかかげ，さまざまな角度から，年代順に重要なエピソードをあげ，筋書きに沿って発表することが求められる。

この実践の目標は，生涯にわたって学び続けることの自覚を高め，人生において学習が果たす役割について思いを巡らせてもらうことにある。

これらの方法に共通するのは，学習者が人生での学習についてのナラティヴを描き，講座や授業で学んだ概念やテーマを深く掘り下げることで，ふり返りを促すことにある。また，研究者自身が指導者となり学習支援を行うとともに，ナラティヴを用いた新たな研究方法として位置づけている点も共通している。

2. 事例やシナリオを通じた学習

事例研究（case study）やシナリオを通じた学習とは，専門職の考え方を学んだり，長期的な意思決定を行ったりするための方法である。

事例やシナリオは，医療，法，ビジネス，公共政策の専門職教育で積極的に用いられてきた。ここでいう事例・シナリオとは，専門家が実際に体験したエピソードを，登場人物や場面，そして一定の筋書きを持った物語としたものである。事例研究やシナリオを用いた学習の目標は，実践家のように考える知識・スキルを身につけることにある。ここでの実践家とは，理論的な概念をそれまでの体験と結びつけ，新しい知見や解釈を考えつく人たちのことを指す。これらの学習方法を通じて，批判的思考力と，問題解決のために有効な能力を培うことが学習の目的である（Tomey, 2003）。

事例研究には以下のようなさまざまなパターンがある（Lynn, 1999）。

・問題の所在を示し，対応を求める場合
・シナリオ・プランニング，つまり組織や公共政策の目標や方向性を定める場合（コラム 8.1 参照）
・問題の所在を明らかにする場合
・学習した概念を，実際の事例に適用していく場合

事例やシナリオの発表は，資料を用いるだけでなく，口頭での報告や，ロールプレイ・ドラマ仕立てのもの，メディアを通じて報告を行うもの，コンピュータプログラムを通じたものなどがある。事例やシナリオには複数の結末が存在

し，学習者は，時に読み手，時に書き手となって物語の結末を考えていく。学習者に投げかけられる質問も，良い，悪い，もしくは正しい，間違っているというような閉じた質問ではなく，「この事例の主な問題は何ですか？」「最も良い解決方法は何だと思いますか？」といった開かれた質問が多い。この開放的な構造によって，学習者は物語にたやすく入り込むことができるのである。

事例やシナリオが，単なる事実の羅列ではなく，物語の形式をとることにも意味がある（Schwartz, 1991=2000: 34-35）。よくできた物語とは，聞き手にそれが現実のものであるか否かという判断を棚上げにさせる。これは，劇場の観客が素晴らしい劇を上演中に，その劇に感情移入し，それが現実かどうかを気にしないこととよく似ている。事例やシナリオを用いて，「いかにしてこのことが起こったか，そして起こった時に自分がどうすればよいか」を考えることが，つまり，物事の意味を考え，それに対応する自分を思い描くことが重視される。

コラム 8.1

シナリオ・プランニングとは

シナリオ・プランニングは，組織や政策の長期的な戦略を練る方法として，力を発揮してきた。シュワルツ（Schwartz, P. 1991=2000: 2）は，シナリオを「いくつかありうる将来の環境についての認識を秩序立てるためのツールまたは，われわれ自身の将来について夢見るための整理された一連の方法」であると述べる。

シナリオ・プランニングは，単なる未来予測ではなく，あり得る未来を現状から離れて構想する方法である。シナリオを立てることで，現状肯定型の思考ではなく「戦略思考」が育まれる。シナリオが物語の形式をとることで，現在の立場を離れて，未来や未知の世界への想像力が喚起されることも少なくない。

シナリオを立てる手順は，立田慶裕（2005）によって8つにまとめられている。まず，(1) 取り上げる主題を明確にし，何を決めるかを焦点化する「主題の明確化」の作業を行う。次に，(2)「重要な要因の列挙」として，影響

を及ぼす主な要因，肯定的・否定的要因をリスト・アップする。さらに，(3)「ドライビング・フォース（推進力）の列挙」という作業を行う。たとえば，テーマに関係する，社会的，技術的，経済的，環境的，政治的要素のそれぞれについて，どのような方向に向かっているか，変化の速度はどの程度かを検討する。(4)「重要性と不確実性による分類」は，第2の重要な要因と，第3のドライビング・フォースを，どれだけ重要であるか，どの程度確実かという点から分類するものである。続いて，(5)「シナリオ・ロジックの選択」として，シナリオの軸と分岐点を定め，シナリオの数を定める。それを(6)「シナリオの筋立て」として，ステップ (1) や (2) で検討した要因を含む形で文章化する。どれだけ具体的な状況を想起できるかが1つのポイントである。そのシナリオをもとに，(7)「意味づけ」として，シナリオのリハーサルを行い，(a) シナリオが提起する問題，(b) シナリオに現れる共通のテーマ，(c) 各シナリオの強度や弱点，の検討を行う。最後に，(8)「指標と道標の選択」として，シナリオが現実化した際の変化を捉えるための指標を設定する。

　この方法を用いることで，各人が持つ意見や主張が一度脇に置かれた上で，さまざまな物事の見方が尊重される形でシナリオが形作られ，多くの人々を戦略的な意思決定に巻き込む形で，組織的な意思決定が行われていくことになる。近年，OECD（経済協力開発機構）では，「教育のシナリオ」という興味深いプロジェクトが展開されているので（CERI, 2006=2006），こちらも参照されたい。

3. ドラマを用いた学習

　物語を描いたり，語ったりするだけではなく，それを実際に演じることによって，学習が展開される場合もある。ドラマを用いた学習がその代表例である。

　ブース（Booth, 2005=2006）は，学校の日常的な学習場面で演じられる，ストーリードラマ，つまり物語に基づいて行われる即興的なロールプレイングのさまざまな例を紹介している。ドラマは，物語に基づいて演じられ，物語の内容を深く理解するためのツールでもある。ドラマでは，さまざまな問題状況や，緊迫した場面が扱われ，参加者は，これらの状況の中で想像上の登場人物になりきり，家族や仲間，共同体の存在を感じ，生きる意味を考え，現実世界への認識を高めていく。この方法を通じて，想像の世界で感じたこと，見出したものを自身の演技や語りによって創造的に表現する力や，自分とは異なる存在であ

る他者を理解し，共感する力が高まっていく。物語とドラマが結びつけられることで，ホリスティックな能力が育まれることが期待されている。これまで子どもを対象にした実践が数多く行われてきたが，生涯学習の方法としても注目できる。

　ドラマを用いた学習は，参加者自らが演じる例に留まらない。地域での教育プログラムの中で，参加者の経験を取り入れたドラマを上演する場合もある。たとえば，ロシターとクラーク（2007）は，社会的活動劇（social action theatre）と再現劇（playback theatre）という2つの例をあげている。社会的活動劇の目的は，地域住民の間で，社会的・人種的・文化的な差異への理解を深め，地域を活性化させることにある。この劇は，実際に地域に住む人々の体験をもとに，地域で生じた問題や対立に筋書きをつけたものである。劇は，5～10分を目処に，学校や教会，図書館，公園など地域の人々が集まる場所で上演される。上演するのはプロの役者ではなく地域住民である。劇が終わると，観客から質問やコメントが寄せられ，それに対して役者は登場人物の立場になって答える。この相互の対話の過程を通じて，問題への理解が深められていく。

　個人的な経験の再現劇では，選ばれた観客が舞台にあがり個人的な物語を語る。監督は，その物語を詳細なものにするために，さまざまな角度からその観客に質問を行う。その後，監督が，役者や音楽家に具体的な指示を出し，物語に沿った即興の劇や音楽を演奏させる。1人の人の番が終わると，次の観客が舞台に呼ばれ，その人の物語に合った劇が上演されていく。

　社会的活動劇も再現劇も，いわゆる「普通の」人々の個人的な経験をドラマを通じて表現し，それらの人々の活力を高めようとする点が共通する。一方，社会的活動劇が，人々の活動へのモチベーションを高め，地域の変化を促すことを目標とするのに対し，再現劇では人々の間のつながりを高め，地域の「共有知」を作り上げることに主眼が置かれているという違いもある。これらの手法の特徴は，現実世界の経験とドラマを結びつけ，各人の経験を互いに共有可能なものとすることで，社会的な連帯感や他者への想像力を高める点にある。

コラム 8.2
日本におけるナラティヴを用いた学習の実践

　日本で展開された，ナラティヴを通じた学習の例として，共同学習や生活記録をあげることができる。1950年代に日本青年団協議会が主導する形で，各地の青年団で展開された共同学習は，小集団での話し合いや生活記録といった学習活動によって，生活課題の解決をめざすものであった。同時期に盛り上がりを見せた生活記録運動は，職場や労働組合，青年団や婦人会において，日常生活や自らのことを書き合い，話し合う活動を展開するものであった。

　これらの運動は学習内容や進め方に課題をかかえていたこともあり，社会的な変化を背景にして行き詰まりを見せたが，学習方法としての意義が失われたわけではなかった。1970年代に展開された公害反対運動においては，各地で開かれた学習会で，話し合いや生活記録の手法が取り入れられ，公害を記録し，分析する活動が行われた。このような当事者が展開するナラティヴが運動を盛り上げる大きなきっかけとなった。近年でも，オーラル・ヒストリーや，ライフ・ヒストリーという形で，それぞれの人生に新たな意味を見出す試みが続けられている。

　これらの活動や実践に共通する点として，厚東洋輔（1991）が「生活世界の物語的構成」と呼んだように，物語や語りを通じて，それぞれが生きる世界（生活世界）を再構成し，人生の新たな意味を見出していったことがあげられる。それぞれ固有の文脈をもった活動ではあるが，ナラティヴを通じた学習の1つの形として位置づけていくことができる。

第4節　ナラティヴ・アプローチの持つ可能性と課題

　ここまで見てきたように，ナラティヴは幅広い裾野を有している。日本でこれまで行われてきた，社会教育・生涯学習の活動もナラティヴという観点から捉え直すことができる（コラム8.2参照）。さらに，近年では，学習者自身が自律的に学習を組織化していく能力も注目されており（第3章参照），「物語」や「語り」を有効に用いて学習を構築していく過程への注目は今後さらに高ま

るだろう。

　ここで，生涯学習にナラティヴ・アプローチが持つ可能性を3点にまとめておこう。第1に学習方法としての可能性である。ナラティヴを通じた学習は，人々に省察やふり返りの機会を提供し，未知の世界への想像力を喚起し，他者と協働する力を育む。第3節で見たような多様な学習方法も魅力の1つである。第2に，学習理論の展開に大きな貢献を果たす可能性がある。第2節で示したように，ナラティヴは現代の中心的な学習理論と密接な関係を持ち，ナラティヴを中心に，これらの理論の見取り図を描き出すことができるだろう。第3に，ナラティヴは，生涯学習の研究と実践を橋渡しし，両者のより豊かな関係性を築く可能性がある。ナラティヴの研究と実践とは切り離せない関係にあり，その一体性をこのアプローチの特徴として位置づけていくことが重要である。

　ただし，ナラティヴ・アプローチには，課題も存在する。1つは，ナラティヴを通じた学習では，重要な経験や出来事，思い出などプライベートな部分に関わる情報を扱うことも少なくないだけに，学習を支援する人々や指導者にそのことへの配慮が求められる。ナラティヴは当事者だけでなく，周囲との関係の上に成り立つものであり，ナラティヴを紡ぎやすいような学習環境づくりや，学習者と支援者の信頼関係，関係者の倫理観が重要になる。

　もう1つは，ナラティヴ・アプローチを「エビデンスに基づいたアプローチ」と組み合わせていくという課題である。両者のアプローチはその志向性が大きく異なるものの，必ずしも排他的なものではない。ナラティヴを用いて人々の多様な発達や変容の過程を描き出していくとともに，実証的なデータを用いて，人々の学習を規定する社会構造や経済状況に目を向けていくこともまた重要である。

　これらの課題を意識しながら，今後，ナラティヴ・アプローチに基づく理論と実践が積み重ねられ，その可能性がさらに拓かれていくことが望まれる。

■注
(1) モン・フレール・シナリオとは，アパルトヘイト（人種隔離）政策終了後の南アフリカで，今後の国のシステムを考えるために作られた4つのシナリオのことを指す。シナリオは，1991〜92年にかけて，人種や分野の枠を超えて，政党や労働組合の幹部，経済学者，民間企業の重役などが一堂に会する形で作成された。政権の安定

と経済成長を軸に,「オストリッチ」「レイム・ダッグ」「イカロス」「フラミンゴ」という4つのシナリオが作成され,その過程で国が直面する課題が明らかになった(Schwartz, 1991=2000: 247-263)。

(2) ただし,浅野智彦 (2001) が指摘するように,社会構成主義の考え方は,物語を用いた自己による自己の組み替えという,自己準拠の構造を理論的に説明できていないとする見方もある。

■引用・参考文献

赤尾勝己 (2004)「生涯発達：物語としての発達という視点」赤尾勝己編『生涯学習理論を学ぶ人のために』世界思想社, 115-139。

赤尾勝己 (2009)「成人の学習を拓く理論」小池源吾・手打明敏編『生涯学習社会の構図』福村出版, 43-55。

浅野智彦 (2001)『自己への物語論的接近：家族療法から社会学へ』勁草書房。

Booth, D. (2005) *Story Drama: Reading, Writing, and Roleplaying across the Curriculum*, Pembroke Publishers.〈邦訳〉中川吉晴・浅野恵美子・橋本由佳・五味幸子・松田佳子訳 (2006)『ストーリードラマ』新評論。

Boud, D. and Walker, D. (1990) "Making the Most of Experience," *Studies in Continuing Education*, 12 (2), 61-80.

Bruner, J. (1986) *Actual Minds: Possible Worlds*, Harvard University Press.〈邦訳〉田中一彦訳 (1998)『可能世界の心理』みすず書房。

Centre for Educational Research and Innovation (2006) *Think Scenarios, Rethink Education*, OECD.〈邦訳〉立田慶裕監訳, 伊藤素江・古屋貴子・有本昌弘訳 (2006)『教育のシナリオ：未来思考による新たな学校像』明石書店。

Clark, M. C. and Rossiter, M. (2008) "Narrative Learning in Adulthood," in Merriam S. B. (ed.), *Third Update on Adult Learning Theory*, Jossey-Bass, 61-70.〈邦訳〉荻野亮吾訳 (2010)「成人期のナラティヴ学習」立田慶裕・岩崎久美子・金藤ふゆ子・荻野亮吾訳『成人学習理論の新しい動向：脳や身体による学習からグローバリゼーションまで』福村出版, 91-104。

Dominicé, P. (2000) *Learning from Our Lives: Using Educational Biographies with Adults*, Jossey-Bass.

Fenwick, T. J. (2000) "Expanding Conceptions of Experimental Learning: A Review of the Five Contemporary Perspectives in Cognition," *Adult Education Quarterly*, 50 (4), 243-272.

Fisher, W. R. (1987) *Human Communication as Narration: Toward a Philosophy of Reason, Value, and Action*, University of South Carolina Press.

Giddens, A. (1991) *Modernity and Self-identity: Self and Society in the Late Modern Age*, Stanford University Press.〈邦訳〉秋吉美都・安藤太郎・筒井淳也訳 (2005)『モ

第8章　生涯学習へのナラティヴ・アプローチ　163

ダニティと自己アイデンティティ：後期近代における自己と社会』ハーベスト社。
Heijden, K. A. *et al.* (2002) *Sixth Sense: Accelerating Organizational Learning with Scenarios*, John Wiley & Sons Ltd.〈邦訳〉西村行功訳（2003）『［入門］：シナリオ・プランニング：ゼロベース発想の意思決定ツール』ダイヤモンド社。
加藤雅則（2009）「組織経営におけるナラティヴ・アプローチ」野口裕二編『ナラティヴ・アプローチ』勁草書房。
Kenyon, G. M. and Randall, W. L. (1997) *Restorying Our Lives: Personal Growth through Autobiographical Reflection*, Praeger.
厚東洋輔（1991）『社会認識と想像力』ハーベスト社。
Kolb, D. A. (1984) *Experiential Learning: Experience as the Source of Learning and Development*, Prentice Hall.
Laing, R. D. (1961) *The Self and Others : Further Studies in Sanity and Madness*, Tavistock Publications.〈邦訳〉志貴春彦・笠原嘉訳（1975）『自己と他者』みすず書房。
Lave, J. and Wenger, E. (1991) *Legitimate Peripheral Participation*. Cambridge University Press.〈邦訳〉佐伯胖訳,福島真人解説（1993）『状況に埋め込まれた学習：正統的周辺参加』産業図書。
Lukinsky, J.(1990) "Reflective Withdrawal through Journal Writing," in Mezirow, J.(ed.), *Fostering Critical Reflection in Adulthood*, Jossey-Bass, 213-234.
Lynn, L. E., Jr. (1999) *Teaching and Learning with Cases: A Guidebook*, Chatham House.
McAdams, D. P. (1985) *Power, Intimacy, and the Life Story*, Dorsey Press.
Mezirow, J. (1991) *Transformative Dimensions of Adult Learning*, Jossey-Bass.
南澤由香里（2006）「A. ギデンズのアイデンティティ変容理論と生涯学習」赤尾勝己編『生涯学習社会の諸相：その理論・制度・実践』（現代のエスプリ, 466）82-95。
Monk, G., Winslade, J., Crocket, K. and Epston, D. (1997) *Narrative Therapy in Practice: The Archaeology of Hope*, John Wiley and Sons, Inc.〈邦訳〉国重浩一・バーナード紫訳（2008）『ナラティヴ・アプローチの理論から実践まで：希望を掘りあてる考古学』北大路書房。
野口裕二（2009）「ナラティヴ・アプローチの展望」野口裕二編『ナラティヴ・アプローチ』勁草書房, 257-279。
Rossiter, M. (1999) "Understanding Adult Development as Narrative," in Clark, M. C. and Caffarella, R. S. (eds.), *An Update on Adult Development Theory : New Ways of Thinking about the Life Course*, New Directions for Adult & Continuing Education, 84, Jossey-Bass, 77-85.
Rossiter, M. and Clark, M. C. (2007) *Narrative and the Practice of Adult Education*, Krieger.
Schwartz, P. (1991) *The Art of the Long View: Planning for the Future in an*

Uncertain World, Currency Doubleday.〈邦訳〉垰本一雄・池田啓宏訳（2000）『シナリオ・プランニングの技法』東洋経済新報社．

立田慶裕（2004）「物語る力が人を動かす」小宮山博仁・立田慶裕編『人生を変える生涯学習の力』新評論，162-187．

立田慶裕（2005）「シナリオ・プランニング」立田慶裕編『教育研究ハンドブック』世界思想社，229-242．

Tomey, A. M. (2003) "Learning with Cases," *Journal of Continuing Education in Nursing*, 34(1), 34-38.

やまだようこ編（2000）『人生を物語る：生成のライフストーリー』ミネルヴァ書房．

第9章

身体を通じた学習

金藤　ふゆ子

✣ 章のガイド
　身体を通じた学習という言葉は，これまではあまり馴染みのない表現であったと言えるであろう。しかし，よく考えてみれば私たちの大変身近なところに身体を通じた学習は存在している。たとえば日本の，剣道，柔道，合気道などの武道はそのほとんどが身体を通じた学習といえるのではないだろうか。さらに華道，書道，能や狂言，歌舞伎，日本舞踊などの日本の伝統文化・伝統芸能もすべて身体を通じた学びに基づくものと考えられる。
　近年，身体を通じた学習に対する研究関心の高まりが見られる。また，実践を踏まえた検討も進展している。本章では身体を通じた学習とは何か，その概念をまず説明する。さらに近年の身体を通じた学習に関する研究事例を紹介したい。そして最後に教育や学習の分野において，身体を通じた学習に関する研究の貢献は何かを検討する。

✣ キーワード
　エンボディメント（embodiment），身体化された学習（embodied learning），認知科学，社会的過程，ダンス，身体で学ぶ社会的不平等，アイデンティティ（identities），炭鉱の感覚（pit sense），ホリスティックな枠組み（holistic tradeworks）

第1節　身体を通じた学習の概念規定

　「身体を通じた学習（learning through the body）」とは，一体何を意味するのだろうか。その用語は1990年末からの諸研究で着目されてきた概念であるが，

この用語の使用について教育学関係者間でののコンセンサスが十分に得られている訳ではない（Merriam, Cafferrella and Baumgartner, 2007）。

身体を通じた学習に関する用語は、英語表記のみを見ても実はさまざまな表現が用いられている。たとえば、「身体を通じた学習 (learning through the body)」に関連する用語としては、「エンボディメント (embodiment)」「身体化された学習 (embodied learning)」「身体化された認知 (embodied knowing)」といった表現もあり、相互互換的に用いられている。

さらに類似する用語として「身体による学習 (somatic learning)」という表現も存在している。この用語も上記の用語と類語と見なす研究者もいれば、特に身体による運動を中心ないし目的とするものであり、身体的知覚や感性を直接経験する学習を意味すると捉える者もいる。後者の運動を主たる目的とする言葉と捉える場合は、ヨガや太極拳などが具体的な代表例としてあげられる（Freiler, T. J., 2008）。

一方、エンボディメントや身体を通じた学習、身体化された学習は、学習の1つの場として身体と結びついた知識構成のより幅広い、よりホリスティックな観点を基調として語られるものである。この用語は情緒的、感情的、象徴的、文化的、神経的認知等、他の科学の分野と関連づけて用いられている。

以上のような概念の多様性を踏まえた上でここでは、身体を通じた学習 (learning through the body) を、エンボディメント (embodiment) と同義と捉える。さらにその概念を、人間が本来、身体に有している能力と身体的経験とを直接的に組み合わせることによる知識構成の一方法と定義づけることにしよう。

第2節　身体を通じた学習に関する定義づけの方向性

上記の定義は、タミー・フレーレ（Freiler, T. J., 2008）の定義に準ずるものである。フレーレはこれまでの身体を通じた学習に関する先行研究を検討し、概念の特徴としてまず身体を通じた学習の概念規定の多様性を見出した。さらにこの概念の定義づけにはいくつかの方向性があるという。それらを大別すると概念の多様性以外に、以下の4つの方向性が浮かび上がる。第1と第2の方

向性は，身体を通じた学習に対する捉え方の違いから生じるものであり，第3と第4の方向性は，反対に身体を通した学習を捉える共通する観点から生じるものと言えよう。

　第1の方向性とは，エンボディメントの捉え方についての相違，ないし観点の違いである。シソーダス（Csordas, M. S. 1994）によれば，エンボディメントに言及する際，研究者によってはエンボディメントを実存するある1つの状態とみなし，あるいは身体に生じる1つの過程とみなすこともある。さらにまたある研究者は専ら身体性（bodylines）の用語を用いたがるというように，その観点にも相当の違いがある事実を明らかにした。さらに「身体」という用語自体が，この分野で検討する問題をより複雑にしているという指摘もある（Weiss and Haber, 1999）。

　第2は，認知科学による定義づけである。すなわち，認知科学においては身体的活動や経験を通したエンボディメントの諸形態が研究されている（Lakoff and Johnson, 1999）。その領域では，エンボディメントは現象学的エンボディメントと神経学的エンボディメントが存在するとし，2つの概念を分けて捉えている。現象学的エンボディメントとは，身体的投影，方向づけ，ある空間に存在していること（前後左右といった物体と人間との空間関係等）を通じた，身体のイメージ概念を媒介とする認識や証明を意味している。具体的に言えば，われわれがガレージからマニュアル式の車をバックで出すことができたり，停電時にも暗闇を手探りで歩けるのは，われわれが身体の方向づけを無意識の内に行い，図式化ができている証明であり，現象学的エンボディメントの表出の一例と考えられている。一方，神経学的エンボディメントとは，色の概念といった分類に代表されるように，神経組織（この場合は視神経）と結びついた認知と見なされている。

　認知科学の分野では認知はわれわれの身体，脳組織と深く結びついており，また「何が現実かというわれわれの感覚」を支える経験や諸環境との相互作用と関連していると考えられる（Lakoff and Johnson, 1999: 17）。さらに，心（mind）は「身体に根づき，身体を通じて」意味を導き出すものであり，本来，身体化されたものと捉えられる。

　第3の方向性は，エンボディメントとの知識をどのように構成するかとい

う点についてである。「知識構成の方法を大別すると，エビデンスを重視する客観的方法と，個人の解釈や内省を重視する主観的方法がある。その2つの研究方法を基礎とする学問分野は，本来，相反するものと捉えられるが，認知についてはその両方の学問分野で心と身体の統一を図ることの重要性が認識されてきている。そして心と身体の統一を図る知識構成の一手段として，エンボディメントや身体を通じた学習が概念化されようとしている。ここに示したフレーレの分類は1つの試みであるが，近年の身体を通じた学習に関する研究における定義づけの方向性を理解する上で役立つ枠組みと言えよう。

さらに第4の概念規定の方向性は社会的過程の位置づけである。身体を通じた学習やエンボディメントは，社会的過程を含むものとすることが挙げられる。これは，エンボディメントを探求し，議論しようとするほとんどの研究者が，エンボディメントが社会的過程を含むもの，あるいは社会的過程を基礎とするものであることを強調していることによる (Cheville, 2005; Colman, 2003; Freiler, 2007; Mills and Daniluk, 2002; Somerville, 2004)。たとえば，コールマン (Colman, A. V. 2003) は「われわれの経験は常に身体化されており，常に世界と関連しており，常にある特定の場を占めるものである」と述べる。すなわち，ある状態（特定の場）の認知とは，知識を構成するために，特定の社会的文脈の中で特定の活動を行うことによって生じることを意味している。従って身体と学びとの関連の検討においては，社会的過程を重視する観点が共通の特徴として浮かび上がってくる。

第3節　身体と学習を切り離して考える過去の歴史と原因

認知のあり方として身体と心，身体と学習を切り離して理解しようとするものの考え方は，実は長い歴史に裏づけられている。フランスの哲学者デカルトが17世紀に「自分というものは（自分が自分である，私の心は）全く自分の身体とは異なるものだ」と述べた頃よりその考え方は明示されてきた。さらに心と身体の分離は，18世紀ヨーロッパの啓蒙主義哲学者によってより強化された。学習や教育の焦点は，「無知からある知識への精神的状態の変化」を意味するものと考えられてきたのである。

ベケットとモリス（Beckett and Morris, 2001）は，西欧の教育では，最高位に位置づけられるものは抽象的・非実学的学習であり，その実用性についてはほとんど考慮されなかったと述べる。また反対に最下位に位置づけられるものが，具体的な実学的学習であり，その多くは日常の身体的活動を通して学ぶものであったという。

デカルト主義やヨーロッパ啓蒙主義の考え方は，結果的に学習と精神的過程を同一視するようになり，また身体とは別に思考や認知を通じて学習は行われるものであって，学習を「知ること」と同義に捉えることに寄与した。その考え方は，20世紀末までかなり当然のことと見なされてきており，成人教育学においても身体と精神（心），身体と認知，身体と学習との関連については十分に検討されなかったという反省が近年になって行われている。

では，なぜ研究者はそうした身体と精神（心），身体と認知，身体と学習との関連を十分に検討せず，研究にも着手してこなかったのであろうか。そこにはいくつかの理由や原因があると考えられるが，ゴールデンベルグ（Goldenberg, J. L., 2000）らは興味深い1つの仮説を提示している。

それは，われわれが身体は永久に死から免れないものであることを自覚している故に、身体を不確実なものと見なすためだという。すなわち，「われわれ動物は強い自己保存の本能を持った生き物であるが，同時にわれわれは精巧な認知能力を有する存在でもあり，それは極めて適応力に優れている一方で，自分自身の死の不可避性にも気付いている知的生き物である」。このジレンマと取り組むために，人間は人間性を示す身体を一方で文化的シンボル，美の基準，性といったもので置き換えた。そのように身体を他の代替物に転換することによってわれわれは人間の身体的本質から離れることになり，結果的に人間であることが何を意味するかを見失うことになったという。

上記の仮説は，極めて興味深いものである。ゴールデンベルグらの指摘を端的にまとめれば人間は死から免れない存在であると自覚するが故に，不確実な身体から離れて認知を捉え，また永遠不変のものとして身体とは切り離して理性や知識の価値を高めようとしたということであろう。

しかし認知そのものが，実はわれわれの身体の中で生じる現象であることを忘れてはならない。身体と精神（心），身体と認知，身体と学習を切り離し

て考えることは元々ナンセンスな考え方と言ってもよい。その関連を改めて検討し・分析しようとする動きが，近年，さまざまな分野で広がりを見せている。たとえばそうした領域への関心の高まりは，『タイムズ』紙や『ニューズウィーク』誌といったマスコミにも取り上げられた事実にみることもできる。『タイムズ』は 2005 年に，『ニューズウィーク』は 2004 年に「心と身体の新たな科学」に関する特集を組んだ。そのように心と身体の関連は今日，広く一般にとっても関心の持たれる研究テーマになっている。

第4節　身体を通じた学習に関する研究の動向

2000 年 12 月の津波をいち早く察知して逃げることができたタイ沖モウケン村の海洋民と同様の感性をわれわれは自分自身の身体の中に有しており，無意識の内に日々のさまざまな役割を遂行して心身の快適状態を持続するように身体化された（embodied）知覚の舵取りや身体化した学習を行っているとフレーレ（Freiler, T. J, 2008）は指摘する。一方で近代文明の中に住むわれわれにとっては，身体を通じた学習やエンボディメントが何を意味するのか，またどのようにわれわれの学習や認知と身体的経験とが結びついているかを理解することは難しい課題であり，さらにそれを言葉で表現することは困難が伴う作業であると述べる。

フレーレの指摘にあるように，身体について考えることは複雑性に満ちたものであるが，以下では，その困難さにチャレンジする新たな研究動向に着目し，具体的に身体を通じた学習について理論的に検討したり，実証的研究に取り組む先導的事例のいくつかを紹介することにしよう。

1. ダンス（踊り）や調査研究を身体を通じた学習の典型と位置づける研究

スティンソン（Stinson, S. W.）は，ダンス教育や研究者の行う調査研究が身体を通じた学習の典型例として言及している（Stinson, 1995）。またダンスを通じて身体化された学習がいかに生じるかを見出すことは容易であるが，「ダンス教育ではしばしば身体について語りすぎることは望ましくなく，ダンスの身体的動きについて考えることは知的観点でそれを捉えることにおとしめること

コラム 9.1
日本舞踊における身体を通じた学習

　日本の古典的な踊りは数多く存在している。たとえば能や狂言，歌舞伎，日本舞踊，地域の伝統的踊りなどさまざまなものがある。日本舞踊はその中の1つであり，古典の舞と言えるだろう。日本舞踊には能や歌舞伎と共通する同じ主題を取り上げて，同じ唄いによる舞いが数多く存在している。「唄い」と一言で言ってもそこには長唄，清元，常磐津，義太夫，地唄，小唄などさまざまなものがあり，さらに掛合物や箏曲等まで含めると主だったもののみでもその数は膨大な量に上っている。因みに，森治市郎編『日本舞踊曲集覧』（邦楽社，平成16年）に掲載される古典の代表的演目のみを見ても，舞踊曲数は800弱も存在する。

　日本舞踊は，そうした古典の唄いに合わせて踊りが振り付けられており，さらにそれぞれの振りは曲にあわせた意味が付与されている。言わば一挙手，一投足が決められた形を有する振りも数多くある。舞手は表情を変えないことを基本としており，喜び，悲しみ，悔しさ，怒りなどの感情はすべて振りによって表現を行う。さらに日本舞踊の指導にあたっては，いずれも指導者が実際に身体を使って唄いに合わせて振りを示すことから始められ，学習者は指導者の振りを真似ることから学び始める。

　もちろん，日本舞踊にも重要な演目については振りと唄いを記した教本が存在している。しかし，踊りはスティンソンが指摘するように身体を通じた学びであって，振り付けの順番を頭で記憶して踊るものではないことが常に重視される。実際に日本舞踊の舞台に立つとなれば，1つひとつの振りの順番を考えながら踊ることはあり得ない。そのような状態ではとても唄いに合わせて舞うことはできないからである。もしそれができないならば，その踊り手はまだまだ稽古が足りないということになるのである。

になる」(Stinson, 1995) との見解を示している。

　スティンソンは，ダンスの振り付けが芸術的形態を通じて，実際の経験を克服しようとする試みであって，決して身体的快楽を求めるためのものではないことを強調している。

　スティンソンが述べるように，ダンスは頭で考えすぎないことが重要だと

指摘するのは，身体を使う舞踊に共通する特徴であり，的を射たものと考えられる。なぜなら，日本の古典舞踊（能，歌舞伎，日本舞踊等）においても，振り付けは，その手順や理論がまず指導されるのではなく，指導者が身体を使って振りを示し，それを学習者が真似ることから学びが始まるのであって，それはスティンソンの指摘とも合致する（コラム 9.1 参照）。

同様にスティンソンは，研究という作業もあるテーマに対する情熱を持って取り組む身体化された学習であると主張する。すなわち，インタビューや観察によるデータ収集もまた非常に身体化された作業であり，集められたデータを分類することも身体化された活動である。さらに重要な理論的検討やプロジェクトの最終的なまとめ方についての洞察も「身体化された知識への配慮なくしては起こり得ないものであって，われわれは自分の身体の中で知りえたことのみ考えることができ，また知覚的になったり内省できるのであって，それが研究には不可欠」だとする（*Ibid.*, 1995）。

2. 社会的不平等を身体で学ぶ授業

クローズ（Crowdes, H. S.）は彼女が大学で担当する批判的社会分析コースにおいて，学生に権力や社会的不平等の諸問題を検討させる授業を展開した（Crowdes, 2000）。その授業の中で，学生たちは社会の諸問題の分析には長けている一方で，学生がある判断を行わなければならない場合には，自分の身体や自分の所属する組織と自分を切り離して物事を考える傾向にあることに気づいた。そこでクローズは，コースの授業名を変更し「社会的相互作用における権力，闘争，変化：身体は何をするのか？」として，権威や服従が強制される条件下での身体を使った授業の展開を試みた。

クローズは具体的に，まず学生に「お辞儀」を用いて権力関係を身体で体験し，考えさせる授業を行った。その授業では学生は第 1 のステップで 2 人 1 組のペアのもう 1 人の学生に対してお辞儀をしなければならない役割が与えられる。第 2 のステップではその役割は交替となる。それぞれのステップで学習者は両者の役割をどのように感じたのかが問われる。さらに，第 3 のステップではお互いに丁寧にお辞儀を行い，どのように感じるのかを問うのである。この 3 つのステップのお辞儀の動作によって，学生は権力の多面的な本質を知り，

権力関係を体験的に学ぶ。またその経験こそが権力関係において重要な意味を持つことを学習する。すなわち，人種差別や，性差別，階級主義などとして現れる社会の権力の差異と，そうした社会的過程に影響を及ぼす身体化された学習との関連を分析するのである。

クローズの行う授業は，権力関係が形式化されたお辞儀といった運動によってより強化され，関係する者同士の認知，ものの考え方，意識に定着することを，体験的学習方法をもって学ばせるものである。彼女はいかにして身体が，異なる権力の身体的経験や身体に生じる重要な出来事を活用しながら，権力関係を銘記し，またそれを心と身体に刻みつけるのかという感性を掘り下げる，いわゆる身体的刻印づけを明らかにしようとする研究に取り組んでいる。

3. アイデンティティの形成と身体，学習との関係に関する研究

ベケット（Beckett, D.）とモリス（Morris, G.）は，身体を通じた学習を「存在論的パフォーマンス（ontological performance）」として概念化している（Beckett and Morris, 2001）。さらにアイデンティティの形成と学習や，身体との関係についての研究を行っている。彼らは，アイデンティティをある文脈の中での身体化された活動を通じて形成されるものと捉える。実際に彼らは2つのセッティングでのケーススタディを行っている。

1つは老人福祉施設であり，もう1つは第二言語としての英語のクラスを取り上げた。老人福祉施設においては，ほとんどのスタッフが女性でありかつ，正式な訓練や教育を受けていない者で構成されていた。しかし，その施設において彼女たちは身体的経験，すなわちある事が生じた時にお互いの状況や立場を読み取り，何が仕事かを発見することで「実践のコミュニティ」を形成していた。その結果，老人福祉施設で働く女性たちは，ヘルス訓練士としての自分たちのアイデンティティを確立していったという。ベケットとモリスはこの職場を「スタッフにとっての強力な成人学習の場」としており，そこでは身体的経験から導かれる仕事を目的とした実践的論理が最も価値あるものとされることを明らかにした。

次の第二言語としての英語クラスの事例では，ベケットとモリスはイスラム教徒の女子学生に着目した。授業の当初，女子学生は頭にスカーフを巻いて

いるのみであったが，コースの終わりには女子学生は完全なベールと手袋に身を包んだという。担当教師はその変化を理解することができなかったが，その理由を問われると女子学生は，コースでの学習を通じて「自分がより自分の宗教に近づいたため」であり，「このようなベールで身体を包むことで，自分はより良い人間になれる」と答えたという。ベケットとモリスは，教師がその女子学生をある1つの文化的代表と見なすことによって，そうした変化が生じるのであり，女子学生は自分の授業での衣服を改めることによってより文化的代表として良き人間であろうとすることを示そうとしたと解釈した。

以上のように，仕事や学習の場で，人は身体的経験を通じて学び，さらにそれぞれのアイデンティティを形成する。ベケットとモリスの事例研究は，アイデンティティの形成と身体を通じた学習が切り離せない関係にあることを実証したものと言えよう。

4. 身体を通じた学習と人間の信頼関係に関する研究

サマヴィル (Somerville, M.) は，いかにして炭鉱労働者が職場を安全な場として認識するかを研究対象とした (Somerville, 2004)。南米のチリで大規模な落盤事故があり，多くの炭鉱労働者が地下深くに閉じ込められたが，全員が無事に救出されたというニュースは世界中で報道され，私たちの記憶にも新しい (2010年10月)。サマヴィルはそのように非常に危険性の高い職場で働く炭鉱労働者にとって，自分たちの生命を守ることは「音や，臭いの微妙な変化を感知したり，空気を感じとることにかかっている」とする。そして鉱脈における身体と場との関係や，身体化された学習に研究の焦点をあてている。

炭鉱労働者の身体化された知識獲得の方法は，「炭鉱の感覚」として知られており，鉱脈において生活し，鉱脈にいる間に自分たちの安全性を評価する方法だとされる。この認知の方法は，鉱脈での環境への知覚的な鋭敏さに関連するばかりでなく，同じ鉱脈内にいる他の炭鉱労働者との信頼関係にも関連している。サマヴィルは炭鉱の感覚は，「感覚器を使った非常に個人的学習を含むが，同時に，非常に強いチームワークと，自分の命を任せるチームへの強い信頼による学習でもある (Somerville, 2004: 60)」と述べる。そのように，個人としての身体を通じた学習と共に，チーム全体での身体を通じた学習が炭鉱労働

者間に見られる。サマヴィルの研究は，そうした認知が炭鉱労働者において顕著に現れることを明らかにしたものである。

同様に同じチーム内のメンバー同士の信頼と活動の場に対応して，人間が身体を通した学習を行うという研究は，シェビル（Cheville, 2005）の女子大学生のバスケットボールチームの選手の事例においても見出されている。シェビルは「他者に対して敏感である」ことが身体的学習と明らかに関連するとの指摘を行っている。バスケットボールの女子学生選手は，バスケットコートの場で選手同士がお互いを信頼し合い，話し合い，さらにその他の身体的経験を通して身体化された学習の感覚を磨くという。すなわち，そうした身体を通した学習や認知は，炭鉱といった非常に特殊な場でのみ生起する事象ではなく，われわれの身近な場でも生じることを示唆している。

以上の検討を踏まえると，お互いを信頼しあう活動の場で身体を通じた学習が生まれるという現象は，本来，われわれ人間の誰もが共通して持つ認知のあり方だと言える。

第5節　生涯学習の理論と実践への貢献

上記で紹介した研究は，身体を通じた学習やエンボディメントに関する研究のほんの一部である。こうした研究は 2000 年以降，着実に進展を遂げ，また議論される対象となってきている。身体を通じた学習に関する研究は，今後の生涯学習の理論と実践にいかなる貢献を行うのであろうか。ここではフレーレの見解を手がかりにしながら，若干の考察を行う。

1. 生涯学習の理論への貢献について

成人教育学の分野を中心として，成人の学習を理解するためにこれまでの研究に加えて近年，身体に関心が向けられるようになっていることは，新たな視点に繋がる。その新たな視点とは，1 つは成人の学習をホリスティックな枠組みで捉えることの必要性への認識の高まりと言えよう。フレーレの言葉を借りればそれらの研究は「認知の多元的方法として身体と心をつなげようとするもの」（Clark, 2001; Grauerholz, 2001; Tisdell, 2003; Yang, 2003; York and Kasl,

2002）である。実際，身体を通じた学習やエンボディメントの研究は，ホリスティックで拡張された学習に対するアプローチを志向するいっそう広い動きの中で必要な研究と考えられてきた。身体は知識の源泉であり，かつ認知に関する研究において客観的・主観的方法を用いる両分野で「学習の場」と見なされるようになっている。

第2に身体を通じた学習やエンボディメントに関する研究の進展は，生涯学習の分野において新たな研究分野を開くことに繋がる。言い換えればクラークが指摘するように「成人教育者が学習の新しいモードに気付き，あるいは学習に関する諸事項に注意を払うようになる」ことを意味する。

第3に前述のように学習が社会的過程や社会文化的影響力を伴っていることを重視する視点が挙げられる。身体の物理的本質や，学習の場としての身体に関する研究は，身体のみを独自に分析すれば足りるものではなく，身体が置かれている社会的・文化的影響力との関連や，社会的過程と結びつけて分析される必要がある。

今後さらに，成人学習を含めて生涯学習を考えていく際には身体と心，身体と認知，身体と学習を関連づけて検討する必要性があるし，学習の理解はホリスティックな観点が重要であり不可欠であろう。またこうした視点に基づく実証的研究の進展が望まれる。

2. 生涯学習の実践への貢献について

学習の文脈の中で身体に注意を払うこととは，今後の研究ではさらに重要になると言えるが，そうした視点が生涯学習の実践にどのような貢献をなすのであろうか。

学習者によってはホリスティックなアプローチを十分に理解できず，またそれは構造化されていないものであって学習とは関連しないと見なす者もいる（Grauerholz, 2001）という。つまり，学習者の中には学びと身体を結びつけることに抵抗や不安を感じたり，あるいは学習としては座学のように伝統的で理念的なアプローチを希望する者もいる。そのような学習者を対象とし，身体と学びを関連づける実践や研究に協力を求める場合には注意を要する。また実際の学習に身体と学びを関連づけた方法を取り入れることは，あくまでも学習者

の希望を優先すべきだと考えられている。なぜなら，身体へのアプローチはほとんどの人間にとって非常に個人的でプライベートな空間への侵入を意味するからである。

　しかし，フレーレが指摘するように伝統的で理念的アプローチに対して新たな研究領域を描くと目される身体を通じた学習やエンボディメントに関する探究と実践の価値は，その複雑性や今後検討しなくてはならない諸課題の多さや，その克服の困難さに優るものがあるという。なぜなら学習は，あくまでもある特定の社会的文脈において身体の中や身体全体に生じるものであり，心や頭の中でのみ生じるものではないためである。

　学校教育においては，身体を通じて学ぶ方法を取り入れる事例もある。たとえば算数を児童が身体を使って学んだり，社会科で世界の地域別人口密度をクラス内に世界地図を作成し，そこに児童が自分たちの身体を人口密度の単位に見立てて置いて人口密度差を体感して学ぶといった取り組みである。

　こうした事例をみると，実際に私達の身近な場や教育現場において，身体を通じて学ぶ実践は増加しており，従来とは異なる学習方法で身に着く知識，技術，能力や感性も確実に存在していると言える。人間の身体を通じた学びの研究は，今後の進展によってさらに多様な学習方法を提示することに繋がるであろう。またそうした実践の積み重ねは，身体を通じた学びに関する研究をより確固としたものに位置づけるバックボーンになると考えられる。

おわりに

　身体を単に訓練の場として捉えることから，身体と心を一体的に捉え，評価しようとする視点は，今後の成人学習や生涯学習を検討する上でますます重要になるであろう。なぜなら，身体を通じた学習は標準化された教育システムの限界に目を向けさせ，多様な学習形態と多元的な学習アプローチの必要性・重要性を喚起させるという点で，この視点は非常に重要な価値を持つ研究枠組みなのである。

　本来，学習とは頭でのみ考えるものではなく，身体で感じ取り覚える学びもあるとする考え方は，妥当なものと言える。本章の冒頭で述べたように日本

文化や日本の伝統芸能の世界においては，それは極めて当然のことと捉えられている。今後の生涯学習の研究において，身体を通じた学習に着目する成人学習論や生涯学習論の研究対象の1つとして，これまでに着目されてきたダンスやヨガや太極拳等に加えて日本の武道や伝統芸能で行われる身体を通じた学習が取り上げられ，それらが科学的に分析されて身体を通じた学習との関連の解明に寄与することが期待される。そうした研究の進展は，日本において長く培われてきた身体を通じた学びの価値と意義をより確かなものにしてくれるだろう。

■引用・参考文献

Beckett, D. and Morris, G. (2001) "Ontological Performance: Bodies, Identities and Learning," *Studies in Education of Adults*, 33 (1), 35-48.

Clark, C. M. (2001) *Off the Beaten Path: Some Creative Approaches to Adult Learning –Somatic Learning and Narrative Learning*. New Directions for Adult and Continuing Education, 89. Jossey-Bass.

Cheville, J. B. (2005) "Confronting the Problem of Embodiment," *International Journal of Qualitative Studies in Education*, 8 (1), 85-107.

Colman, A. V. (2003) "Subjectivity, Embodiment, and Meaning in Merleau-Ponty and Irigaray," Dissertation Abstracts International, 64 (10), 3708, UMI no. AAT3108553.

Crowdes, M. S. (2000) "Embodying Sociological Imagination: Pedagogical Support for Linking Bodies to Minds," *Teaching Sociology*, 28 (1), 24-40.

Csordas, T. J. (ed.), (1994) *Embodiment and Experience: The Existential Ground of Culture and Self*, Cambridge University Press,.

Freiler, T. J. (2008) "Learning Through the Body," Merriam, B. (ed.), *Third Update on Adult Learning Theory*, Jossey-Bass.〈邦訳〉金藤ふゆ子訳 (2010)「身体を通じた学習」立田慶裕・岩崎久美子・金藤ふゆ子・荻野亮吾訳『成人学習理論の新しい動向：脳や身体による学習からグローバリゼーションまで』福村出版.

Goldenberg, J. L., Pyszczynski, T., Greenberg, J. and Solomon, S. (2000) "Fleeing the Body: A Terror Management Perspective on the Problem of Corporeality, *Personality and social Psychology Review*, 4 (3) 200-218

Grauerholz, E. (2001) "Teaching Holistically to Achieve Deep Learning." *College Teaching*, 49 (2), 44-50

Lakoff, G. and Johnson, M. (1999) *Philosophy in the Flesh: The Embodied Mind and Its Challenge to Western Thought*. Basic Books.

Merriam, S., Caffarella, R. and Baumgartner, L. (2007) *Learning in Adulthood*. Jossey-Bass.〈邦訳〉立田慶裕・三輪建二訳（2005）『成人期の学習：理論と実践』鳳書房。

Mills, L. J., and Daniluk, J. C. (2002) "Her Body Speaks: The Experience of Dance Therapy for Women Survivors of Child Sexual Abuse." *Journal of Counseling and Development*, 80(1), 77-86

森治市郎編（2004）『日本舞踊曲集覧』邦楽社。

Somerville, M. (2004) "Tracing Bodylines: The Body in Feminist Poststructural Research." *International Journal of Qualitative Studies in Education*, 17(1), 47-63

Stinson, S. W. (1995) "Body of Knowledge," *Educational Theory*, 45(1), 43-59.

Tisdell, E. (2003) *Exploring Spirituality and Culture in Adult and Higher Education*, Jossey-Bass.

Weiss, G., and Haber, H. F. (eds.). (1999) *Perspectives on Embodiment: The Intersection of Nature and Culture*, Routledge.

Yang, B. (2003) "Toward a Holistic Theory of Knowledge and Adult Learning," *Human Resource Development Review*, 2(2), 106-129.

York, L. and Kasl, E. (2002) "Toward a Theory and Practice for Whole-Person Learning: Reconceptualizing Experience and the Role of Affect." *Adult Education Quarterly*, 52(3), 176-192.

第10章

スピリチュアリティの学習：魂のある生活

立田　慶裕

✚ 章のガイド

　いっそう優れた自己の在り方をめざし創造するために，自然や人間，神仏など自分が神聖と思うものとの間に生じる関係性がスピリチュアリティである。このスピリチュアリティの学習は，人生上の出来事に伴う感動の瞬間，偶然の人との出会い，瞑想を通した世界とのつながりの感覚，そしてアイデンティティの変化などの精神的で神聖な経験といったスピリチュアルな体験が重要となる。スピリチュアリティの学習を通じて，私たちは，自分の信念を強くし，家族や職場，地域，民族の魂を受け継ぎ，社会を動かす活動へ，全体性への旅に出発する。

✚ キーワード

　魂，スピリチュアリティ，ホリスティックな学習，つながり，全体性への旅，信念，心性

第1節　生活を支える魂

　学問の世界で「魂」という言葉を用いると，いかにも魔法や宗教と絡んでいるように思われる。しかし，近年，学習を心と身体が統合した働きとしてとらえる視点や，感性と理性を統合してとらえる視点がみられるようになり，教育の多様な分野においても，「ホリスティック」という言葉が用いられるようになってきた。第3章でとりあげたキー・コンピテンシーという教育目標もまた，ホリスティックなものとされている。魂あるいは霊を備えた性質としての精神性を意味する「スピリチュアリティ」もまた，人間のホリスティックな性質の一部と考えられており，スピリチュアルなものをどう学ぶか，あるいは学

習においてスピリチュアリティがどんな役割を果たすかを本章では考えることにしたい。

　実際，魂あるいはスピリットという言葉を私たちが用いる時には，次の4つの場合があるのではないだろうか。1つは，フロンティア・スピリットというような信念や特定の精神を持った行動をする「人」に魂があるという場合，2つめは，「魂が揺さぶられる」という感動的体験を示して使う場合，3つめは，魂が奪われるような出会い，自分を見失い魂ここにあらずというように人や物，自然との接触を通じて交信や移動が生じる場合，4つめは，1人の人の魂ではなく，アメリカン・スピリットや〇〇魂というように企業や民族，国などの集団組織の理念や性格を示す場合である。具体的なエピソードをみよう。

1. 信念のエピソード

　大分県の由布院盆地に，由布院温泉という全国に知れわたった町づくりの地域がある。ここは，1950年代のダム化計画による町の水没の危険，1975年の中部地震の被害，1980年代の高層ホテル進出計画などの町の危機を乗り越え，温泉としての知名度をあげ，優れた町づくりを進めてきた。長期にわたるまちづくりを行うためにその中心人物である溝口薫平氏たちは，ドイツの健康温泉の研修旅行を行った。その時，バーデンバイラーという町の議員グラテボルさんから，次のように問われる。

　「町にとって大事なのは，『静けさ』と『緑』と『空間』。私たちはこの3つを大切に守ってきた。私たちは百年の年月をかけて，町のあるべき姿をみんなで考えて頑張ってきた」「君たちは町づくりを始めたばかりだが，町にとって何ができるのだ」。溝口さんたちは，この問いに答えることができなかったが，グラテボルさんは，ヒントを与える。町づくりには，企画力のある人，調整能力のある人，伝道者の3人が必要だという。帰国後溝口さんたちは，町づくりに没頭し，「百年の町づくり」を心構えにして信念をもって行動する。

　7年後，ドイツを再訪した溝口さんたちは町づくりの報告をグラテボルさんにした。その答えは，「君たちは約束を守った」という笑顔と，「1人でも多くの人が，よその町を見ることが大切だ。そして，町づくりに頑張っている『まじめな魂』に出会うことが必要なのだ」というものであった。信念を持って行

動する人には,「まじめな魂」が宿っているというのである。

2. 感動のエピソード

2010年の10月に,アメリカの成人教育学者シャロン・メリアム博士の「成人学習の新たな動向と研究」と題する講演会が開催された。講演で博士は,スピリチュアリティの学習についての説明を行ったが,質疑の中で,スピリチュアリティを学ぶとはどういうことかという質問が出た。博士はその答えとして自分の経験を話す。

彼女は,韓国の山寺を訪問した時に60歳の誕生日を迎えた。自分が60歳になったというショックが頭の中を飛び交っていたという。その時に,山寺から見た高い山々の連なりの上に静かに月が昇ってきたという。緑に囲まれ,うっすらと霧のかかった山の上の月を見ていると,次第にそうした悩みが消えていった。

「60歳なんてタダの数字じゃない。どうでもいいことではないか。それよりもこんな美しい自然の中で自分が生きていることの方が素晴らしい」

これこそが自分のスピリチュアルな体験であり,そうした環境の中で加齢についての自分の認識が変わったことが,スピリチュアルな学習だと答えた。誰でもそうした感動的な体験を人生の中で少なからず経験している。そこで得る直感や感動が自分の魂を形作っていくというのである。

3. つながりのエピソード

細胞生物学者のブルース・リプトンは,細胞膜に関する画期的な発見を行い,エピジェニティクスと呼ばれる新しい生物学を提唱している。ベーコンやデカルトの科学哲学に基づく西洋医学で治療できない病気が,東洋や非西洋の神秘的な医療（補完医療）で治療される事例をどう説明するのか,という問題に対して,彼は,細胞膜に関する研究と量子物理学を組み合わせることによって説明ができるとする。

従来の仮説では,人間の生き方の大部分がDNAによって支配されており,物質は精神の影響を受けないというものであった。しかし,量子物理学は物質がエネルギーで構成されていることを示し,彼の細胞膜の研究では,細胞自体

が細胞膜を通じて環境との相互作用を行いながら，その動きや形を調整していることがわかった。細胞膜が閉じているというのは間違いである。人間という多細胞生物の身体では，神経系という特殊な細胞集団が環境を認識して反応する役割を持っている。

　実験を続けている最中に，彼は，細胞膜がタンパク質の性質に応じてチャンネルとしての機能やエネルギーを伝える機能を持つことがわかってきた。これが，結晶構造の半導体であるコンピュータチップと同じ役割を果たしていることに気づいた。遺伝子を含む細胞核が細胞をプログラムするのではなく，環境からの情報によってプログラムされる。つまり，氏（先天的な物）より育ち（環境）の働きが大きい。また，これは，信念が生体の機能をコントロールする，ということも説明する。この発見の感動は，リプトンの行動を大きく変えた。人の魂は世界とつながっている。

　もしも「オッカムのかみそり」[1]の原理に従えば，正しい仮説とは，できる限りシンプルで多くの事象を説明できるものである。薬より心の効果が大きい，治療薬よりは笑いがガンに効く，といった医学上の説明には，新しい生物学がふさわしいというのである。

4．集団のエピソード

　世界的な自動車大企業として有名なホンダは，創業者本田宗一郎が，本田技研工業という小さなオートバイクの会社を戦後創立したことから始まった。本田氏の技術者としての精神は，ホンダスピリッツとして数々の名語録で語られているだけでなく，いくつもの伝説を残している。

　たとえば，
　「チャレンジしての失敗を恐れるな。何もしないことを恐れろ」
　「石橋だとわかれば叩かずに，どんどん渡っちゃう」
　「私が手がけた事業のうち99％は失敗だった。1％の成功のおかげで今の私がある」
　「人には失敗する権利がある。だがしかし，それには反省と言う義務が付く」
　など，従業員にもその信念や行動は大きな影響を及ぼしている。彼が，1973年に社長を退任した時には，「すべての従業員や関係者に挨拶をしたい」と，

約3年の歳月をかけて，全国の工場や研究所の社員，グループ企業の他，ホンダ車のディーラーやバイク店のオーナーや従業員すべてに挨拶して回ったという。

ホンダだけではなく，三菱，トヨタやパナソニック，ソニーなど大企業の創設者の理念や魂が，企業の理念としてあるいは毎日の仕事の中に活用されることも多い。また，企業に限らず，各国の国民精神，地域の教育理念，バレーボールや国技などの各種スポーツにおいて，個人の行動をコントロールする集団的な信念や意識を私たちは魂（スピリット）と呼ぶだけではなく，それを教育プログラムとして学ぶことさえある。

第2節　スピリチュアリティの定義

1. 魂とは

上記の4つのエピソードでは，魂という言葉にいろんな意味が含まれていることがわかる。日本語の「魂」とは，広辞苑によれば，「動物の肉体に宿って心のはたらきをつかさどると考えられるもの。古来多く肉体を離れても存在するとした。霊魂。精霊。たま」という意味と，「精神。気力。思慮分別。才略」の意味，そして，「素質。天分」の意味がある。霊魂である魂は，あの世とこの世をつなぐものであるし，「和魂洋才」という場合には，スキルとは区別される精神としての魂を意味する。

また，英語では，「spirit」や「soul」が類似概念としてあり，spirit は，精神，霊魂，気分，気力，忠誠心，エキス，精気を意味し，the が付くと，時代の特質，意図を意味する。soul は，spirit より宗教的意味が増し，霊魂や霊，精神力，情と道徳性の総合としての魂，熱情，信条，中心人物を意味する。the が付くと，徳性の典型や化身を意味する。soul music と言えば，アフリカ系アメリカ人の魂のこもった音楽を意味する。

いずれにしろ，spitit や soul は，「精神」という以上にエネルギーや精気を含み，中心的な存在としての意味を含んだ概念であり，死後も肉体とは別に存在し続けるものという意味が日本語，英語に共通している。

もう1つの特徴は，spirit の英語の関連用語をみると，精気が呼吸を通じ

て行われ、それが願望や直感と結びついているという点である。たとえば、「inspire」は、息を吸い込む意味から、人に活気を与える、あるいは、人に感情や考えを吹き込むととともに、人に霊感を与えるという意味を持つ。その形容詞形の「inspired」は、霊感や啓示を受けることや直感的、影響を受けるという意味を持つ。「inspiration」は、霊感や直観を意味する。その反語、「expire」は、逆に息を出すことから、息を引き取る、つまり息絶えることを意味する。inspireと類似した「aspire」は、呼吸そのものであり、同時に熱望することを示し、その名詞形、「aspiration」は、強い願望やあこがれ、大志や野心を示す。「respiration」という単語は、呼吸（作用）を示している。「spirit」の精気は、生気を同時に意味し、呼吸を通じて生きるためのエネルギーが与えられ、活気が与えられるのである。

ただし、ホリスィック教育を主張するミラー（Miller, J. P.）は、「spirit」と「soul」をさらに区別して用いている（ミラー、2000=2010: 37-38）。ミラーは、魂（soul）を、自我（ego）とスピリットを結びつけるものとしている。ここで、自我は、私たちの社会化された自己感覚であり、自分を他者との関係の中で位置づけていく中で形成されるものとし、自我は空間の中で対象を分離したものとしてみ、時間を客観的に捉える。この自我が重視するものは「支配」であるとする。これに対してスピリットは、私たちの内なる神的な本質であり、私たちの時間と空間を越えた部分としてあり、スピリットを通して聖なるものとの一体感を経験する。スピリットが重視するものは「合一」であり、統一とつながりを持つものである。他方、ソウルは、自我とスピリットを結びつける役割を持ち、主観的な時間にあり、重視するものは「愛」となる。つまり、自我が人間的な側面であるとすれば、スピリットは聖なる側面であり、ソウルがその間にあると定義する。

ミラーの魂の定義では、同じ日本語で魂とは言っても、ソウルは人間的な側面を持ちながらもスピリットとつがり、スピリットとはもっと聖なる面とのつながりを果たすものと考えられている。

2. ホリスティック教育の視点

ミラーの魂やスピリットの概念を考える上では、彼の唱えたホリスティッ

ク教育を理解しておくことが重要である。彼は，ホリスティック教育の機能から，バランス，包括性，つながりについて3つの定義を行っている。

「ホリスティック教育とは，さまざまな要素をバランスのとれた状態に保つことで適切な関係をつくりだしていく営みだと言える」（ミラー，1993=1997: 19）

「ホリスティック教育は，教育のさまざまな形式（伝達，交流，変容）を結びつけるもの」（*Ibid.* : 19）

「ホリスティックな教育は，〈つながり〉を探究し，深めていくためのものです。それは分断や分割から離れ，〈つながり〉へと向かっていく試みです」（*Ibid.* : 25）

吉田敦彦の紹介によれば，このホリスティック教育は，論理的思考と直観，心と身体，知の多様な分野間，個人とコミュニティ，地球と人間，自我と自己との関わりとつながりの次元を持つという。「ホリスティック」の語源は，ギリシャ語の「ホロス（holos）」にある。

その派生語である wholeness（全体なるもの）や holiness（聖なるもの）の意義を考えて，吉田は，「ホリスティック」についても，私というアイデンティティを越えたアイデンティティという視点から，再定義を試みている。図10.1に示したように，まずは水平的な全体なるもの（wholeness）を軸として，家族や職場，地域，民族，人類，地球生命圏といったより広く，グローバルな方向性を持ったホリスティックという視点がある一方で，より小さなエコロジカルでミクロな世界がある。他方，垂直的には，外面的で自己を超越した美的なエステティックという視点がある一方で，内面的で深い自己に関わり，いろいろなものとのつながりを持ったスピリチュアルな視点があると吉田は考えている（図10. 1）。

「ホリスティック」とは，単に「全体的」という意味だけではなく，もっと豊かな内容を含み，また空間的な全体性だけではなく，多様なものとの「つながり」や「関わり」の意義を含んだ用語である点に注意したい。だからこそ，日本語の「全体」ではなく，「ホリスティック」という国際語を共通に用いて「つ

ながり」を強調すると共に，自己組織化論や進化論，宇宙論などの学問間のへだたりを越える用語を使用する。

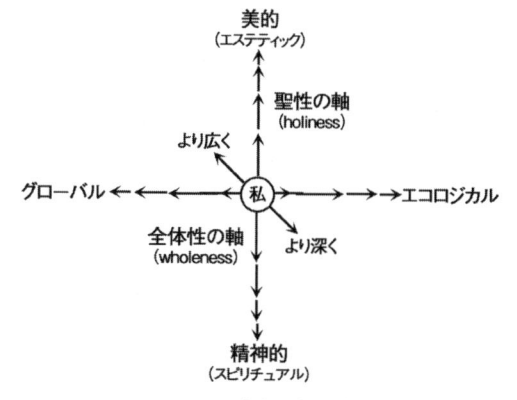

```
              美的
           (エステティック)
              ↑
          ↑ 聖性の軸
              (holiness)
        より広く
グローバル ←←← 私 →→→ エコロジカル
        より深く
     全体性の軸
     (wholeness)
              ↓
            精神的
         (スピリチュアル)
```

出典：吉田（1999）306 頁より加工
図 10.1　ホリスティックの 4 つの面

　図 10.1 の 4 つの面の中で，「ホリスティック」という概念の中でも，スピリチュアルな視点は，「holiness」の次元に関わる概念である。また，呼吸やエネルギーの交流を通じて外界とつながっていく魂であるとすれば，それは，個単体の中にとどまる知性や心とは違って，細胞や神経系を通して外界とつながり，交流や伝達の機能を持つ概念といえる。図 10.2 に示したように，生命の宿る身体の中でも，他の生命や物質と交流し伝達する機能を備えたものとして考えられている。さらに，4 つのエピソードに見たように，個々の人間の魂は，家族や地域，集団の魂として残ったり，育ったりするものと考えられている。これを図にすると，図 10.3 のように示すことができる（図 10.2，図 10.3）。

　ただし，他の知性や心とは異なり，スピリットは，同じホリスティックな概念の中でも，「聖なるもの」という点では，宗教的な意味を含みうるし，「聖－俗」の二元論に帰する危険性も持つ。

　たとえば，ホリスティックな視点の持つ問題性について，吉田は，①全体主義に傾斜する危険，②主観主義・精神主義的傾向，③知性の軽視，④批判的精神の弱さ，⑤新たな自然科学信仰，⑥パラダイム転換への安住，⑦進歩史観／予定調和説，⑧人間性のロマン主義的楽観視といった問題を挙げている。

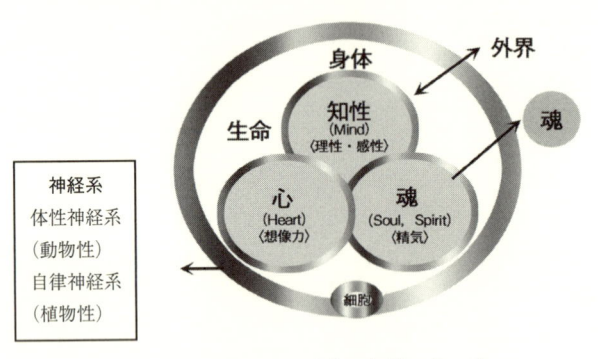

図10.2　身体―知性―心―魂

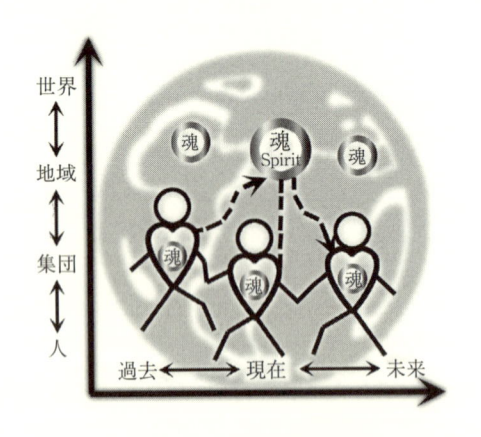

図10.3　魂のつながり

特に，スピリチュアリティとの関連では，②の問題が大きい。

　吉田によれば，精神主義的傾向とは，まず，「現実社会との具体的で地道な格闘から1歩身を引いて，意識変容や精神性の深まりだけを強調する傾向」である。この点については，意識変容を重視する論者自体が女性解放や環境保護運動などの活動に参加した経験を持っており，決して無関心ではないこと，また，社会変革と意識変容のどちらが先かという議論自体が主観／客観，精神／物質，観念論／唯物論などの二元論に取り込まれているという指摘を行っている（吉田，1999: 212）。つまり，意識覚醒や回心といった直感的経験から産ま

れる意識変容を称揚する危険を知る一方，そうした経験を観念主義や神秘主義として片づけることにも問題がある。吉田の言うように，ホリスティックな視点とは，なにげない日常の中に宿る社会的な問題に気づき，困難に立ち向かう社会的行動へとつなげていく立場であり，そうした活動にこそ意義がある。

3. 学習へのホリスティックアプローチ

　メリアム（2007, 2008=2010）は，学校教育に限らず，特定の民族の成人教育や学習活動においても，学習に身体，魂，感情を含むホリスティックな視点をとる事例が非西洋的な世界には多いことを示している。「非西洋の伝統では，日常生活の経験を特別視する。経験において生じる学習がホリスティックなのである。その経験は，認知的なだけではなく，身体的，情動的で時には霊的次元でさえあり，そのすべてがバランスを保っている」（Merriam & Kim, 2008=2010: 113）。

　たとえば，ファイドセンとタマルア（Findsen, B. & Tamarua, L. 2007: 85-86）によれば，ニュージーランドのマオリ族の学習観では，ホリスティックな視点がとられている。すべての学習は，4つの基本的次元でつながっている。身体（taha tinana），思考と感情（taha hinengaro），情動（taha whtumanawa），そしてスピリチュアルなもの（taha wairua）である。この4つの次元がマオリの発達と歴史的変化の理論的枠組みとなっている。また，マオリのホリスティックな世界観は，身体と心（mind），そしてスピリットから構成されており，この3つは分離しがたい全体（wholeness）となっている。

　マオリと同様，ネイティブアメリカンもまたすべての人生を相互関係的なもの，1つのサークル内にあるものとしてみている。そこでは，「すべてのものがすべてのものとつながっている」（Allen, 2007: 51）。

　その他にも多くの民族の事例をメリアム（2007）は紹介しているが，重要な点は，西洋の合理主義的で認知的な社会構成主義から学習を理解するだけではなく，ホリスティックな教育論との統合が重要であるとしている。特に，学習へのホリスティックなアプローチが持つ特色として，学習を要素として分解するよりは，ダイナミックなプロセスとして考える点，そして学習やその内容，方法を部分に分解するだけでなく，全体との統合を考えていく視点が重要であ

るとしている。

4. スピリチュアリティと宗教との差異

スピリチュアリティの一般的な定義としては,「神聖さを伴う個々人の私的な経験」というものがあるが, ティスデルは, その定義について, さらに,「その役割が究極の意味での個人の創造にある, いわば高度な意味での自己あるいは『神』『神聖な魂』『生命力』『偉大な神秘』に関するものとの関係性にある」こと, また, ファウラーの定義では,「イメージやシンボル, メタファー, 音楽の意義, あるいは, 人が精神的なものとつながる意味形成の中核をなすものとしての認知的, 合理的な領域を越えた運動感覚の経験」の意義を持つことであるとしている (Fowler, 1981)。しかし, 特にティスデルが加えたい点は, スピリチュアリティが「全体性への旅」という意義を持つことである。

「全体性へと導かれる旅や経験として定義される時, スピリチュアリティは誰もが持ちうるものとなるが (不可知論者や無神論者を含めて), すべての人が宗教を持つわけではない」(ティスデル, 2008=2010: 48)

したがって, ティスデルにとっても, スピリチュアリティを考える上でも, スピリチュアリティと宗教との差異をしっかりと知っておくことが重要となる。

ティスデルによれば, まず, 第1に, 多くの人々が宗教的な伝統の中で社会化され, スピリチュアルな発達の早期の段階が特定の宗教の文脈の中で生じている状況があり, 宗教的な文脈も無視することができないという点である。また, 第2に, 宗教が「規則正しい行動の事務的な教義や規則を伴う信仰の共同体である」のに対し, スピリチュアリティは,「スピリチュアルな人生をいかに生きるか, 神聖さの私的な経験をいかに持つかについてのガイダンスを提供すること」が重要となる。その多くの例の中で, スピリチュアルな体験を宗教から切り離すこともまた難しい。第3に, 多くの文献においては, スピリチュアリティと宗教とが, 相互交換的な意味を持って使用されることが多いという点である。しかし, ここで重要な点は, スピリチュリアリティが「個人の経験に関するもの」であり, 宗教が「信仰の組織化されたコミュニティである」ということだが, 他方で,「宗教的」という用語が個人的経験や想像的な活動を描くために使われる際には, 宗教的とスピリチュアルという用語の意

味が等しくなってしまう。

特に，2つの概念の相違点を強調すれば，まず，スピリチュアリティが個々人の私的な経験であるのに対し，宗教が「信仰を伴った組織化されたコミュニティであり，規則正しい行動のコードと事務的な教義を伴っている点である」。

つまり，宗教が信仰について組織されたコミュニティであること，「宗教は，規則正しい行動の事務的な教義や規則を伴う信仰の共同体であるが，精神的人生をいかに生きるか，神聖さの私的な経験をいかに持つかについてのガイダンス（導き）を提供することが主である」。宗教団体という組織が，精神的人生や神聖さのガイダンスを行う時に用いるのが，スピリチュアリティという概念なのである。

第3節　スピリチュアリティの学習

1．スピリチュアルな体験の重要性

「全体性への旅としての人生を人々にもたらすような方法で生じる一瞬のことがスピリチュアルな体験である。それはまた人々に自分の責務を現実化する力を促し，さらなるスピリチュアルな発達に導く希望や勇気を与えてくれる」(Merriam, 2008=2010: 56)。

平凡な日常に突然訪れる感動の瞬間，偶然の人との出会い，すぐれた思想や非凡な人の生き方，あるいは逆に自分が危機に陥る臨死体験，大きな災害や事件，など私たちの精神を揺り動かすスピリチュアルな体験は，私たちの学習や生き方を大きく変えることがある。その感動の継続する力は，私たちが生きる意味を与え続けるようなスピリチュアリティを育む。

こうしたスピリチュアルな体験について，ティスデルは次のようなタイプがあるという (Tisdell, 2008=2010)。

第1のタイプは，人類の普遍的体験に伴う感動の瞬間である。誕生の瞬間に出会ったり目撃したり，死に直面したり，自分が危うく死にかけたり，新しい意味の人生の目的を得たりといったものである。

第2は，重要な夢を見たり，偶然の出会いや運命の出会いが生じるような，「シンクロニシティ」の現象（不思議な偶然性や事象の同時生起，共時性）を経験

するタイプである。この神聖な瞬間は，希望や癒し，あるいは困難な時の方向性を示すなど，新たな学習につながる場合がある。特にそうした能力を多く持ち，そうした出来事から新たな発見をする力は，「セレンディピティ」と呼ばれている。出来事が同時に起こるシンクロニシティを経験し，高揚感や喜びを味わうと，運命の人やものとの「つながり」や宿命を感じる。

コラム 10.1

シンクロニシティ

　誰かに電話をかけようとしている時，思いがけずその人から電話がかかってくる。旅行先で，古くからの友人とばったり出会う。お金が無くて困っている時，必要な額だけのお金が偶然手に入る。こうした不思議な偶然性や事象の同時生起をシンクロニシティ，共時性と呼ぶ。ユングによれば，シンクロニシティとは，因果関係では説明できないが，観察者が意味を感じるような方法で，心の内側と外側の出来事が一致することと定義される。原因と結果という因果論だけでは説明できない意味を持った偶然の一致は，人間の意識と外界の間にダイナミックな力が働く時，恋愛の最中，人生の転機や危機，旅など精神が高ぶった状況にある時，また日常生活でも，注意力や集中力の高い時にも生じやすい。こうした偶然について，哲学者木田元は，「情動というものは，他者との共存の形式なのであるから，烈しい情動がきっかけとなって二つの時間性の共時化が起こるということはむしろありがちなこと」としながらも，哲学における「偶然性」や「運命」は未だ解決できない問題だとしている（木田元『偶然性と運命』岩波書店，2001：42）。

　第 3 は，自然や瞑想の中で生じるタイプである。自分が自然や世界とつながる中心にいるという価値観を学び，全体性の感覚やすべてのものとの相互接続感覚が得られる。多様な自然体験学習など，日常的にスピリチュアルな実践を行っている人によれば，その実践がスピリチュアリティを高め，日常的な業務の中でも非日常性を理解できる学びを得られる場合がある。最も意味あるスピリチュアルな経験は日々の暮らしの中で起こる。

第4は，アイデンティティの発達に関わるものである。女性が子ども時代の宗教的伝統に伴う家父長制について考え直し，女性に肯定的なレンズを通じて伝統面の改善を行い，自分にとって肯定的なジェンダーのアイデンティティを発達させてきた例が多くみられる。また民族的なマイノリティの立場で育った人々も，自分の出身文化の歴史や精神性，より肯定的な文化的アイデンティティを学習する。こうした人々が自分の文化的あるいはジェンダーの物語の神聖な部分を取り戻すために，文化の神話，音楽，習慣など文化的なシンボルを見直す新しい力を発見した時が，重要なスピリチュアルな体験となる。

2. スピリチュアリティの学習

スピリチュアリティを育むためには，スピリチュアルな体験が重要となるが，その体験を活かすためには，どんな工夫が学習において必要とされるだろうか。ティスデルはこの点について，まず，自分について知ること，つまり，自己の信念やスピリチュアルな好み，人や考え方などへの抵抗性を知ることをあげている。さらに，スピリチュアリティが生じやすいような環境の設定である。静かで安心でき，安全で，協力的な，開かれたスペースを設定する。また，つながりを得るためには，他の人やもの，世界との対話や接触の機会，そして内なる自己やエネルギーに接する機会を用意する。最後に，日々の活動か，非日常的な活動として，物語や詩，音楽，シンボルや儀式などのイマジネイティブな仕掛けを勧めている。

スピリチュアルな体験を経る時，あるいは得た時，その体験を自分の人生や学習の中にどう位置づけるかもまた，重要である。ティスデルの事例研究でも，人々が早期の経験を見直すらせん的ふり返り（spiral back）を行いながら，大きな意味での創造性を産み，共同体の中の抑圧物からの治癒を促進していたこと，そして，本当の自己へ導く学びを経験から学んだ人が多くいたという。ベイトソン（Bateson, 1995）は，この種の経験を「らせん的経験」と呼び，そこで人々が過去の経験をふり返り，新しい何かを発見する「らせん的学習」が生じるとする。早期の学習経験の周辺的なものが，らせん的な学習のプロセスを通じて，人生後期の重要な意味づけ機会となりうるのではないかとしている。

実際，スピリチュアルな体験は，生涯学習として私たちのスピリチュアリ

ティをどのように形成していくのであろうか。人や世界，地球との「つながり」，「全体性への旅」「神聖なものとのふれあい」といったスピリチュアリティの学習の特性を踏まえた時，スピリチュアリティの学習には，次の意義があると考えられる。

その1つは，スピリチュアリティの学習が，個人の人生の意義を高めていくという点である。スピリチュアルな体験に含まれる神秘性，聖なるもの，シンボル，イメージ，夢といった「神聖なものとのふれあい」の豊かな要素が私たちの経験に加わり，知識や感情を大きく変えていく。スピリチュアリティが個人内部につくられることで，「魂」が入る。第2に，スピリチュアルな体験の意味づけが行われることで，人生や経験への意味付与が行われる。それは，また，第3に，全体性や聖なるものとの「つながり」を得ることで，学習者個人が他者や世界，自然とつながることでもある。そして，未来に向けては，「全体性への旅」という生きる方向を学習者にもたらすことでもある。「つながり」と「全体性への旅」の活動は，学習者個人の人生をその人の人生として終わらせるだけではなく，家族や社会との関わりの中で，その人の「魂」を伝えていくことでもあり，世界とつながる私たちの生命や生きる力に一貫性をもたらすエネルギーともなっていく。

3. スピリチュアリティの発達

これまでの生涯学習論では，一般的に発達とは時間と共に生じる変化として概念化されてきた。しかし，スピリチュアリティの発達とは，時間的に一直線に行われるものだけではなく，また，他者や自然，世界とのつながりという点では，空間的な発達も含めて考えていく必要がある。

実際，スピリチュアルな体験の多様性は，経験学習の多様な領域の学習ともつながっている。スピリチュアルな体験は，ある固有の「時間内の瞬間」に生じるが，その意味を知ることや経験からの学習は，その後の長い時間の中で生じる。らせん型学習からは，全体的な自己の発達と同様に，さらなるスピリチュアルな発達がもたらされる可能性もある。多様なスピリチュアルな経験がいっそう統合化された意味のアイデンティティを促進するからでもある。

また，スピリチュアルな発達については，認知面や感情面，社会的な発達

など他の面との発達と関係づけておくことも重要である。たとえば，ファウラーは，スピリチュアルな発達と信仰の発達を，認知的道徳的発達と結びつけながらも，認知的な発達におけるイマジネーションの役割やその象徴化過程，無意識な構造化の過程への注意も必要としている（Fowler, 1981）。

4．生涯学習へのヒント

スピリチュアリティについてのこれまでの研究や理論から，その発達を促すような生涯学習を行うためには，次のような点に留意しておくことが重要だろう。

第1に，スピリチュアルな体験を学習に活かすことである。とはいっても，スピリチュアリティを育てるために，教室や学習活動の中で直接的にスピリチュアリティを論じる必要はなく，むしろ，学習者の生活における感動的瞬間の体験をたずねて，その体験がその学習者にとってどう重要だったかを語ってもらうことから始めるのが適切だろう。

第2に，スピリチュアルな豊かな体験の学習機会をつくることである。精神的発達をもたらすような多様な体験を通じて，人はその知識をしっかりとつくり上げていく。感情的な経験，象徴的，想像的，スピリチュアルな体験だけでなく，合理的なもの，感情的なものも含め，いろいろな領域の知識を引き出すような関心が重要である。そこで，意図的に，学習者の変化を作り出す創造性を刺激し，変化をもたらす工夫を学習方法に取り入れる。音楽や芸術，映画やドラマ作り，演劇などの創造，イメージ形成，洞察力は，教育の中でしばしば無視されてきた人間的な体験である。教育過程の中にこうした方法の利用を取り入れることが，多くの学習者のスピリチュアリティの形成につながる。

ミラーは，そうした方法として，ドラマ教育，音楽，クリエィティブ・ライティング，イメージワーク，夢のワーク，自分史の執筆や日記法，瞑想の時間，自然環境学習などを挙げている（Miller, J. P., 2000）。

第3に，スピリチュアリティをテーマとして学ぶことである。方法としてだけではなく，今後は，学習カリキュラムの中に，直接スピリチュアリティをテーマとして取り入れることも重要であろう。学習の促進や発達の支援を行うことを講座の目的とするなら，学習者の社会的関係や固有の体験を通じて，学

習者のスピリチュアリティの存在を認め，そのメッセージを尊重することも必要とされるだろう。

第4に，集団としてのスピリチュアリティの展開である。学習コミュニティを創る場合には，教授や学習活動において，神聖さや優雅さの瞬間の存在を活用していくことが重要となる。そうしたスピリチュアルな体験を集団として共有することは，学習者個人だけではなく，グループとして，あるいはコミュニティとして，重要な時間である。全体性へ向かう私たちの旅において，私たち自身の教授や学習における感動の瞬間が存在することは，教師にとっても，学習者にとっても，そうした感動の瞬間に立ち会うことが，学習者の勇気づけにつながる。

学習活動の中に，スピリチュアルな体験を盛り込んでいくこと，それは意図的であれ，偶然であれ，生じるかもしれないが，そうした体験を通じた学習活動が，生涯学習においてスピリチュアリティを考え，学ぶための第一歩ではなかろうか。

第4節　スピリチュアリティの展開

スピリチュアリティの学習が実践にどのように活かされるか，ここでは，最初のエピソードで紹介した個人の信念，集団の魂，そして教育運動を含む社会運動として展開された例をまとめとして見ておくことにしたい。

1. 信念としての魂

信念とは，行動のよって立つ根拠であり，人生の指針，そして個人が持つ確信である。この信念自体が，私たちの学習に大きな影響を及ぼす。それは，信念がメタ認知的な機能を持ち，知ることの前提として働く場合があるという理由による。

信念は，個人の物の見方や行動を方向付け，学習活動にも影響を及ぼす。この信念を，松尾睦は「ある対象が特定の属性と結びついているという認知」（松尾，2006: 32）として定義する。その対象と属性との結びつきの強さが，信念の強さとなる。また，信念と知識の違いについて，「多くの人によって共有され

た社会的な事実が『知識』であるのに対して，信念は，個人としての理想や価値を含む主観的な概念である」としている (Ibid.)。また，記憶の形態についても知識と信念では処理の仕方が異なり，知識主導の記憶処理が新しい情報によって新しいスキーマやその修正を行う「ボトムアップ」的働きを行うのに対し，信念主導の記憶処理では，個人の持つスキーマによって新しい経験の解釈が行われたり，信念と一致したような行動へと導く「トップダウン」的働きをする。

このトップダウン的働きは，信念が個人的な「素人理論 (lay theory)」として機能することも意味し，個人の行動や判断，評価を方向づける。また，その信念が高い価値や機能性を持つほど，いっそうその保持を行うように個人はふるまい，その機能には，「表現的機能性」と「道具的機能性」があるという。前者が自己表現に有益な機能を持つ場合であり，後者は意志決定の道具として信念が有効に働く場合である。

特に，強い信念がスピリットとして表現されるのは，信念が個人の中核的なものとして働き，何を真実として受け入れるか，世界をどのように見るかというフィルターあるいはレンズの機能を持ち，個人の知識形成に影響するからである。松尾は，さらに不動産営業担当者や自動車営業担当者，ＩＴコーディネーターの信念の分析を通じて，仕事の信念として「目標達成志向」と「顧客達成志向」の志向性を抽出し，目標達成志向が努力や情熱，顧客達成志向には思いの実現や顧客満足の傾向があるとしながらも，個人が学習目標を持つ場合には両方の信念が結びつくとし，プロフェッショナリズムの特性と深い関係にあると結論づけている。そして，こうした信念の形成にあたっては，環境の影響が大きく，仕事の信念の場合には，職場組織の影響，特に組織の文化と風土が大きく影響する。スピリチュアリティという視点に立てば，組織の文化や風土には，組織という集団や制度にどのような「魂」が吹き込まれているかという問題になる。

2. 集合意識としての魂

社会的に影響力の大きい個人の信念が集団全体に及んだり，一定の道徳やルールとして信念に基づく行動様式が文書化され，集団によって教えられる場

合，〇〇魂と呼ばれるような「集合心性」や「集合意識」が形成される。

　集合意識という概念は，フランスの社会学者デュルケム（Emile Durkheim）の提唱した概念である。デュルケムは，教育を社会的なものとしてとらえ，社会学者として教育の本質を考え，社会的事実としての教育を唱えていた。

　「そもそも，われわれ各人のうちには2つの存在があるということができる。……その1つはわれわれ自身にしかまたわれわれの個人的生活の諸事件にしか関係しないような，あらゆる心的諸状態によって作られている。これは，個人的存在と呼ぶことのできるものである。他の1つは，われわれの人格をでなく，集団あるいはわれわれの所属する種々の諸集団を表現するところの諸観念，諸感情及び諸慣行の一体系である。たとえば，宗教的信仰，道徳的諸信念及び諸慣行，国民的あるいは職業的諸伝統，あらゆる種類の集合的意見などがそれである。これらの総和が社会的存在を形成しているのである。この社会的存在をわれわれ各人のうちに形成すること，それが教育の目的である」（デュルケム，1922=1946: 7-8）。

　認識，意志，感情から成る個人の意識が，個人的存在の中に形成されるものであるとすれば，集合意識とは，社会的存在として形成されるものである。この社会的存在は個人に外在しながら，個人を拘束するものという意味で外在性と拘束性をそなえている。

　つまり，集合意識とは，個人意識を基礎としながら，それとは異なる独自の性格を持ち，個人に対して外在的に働きかけ，個人意識を拘束する。社会成員の行為に具体的に現れる。集合的認識や意志，集合的感情（われわれ意識）などから構成される。集合表象と呼ばれることもある。この集合意識が，目に見えるものとなって現れた（表象化した）ものとして道徳があるし，「日本人としての教育」や社員教育，学校文化の多様な行事に見られる「わが校意識」がある。

　「同じ社会の成員たちの平均に共通な諸信念と諸感情の総体は，固有の生命を持つ一定の体系を形成する。これを集合意識または協同意識とよぶことができる」（デュルケム，1946: 80）

　集合意識は，司法，政治，科学，産業といった領域の表象や活動の体系となって現れる。たとえば，宗教的感情，国民的感情，家族的感情，労働の感情，社

会的慣習に関わる多様な伝統感情，共同意識の形成を目指す団体や機関に関わる感情などである。たとえば，日常会話で交わされることわざや格言は，集合意識が表象化したものである。

　デュルケムの弟子，リュシアン・レヴィ＝ブリュール（Lucien Levy-Bruhl）は，さらに『未開社会の思惟』の分析を通じて，集合の「心性」という視点を用いた。フランス語でいうマンタリテ（mentalite）にあたり，この概念はさらに現代では，集団の信念体系，認識地図といった類似概念へと発展している。

　ピーター・バークによれば，この集合心性という考え方については，従来の心性史とは次の3つの点で異なるという。「まず個人の態度よりも集合的な態度を強調すること。つぎに，明確な理論よりも，言い表し得ない前提，つまりある特定の文化における『共通感覚』（common sense），あるいは共通感覚と思われるものを強調すること，そしてまた信念体系の構造を強調すること」（バーク，2006: 134）である。

　しかし，非常に強い社会的影響力を持った個人の魂が集団の魂を形づくり，他の個人に影響する場合には，集合意識や集合心性によって個人が形成されるだけではなく，個人もまた制度や組織を通じて，集合的な意識や心性を形成していくという相互作用的な研究が必要となるだろう。

3. 社会的実践を支える魂

　スピリチュアリティが歴史的にも，教育実践の現場へも，強く影響してきたような例をみると，そこには必ず著名な教育者あるいは社会的正義を持った人がおり，実践的運動を形作っていったような人には，人生を通じた信念や理念，理想がみられる。解放教育運動のパウロ・フレイレなど多くの人は，キリスト教の社会的教義に大きな影響を受けているし，日本では仏教系，キリスト教系など大学の創設者にそうした例がみられる。こうした人々は必ずしもスピリチュアリティを前面に出しているわけではない。学校教育，社会教育など生涯学習が展開されている背景には，多くのスピリチュアリティの例がみられる。成人教育の分野でも，多くの成人教育指導者がその初期の経歴に聖職についていたとティスデルは指摘している。

　また，文学や音楽，政治の分野でも，スピリチュアリティの影響を述べる人々

は多い。ピカソ，ゴッホをはじめとする多くの画家，音楽家，社会運動の指導者や政治家などが，スピリチュアルな体験を経て活動に取り組んだ例は多々ある。スピリチュアリティの強い影響はなお，多くの世界の「社会的正義」の教育活動においても現存している。

アメリカのネイティブ・インディアンの，デニス・バンクスは，1936年に生まれ，居留地から寄宿学校に入れられてインディアン教育を受け，軍隊に入隊，日本の空軍基地勤務経験を経た後，1968年よりアメリカインディアン運動（AIM）を始める。1980年代まで，彼はインディアンの権利を求めてアメリカ政府を相手として長い抵抗運動を続けた。現在は，自然から与えられた恵みを摂取し，昔の食生活の智恵を取り戻して，食を通じて地球という生命体とのつながりや循環を通すエコ運動を行い，ネイティブ・アメリカンとしてのインディアンの精神性を伝える活動を行っている。現実との厳しい闘いの中で，彼は精神性を次のように述べている。

「精神的である（スピリチュアル）ということは宗教的であることとはちがう。それは人間と人間が，人間と自然が，人間と母なる大地が，1つの環（サークル）となって互いの生命を敬いつつ生きることに他ならない。インディアンは環の力を信じている。サークルは，地上に生きるすべての物が，互いに深くつながりあって生命を営んでいることの象徴である。それはどこまでも生を肯定する。だから私たちは，この生命のつながりの環が切れることのないように祈りを捧げるのだ。宗教の教義にとらわれるのではなく，この生命の環の一部となって，他者を敬い，鳥を，木を，大地を敬うことが，精神性（スピリチュアリティ）の意味するところである。これがない社会は，たとえそれがアメリカであれ，アジアであれ，アフリカであれ，決して正しく社会を運営し，導いていくことはできない。精神的な基盤のない社会に生きる人間は，ビジョンも方向も持つことができない」（森田，1989: 284）

■注
(1) イギリスのスコラ哲学者オッカムが考えたといわれ，「存在は必要以上に増加しすぎてはならない」との格言で表される思考の原則で，「同じことがらを説明する場合は，単純な説明の方が真であり，のぞましい」ことを意味する。

■引用・参考文献

Allen, P. G.（2007）"American Indian Indigenous Pedagogy," in S. B. Merriam and Associates, *Non-Western Perspectoves on Learning and Knowing*, krieger.
Bateson, M. C.（1995）*Peripheral Visions*, Harper Perennial.
Burk, P（1992）*History and Social Thoery*, Polity Press Ltd.〈邦訳〉佐藤公彦訳（2006）『歴史学と社会理論』慶應義塾大学出版会。
Durkheim, É.（1992）*Education et Sociologie*, Alcan.〈邦訳〉田辺寿利訳（1946）『教育と社会学』日光書院。
Durkheim, É.（1893）*De la Division du Travail Social Étude sur L'organisation des sociétés supérieures*, Paris ; P, U, F.（1971）〈邦訳〉田原音和訳『社会分業論』青木書店。
Findsen, B. & Tamarua, L.（2007）"Maori Concept of Learning and Knowledge," in Merriam S. B. and Associates. *Non-Western Perspectives on Learning and Knowing*, Krieger.
Fowler, J.（1981）*Stages of Faith*. Harper and Row.
Lévy-Bruhl, L.,（1910）*Les Fonctions Mentales dans les Sociétés Inférieures*, Félix Alcan.〈邦訳〉山田吉彦訳（1953）『未開社会の思惟』（上下巻）岩波書店。
Lipton, B. H.（2005）*The Biology of Belief: Unleashing the Power of Consciousness., Matter and Miracles*. Authors Pub Corp.〈邦訳〉西尾香苗訳（2009）『思考のすごい力：心はいかにして細胞をコントロールするか』PHP研究所。
松尾睦（2006）『経験からの学習：プロフェッショナルへの成長プロセス』同文館出版。
Merriam S. B.（ed.）,（2008）*Third Update on Adult Learning Theory*, Jossey-Bass.〈邦訳〉立田慶裕・岩崎久美子・金藤ふゆ子・荻野亮吾訳（2010）『成人学習理論の新しい動向：脳や身体による学習からグローバリゼーションまで』福村出版。
Merriam S. B. & Kim, Y. S.（2008）"Non-Western Perspectives on Learning and Knowing," in Merriam, S. B.（ed.）, *Third Update on Adult Learning Theory*, New Directions for Adult and Continuing Education, 119, Jossey-Bass.〈邦訳〉立田慶裕訳（2010）「学ぶことと知ることの非西洋的視点」立田慶裕・岩崎久美子・金藤ふゆ子・荻野亮吾訳『成人学習理論の新しい動向：脳や身体による学習からグローバリゼーションまで』福村出版。
Miller, J. P.（1993）*The Holistic Teacher*, OISE Press.〈邦訳〉中川吉晴・吉田敦彦・桜井みどり訳（1997）『ホリスティックな教師たち』学研。
Miller, J. P.（1997）*Education and the Soul:Toward a Spiritual Curriculum*, State University of New York Press,.〈邦訳〉中川吉晴監訳（2010）『魂にみちた教育』晃洋書房。
森田ゆり（1989）『聖なる魂：現代アメリカ・インディアン指導者デニスバンクスは語る』朝日新聞社。
野口智弘（2009）『虫庭の宿：溝口薫平聞き書き』西日本新聞社。

Tisdell, E. (2008) "Spirituality and Adult Learning," in Merriam, S. B. (ed.), *Third Update on Adult Learning Theory*. New Directions for Adult and Continuing Education, 119, Jossey-Bass.〈邦訳〉立田慶裕訳（2010）「スピリチュアリティと成人学習」立田慶裕・岩崎久美子・金藤ふゆ子・荻野亮吾訳『成人学習理論の新しい動向：脳や身体による学習からグローバリゼーションまで』福村出版。

Tisdell, E. (2003) *Exploring Spirituality and Culture in Adult and Higher Education*, Jossey-Bass.

吉田敦彦（1999）『ホリスティック教育論』日本評論社。

第 11 章

社会関係資本と生涯学習

佐藤　智子

✚ 章のガイド

　社会関係資本の考え方の核心は「関係が大事」ということである。単独の主体が保有する経済資本や人的資本とは異なって，社会関係資本は複数の主体の間の関係性を前提とする。このように，単独の主体だけでは生まれない資源は，学習に対してどのような効果や意義を持つのだろうか。社会関係資本は，教育を強化する側面と，教育を代替する側面の二面性を有している。このような関連について詳しく考えてみよう。

✚ キーワード

　社会関係資本（social capital），ネットワーク（networks），規範（norms），制裁（sanctions），コミュニティ（community），シティズンシップ教育

第 1 節　社会関係資本とは

　「社会関係資本」（social capital）という概念は，社会科学諸領域の研究者の間でも，政策立案者の間でも，大きな注目を集めている。この概念の核心をわかりやすく表現するならば，それは「関係が重要だ」ということである。人と人とのつながりが重要であるというような感覚は，日常生活の中ではずっと昔から認識されていたことだろうが，社会科学における分析概念として顕著に注目を集めるようになったのは，比較的最近のことである。

　人々は，自分たちだけでは達成できないことや，達成できるとしても非常に困難であることを，協力することによって可能にしたり容易にしたりするこ

とができる。人々は，他者と関係を構築し，それをネットワークとして維持することで，ネットワークでつながる他者と共通の価値観や規範を持つようになる。人が単独では成し遂げられないようなことを可能にするこのようなネットワークと規範は1つの資源であり，ある種の「資本」を形づくっていると見なすことができる。それが「社会関係資本」である。わかりやすく言えば，あなたが多くの人を知っており，その知人と多くの価値観や規範を共有すればするほど，あなたは社会関係資本を豊かに持っていると見なされる。

英語でいうところのソーシャル・キャピタル（social capital）という用語は，ずっと以前より用いられていた。政治学者のファー（Farr, J., 2004）によれば，19世紀の著作の中には既にこの用語が見られ，多くの場合には，個人主義的な古典派経済学に対する批判意識から，経済的資本の社会化というような意味で用いられていた。ファーは，ソーシャル・キャピタルという用語を現代のような「社会関係資本」の意味で最初に体系的に用いたのは，ハニファン（Hanifan, L. J. 1916, 1920）[1]であったと指摘している。ハニファンは社会関係資本について，以下のように記している。

>　もし彼が近隣の人々と交流するようになれば，そこには社会関係資本の蓄積が生まれるはずである。それは直ちに彼の社会的ニーズを満たすかもしれないし，コミュニティ全体の生活条件を改善するのに充分な社会的可能性を生み出すかもしれない。コミュニティの構成員たちが皆で協力することで全体として恩恵を受け，その一方で個人としては，自分が帰属するアソシエーションに隣人たちの援助や共感や友情という利点を見出すだろう（Hanifan, 1920: 79）。

ハニファンの分析は，デューイ（Dewey, J.）[2]の教育思想と強く関わるものであった。ハニファンは，学校の成功のためには，人々の緊密なつながりを持つコミュニティの関与が必要であると強調した。彼は社会関係資本という用語を用いる以前から，農村における多くの外国人や黒人に対する人種差別，教育や福祉の不平等などに問題意識を向けていた。そこから彼は，当時のアメリカの農村地域における社会関係資本の不足という問題に取り組むのである。

1960年代になると，アメリカの各地で大規模な都市開発が進んでいった。このような都市開発によって生じる社会的な問題に着目したのが，ジェイコブズ（Jacobs, J.）であった。彼女は学者ではなかったが，著書『アメリカ大都市の死と生』（Jacobs, 1961=2010）の中で，都市におけるコミュニティの役割を明確にし，そこで必要となる物理的条件と人的条件を整理した。この著書の第6章において，都市における人的ネットワークの重要性が述べられている。成功しているコミュニティでは，顔の広い数人が核になっていることや，実際のコミュニティ活動において他のコミュニティとの連帯が必要になった時に重要な役割を果たすのは，ネットワークの周辺に位置する関係の薄い人であることなどが示唆されている。

　このように，20世紀半ばには既に社会関係資本の考え方が示されてきたが，そこでは，社会関係資本についての明確な定義はなされなかった。社会関係資本の概念が現代においてこれほど注目を集めるようになったのは，1980年代以降の3人の研究者の功績によるところが大きいと言われている。その3人の人物とは，ブルデュー（Bourdieu, P.），コールマン（Coleman, J.）そしてパットナム（Putnam, R. D.）である。以下，この3人の社会関係資本の捉え方について，簡単に整理しておくことにする。

1．ブルデュー

　ブルデューは，中流・上流階級の人々が，自分自身の利益を追求し確保するために物質的資源と非物質的資源を利用している点に関心を持っていた。彼の理論としては，おそらく社会関係資本よりも「文化資本」のほうが有名かもしれない。中流・上流階級の人々が，階層構造における地位の証として，あるいはその地位を成立させる社会的差異の指標として文化的シンボルを用いている状態を，ブルデューは「文化資本」概念によって示した。社会関係資本に関する彼の考え方も，特権階層にいる人々が自分自身の地位の優位性を確保するために用いる資源として捉えている点に特徴がある。彼は，専門家集団が自分たちや自分の子どもたちの利益を増進させる方法について言及した中で，社会関係資本を「必要な時に有用な"支援"を提供する社会的な関係性の資本」として定義している（Bourdieu, 1977: 503）。彼はその後，以下のように一般的な

コラム 11.1

ブルデューの「資本」概念

　界というのは，特定の形式の権力（あるいは資本）の中に錨を下ろしている位置＝立場の間にある歴史的な客観的諸関係の全体から成り立っており，ハビトゥスは個人の身体の中に認知，評価，行為の精神的図式と身体図式をとる形で「蓄えられた」歴史的諸関係の集合という形をとっている（Bourdieu and Wacquant, 1992=2007: 36）。

　「界」「資本」「ハビトゥス」概念の関連は，カード・ゲームにたとえて説明される（Ibid.:132-134）。
　ここでは，界はゲームに相当する。それぞれのプレイヤーの前には異なる色のカードの山が置かれており，それぞれの色がそのプレイヤーの持つ所与の資本の種類に対応している。基本的な種類の資本（経済資本，文化資本，社会関係資本など）はすべての界でそれなりに通用する有効なカードではあるものの，切り札としての資本の相対的価値はそれぞれの界（たとえば，政界，宗教界，経済界，科学界など）によって変化する。たとえば2人の個人がいたとして，2人に与えられている資本の総量が同じだったとしても，1人は多くの経済資本と少量の文化資本を持っている民間企業の経営者であり，もう1人はわずかな経済資本と多くの文化資本を持っている大学教員であるとすれば，両者の選ぶゲームやその戦略は異なってくるだろう。あるプレイヤーがどのようなゲームを行うか，そしてどのような戦略で戦うのかを規定する要因は，ハビトゥス[3]にしたがって変化する。
　さらにプレイヤーは，自分が保有する資本を維持したり増やしたりするためにゲームをするだけでなく，ゲームを成立させているルールを変えようと企てることもできる。ある界の参入者たち（たとえば，民間企業，デザイナー，小説家など）は競争を減らそうとして身近なライバルたちから自分を差異化し，界の特定の下位領域を独占しようとしている。また先に参入している者たちは，ルールを操作することによって，潜在的な参入者や現在の参入者の一部を排除しようとする場合もある。

定義を示している。

> 社会関係資本は，顕在的あるいは潜在的な資源の総和であり，程度の差はあれ制度化された人間関係，互いに面識があり会釈し合う関係の持続的なネットワークを有している個人や集団の手に入るものです。つまり，そうしたネットワークのおかげで動かすことのできる資本や権力の総和です（Bourdieu and Wacquant, 1992=2007: 158）。

ブルデューの理論では社会関係資本が特権階層だけのものとして描かれ，貧困層や労働者階級は社会関係資本を含むあらゆる資本の「欠乏」を特徴とするものと見なされている。彼の社会的不平等と再生産に関する理論は教育研究に大きな影響を与えたが，1990年代末まで，英語圏では，彼の社会関係資本に関する分析に注目が集まることはなかった（Field, 2005=2011: 29）。

ただし，ブルデュー自身が述べている通り，彼の描く「資本」概念は，孤立した状態として理解されるべきではなく，「ハビトゥス」や「界」の概念とともに作り上げられる理論体系の内部でのみ定義できるものとしている点に注意が必要である（Bourdieu and Wacquant, 1992=2007：130）。

2. コールマン

コールマンは社会関係資本を次のように定義している。

> 家族関係やコミュニティの社会組織に内在する一連の資源であり，子どもや若者の認知的ないし社会的発達にとって有用な一連の資源である。こうした資源は人ごとに異なり，彼らの人的資本の発展に際して，子どもや思春期の若者に重要な利益となる（Coleman, 1994=2004: 472）。

コールマンは，人的資本に関するベッカー（Becker, G. S. 1964=1976）の研究に影響を受けていた（Field, 2005）。ベッカーの研究は，合理的選択理論の枠組みに，教育や家族などの問題を当てはめたものである。合理的選択理論の中核

は，あらゆる行動は，個人が自己利益を最大化するために合理的な方法で選択する結果として生じるという考え方にある。合理的選択理論は人間行動の個人主義的モデルを仮定しており，他人に関係なく，各個人が自分の利益のために選択し行動すると考える。しかしこのモデルでは，人々が，何ら強制力が存在しないのにもかかわらず，自己の利益に反してお互いに協力するような状況を説明できない。コールマンの関心は，人々がさまざまな状況において協力する状況を説明するための手段を，社会関係資本が提供してくれるという点にあった。

コールマンの社会関係資本に関する関心は，学校教育における子どもの教育達成と社会的不平等の関連に端を発している。彼は，調査によって，社会階層やエスニシティなどの他の因子を考慮にいれた場合でもなお，公立学校よりもカトリック系学校などの私立学校の生徒のほうが成績が良い傾向にあることを示した (Coleman et al., 1982; Coleman and Hoffer, 1987)。コールマンは，生徒の高い成績は，主に親や生徒に対するコミュニティ規範の影響であると論じている。コールマンの社会関係資本に対する考え方は，合理的選択理論を枠組みとしながらも，通常は見返りが個人にのみ帰属する物的資本や人的資本とは異なって，社会関係資本をネットワークの構造を構成するすべての人々に利益をもたらす公共財として描いている点に特徴がある (Coleman, 1988)。

3. パットナム

パットナムはアメリカの政治学者である。イタリアのガバナンスに関する彼の研究は，相対的に豊かで市民意識の高い北部と，相対的に貧しく行政サービスの非効率な南部との差異を，社会関係資本の概念によって説明した。パットナムの社会関係資本に対する見方は，コールマンと同様に，協調的な行為を円滑化し社会的効率を高める役割を強調するものであった (Putnam, 1993)。

パットナムは，有名な著書『孤独なボウリング』(Putnam, 2000=2006) の中で，社会関係資本を次のように定義している。

> 社会関係資本が指し示しているのは個人間のつながり，すなわち社会的ネットワーク，およびそこから生じる互酬性と信頼性の規範

である (Ibid.:14)。

　彼は同書において，アメリカでは1960年代をピークとして政治参加，市民組織への参加，宗教への参加，職場でのつながり，ボランティア活動や慈善事業などいずれもが縮小し，それに伴ってアメリカ人の信頼の感覚なども衰退してきたと論じている。特に教育や児童福祉に関する社会関係資本の重要性に触れ，「社会関係資本の存在は，とりわけ教育の分野においては，幅広くプラスの結果と結びついている」が，「米国における社会関係資本のストックが消滅したことが，最もダメージを与えてしまう領域の1つは，われわれの子弟が（学校の内外で）受ける教育の質である」と述べている (Ibid.:362-374)。

　これらの衰退の要因としては，次の4点が挙げられている。第1に，多忙さの拡大，雇用の不安定化，実質賃金の低下など時間的・金銭的プレッシャーの存在である。第2に，都市の流動性やスプロール現象である。ただし第1，第2の要因によって説明される割合は小さい。第3の要因はパットナムがより強調しているものだが，テレビなどの電子的娯楽による余暇時間の私事化の影響である。テレビなどの電子的娯楽の増加によって，人々は市民的生活から脱落し，友人や家族と過ごす時間も減少したと指摘している。第4の最も重要な要因は，世代的変化である。彼の分析によれば，1920年代に生まれた人々は，1960年代に生まれた孫の世代よりも，所属する市民組織数も政治への関心も2倍ほど高く，他人への信頼の程度も2倍以上高かった (Ibid.: 229-346)。

　以上，社会関係資本の概念の発展に寄与した3人の研究を見てきた。彼らのアプローチはそれぞれ異なる。ブルデューは特権階層によって利用される資源として社会関係資本を捉え，特に貴族や資本家のような文化資本を保有している権力層を対象にしていた。一方のコールマンは，特権階層にとっても不利益層にとっても価値を持つものとして社会関係資本を捉えていた。ただし，コールマンもブルデューと同様に，教育達成に対する社会関係資本の影響に関心を抱き，個人や家族に帰属する資源として理解していた点では共通している。パットナムはこの概念を拡張させ，個人ではなく，国や地域といったマクロなレベルに蓄積されるものとして社会関係資本を捉えていた。

第2節　社会関係資本の構成要素と分析レベル

1. 社会関係資本の構成要素

　パットナム（2000）の定義では，ネットワークと規範を社会関係資本の主要な要素としていた。ただし社会関係資本に関するその後の多くの研究では，規範よりもネットワークのほうに焦点が当てられる傾向がある。たとえばリン（Lin, N. 2001=2008）は，組織の中で重要な位置を占める社会的紐帯から得られる資源として社会関係資本を理解していた。リンは，社会関係資本に操作的な定義を与えた際にも，「人々が何らかの行為を行うためにアクセスし活用する社会的ネットワークに埋め込まれた資源」（Ibid.: 32）として，規範の内容よりも，ネットワークの構造のほうに着目した研究を行った。
　ハルパーン（Halpern, D., 2005）は，社会関係資本を3つの構成要素から説明している。それは，社会的ネットワーク，社会的規範，そして制裁である。これら3つの要素はほとんどの社会的アソシエーションにおいて見出せるものである。第1の社会的ネットワークとは，他者との関係性の多寡や強弱などで表現される。第2の構成要素である社会的規範とは，ネットワークあるいはコミュニティを構成するメンバーを特徴づけるルール，価値，期待である。第3の制裁とは，法律に則った公式のものに限らず，コミュニティの中のインフォーマルな制裁機能も含んでいる。
　第1の構成要素である社会的ネットワークについては，密度（density）[4]や閉鎖性（closure）[5]などの指標によって計量的・構造的な説明を加えることができる。社会関係資本の類型として一般的に用いられる結束型（bonding），橋渡し型（bridging）[6]の分類は，「強い紐帯」「弱い紐帯」（Granovetter, 1973）の区分に概ね対応していると考えられており，これらもネットワークの構造に着目した分類である。結束型とは，家族，親しい友人，近隣住民のような，近似的状況にいる同質の人々の間に現れる社会関係資本であり，橋渡し型は，親友と呼べるほどではない友人・知人や職場における関係のように，異なる背景を持つ異質な人を結ぶ紐帯によって網羅されている社会関係資本である[7]。ただしネットワークの存在は，必ずしも，協力や相互扶助などのように肯定的に機

能するとは限らない。ネットワークは，その関係がなければ生じなかった否定的な側面，たとえば，対立や反感などを生み出すこともある。そこで規範や制裁の存在が重要となる。

2. 分析レベル：ミクロ，メゾ，マクロ

　社会関係資本の概念の拡がりと同時に，研究や政策文書の中で用いられている社会関係資本という用語の意味するものがしばしば暗黙的で混乱している場合があると指摘されている。ハルパーン（Halpern, 2005: 13-14）は，社会関係資本の範囲について根本的な論争があることを紹介している。たとえば，社会関係資本の範囲の中で扱われてきたものには，以下のようなものがある。社会的信頼における国家間の差異，他の集団が失敗してきた場所で一部の移民や民族集団の成功を可能にする社会的ネットワーク，低犯罪の地域社会における実践と慣習，学校と生徒の成功を支える保護者のネットワーク，ほとんどすべての種類のボランティア組織，スポーツや特別な関心に基づくクラブ，友人の社会的ネットワーク，家族の構造や性質，家庭における両親の存在から家族全員が一緒に食事をする頻度などである。つまり社会関係資本という用語は，地域社会やボランティア組織のようなメゾ・レベルだけを意味して用いられてきたわけではなく，一方では国家を単位とするようなマクロ・レベルの分析で用いられ，他方ではミクロ・レベルでの家族内部における現象を取り上げてきた。

　社会関係資本概念のこのような多義性に対しては厳しい批判もある。おそらく最も活発に社会関係資本を批判しているファイン（Fine, B., 2000: 155）は，「社会関係資本とは全体的に支離滅裂で曖昧な一般的カテゴリーであり，あらゆる目的のための抽象的な傘として用いることができる」と論じている。

　大半の研究者は，たとえば伝統的な地縁コミュニティなどのように，内部にいるほとんどの人々がお互いを知っているような家族以外の社会的ネットワークが社会関係資本の明確な例であるということには合意するだろう。その一方で論争的なのは，たとえば家族のような，まさに原初的なネットワークが含まれるかどうかという問題であり，もう1つの極例として，全員が「見知らぬ人」であるコミュニティが含まれるかどうかという問題がある。

第3節　生涯学習に対する社会関係資本の影響

1．教育達成と社会関係資本

　シュラー（Schuller, T.）とフィールド（Field, J.）は，社会関係資本が生涯学習に与える影響について以下のようにまとめている（Schuller and Field, 1998）。彼らは，生涯学習を，学校教育達成，継続教育，ノンフォーマルな学習の3つの領域に分類した。学校教育達成とは学校での成績や学歴を意味する。継続教育とは，フォーマルな成人教育や職業訓練プログラムなどを指す。最後のノンフォーマルな学習とは，彼らの分類によれば，学校教育と継続教育以外の教育，つまりフォーマルな教育を除いたノンフォーマル・インフォーマルな学習形態を含むカテゴリーとなっている（Ibid.: 83）。

　はじめに学校教育達成に対する社会関係資本の影響についてである。先行研究では，高い程度の社会関係資本は高い教育達成と関連しており，社会関係資本が少ない場合にはそれが低くなる傾向が示されてきた。よって，図11.1におけるBとCの象限にある。次に継続教育である。これは，成人を対象にした職業教育訓練の機会に参加している程度を想定している。北アイルランドの調査では，社会関係資本の程度が高いと，継続教育への参加が低くなると示唆されている。よって図11.2のAの象限になる。このようになる理由として考えられるのは，就職や昇進などの機会を得るために他の資源を当てにすることのできる人にとっては，フォーマルな職業教育訓練の機会がそれほど重要ではないということである（Ibid.: 84）。最後のノンフォーマルな学習への参加については，高い程度の社会関係資本は一般的には平均以上のノンフォーマルな学習につながるとされており，図11.3のBの象限に位置づく。これらの分類は不完全ではあるが示唆的である（Ibid.: 85）。

　親や本人の社会関係資本が学校教育達成に与える影響に着目した研究は，これまでも多くなされてきた。ハルパーン（Halpern, 2005）は，ミクロ・レベル，メゾ・レベル，マクロ・レベルそれぞれの社会関係資本が，教育達成に対して大きな影響力を持っていることを示している（図11.4）。

　ミクロ・レベルで見ると，一般的に，子どもに両親がいて，親子の接触が多

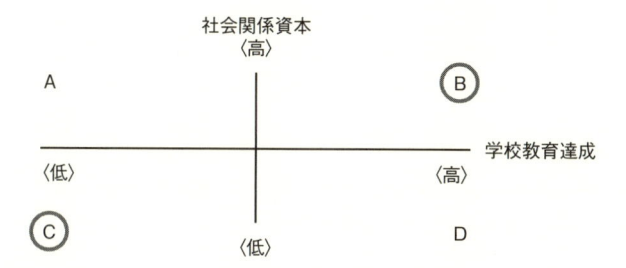

第11章 社会関係資本と生涯学習　213

出典：Schuller and Field, 1998

図11.1　社会関係資本と学校教育達成

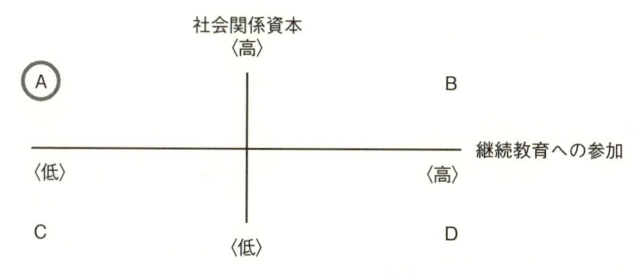

出典：Schuller and Field, 1998

図11.2　社会関係資本と継続教育への参加

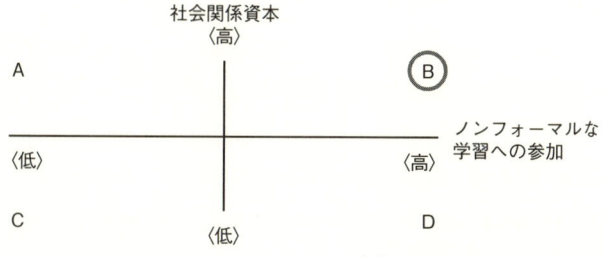

出典：Schuller and Field, 1998

図11.3　社会関係資本とノンフォーマルな学習への参加

いほど子どもの教育達成が高まる傾向にある（Valenzuela and Dornbusch, 1994; Furstenberg and Hughes, 1995; Parcel and Geschwender, 1995; Sun,1998）。子どもの教育に対する親の影響力は，親の強いアスピレーションによって規定されていると考えられる。この影響力は，親子が目標について合意できた時には最も顕著に現れるが，親子間の密な関係性にもかかわらず親子が合意できない場合には期待値を押し下げる可能性もある。

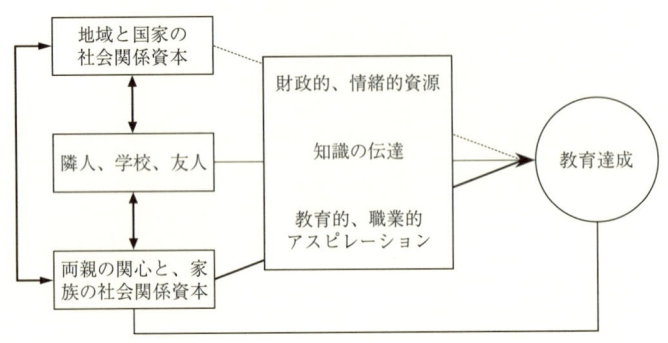

注：線の太さは，大まかに直接的な関係の強さを示す。
出典：Halpern, 2005: 167

図11.4 社会関係資本と教育達成の関係

　両親の社会関係資本は，子どもの教育的成果にも積極的な影響を与える。両親がより広いつながりを持つことは，高い能力を有している子どもたちがその潜在能力を十分に発揮することができるために特に重要である。家庭の社会関係資本における差異は，たとえばひとり親や継父母であることと子どもの低い教育達成との関連性のように，家族のタイプによる教育達成の違いを説明するのに有効である。ひとり親の家庭は，両親の揃っている家庭と比べると社会的ネットワークが小さく，社会とのつながりも少ない傾向にある（Mclanahan and Sandefur, 1994）。このことは，エスニック・グループによる違いについても言える（Yan, 1999）。

　メゾ・レベルでは，学校とコミュニティの両方による効果が見出されている。カトリック系など宗教系の私立学校が，公立学校と比べて明らかに低い中退率を維持しているのは，家庭と学校との強いネットワークに起因するもので

あることが示された（Coleman, 1988）。加えて，規模の小さい学校であるという点も，高い成果につながっている（Bryk *et al.*, 1993; Langbein and Bess, 2002）。教師同士の関係性という学校内部の社会関係資本もまた，学校間の差異を説明するために重要であるということが実証されている（Hargreaves, 2001; Stigler and Hiebert, 1999）。しかし，学校の効果の多くは，現実にはコミュニティの効果である（Sun, 1999; Pong, 1998）。よって，1つの地域に社会関係資本の乏しい家族が集中することは，子どもの教育に対する不利益を増幅させることになる（Halpern, 2005: 168）。

マクロ・レベルでも，社会関係資本と教育達成のあいだの強い関連性の存在が示されている。パットナム（Putnam, 2000）は，アメリカの州を単位とした社会関係資本の高さが子どもたちの良い学業成績に関連しており，このような地域による成績の差異は，人種構成，豊かさ，経済的不平等，成人教育のレベル，貧困率，教育支出，教員の給与，クラスの大きさ，家族構成，信仰など他の多くの要因を統制してもなお関連を示すと報告されている。

このように，社会関係資本は教育達成に大きな影響力を持っている。これらの影響力を説明するためには，教育達成に対するアスピレーションを媒介変数として考えることが有効とされる（Halpern, 2005）。社会的ネットワークと親から受ける高い期待は子どもを伸ばし，励まし，鼓舞する[8]。

以上の研究は主に学校教育における教育達成に対する社会関係資本の影響に着目したものである。しかし人々の学習活動の多くは，学校教育や家庭教育以外でも生じている。成人が知っていることの多くは，学校教育を修了したあとに，職場で教わったことであったり，友人から得た情報であったり，日常的な偶然から学習したものである。

成人教育に対する社会関係資本の影響を分析した研究は相対的に少ない。北アイルランドの生涯学習に関する研究結果では，社会関係資本の程度が高いと，学校教育達成に対する若者の価値を強化する一方で，同時にそれが，成人のフォーマルな学習の代替物を提供する可能性もあることを示している。大人たちは新しいスキルや情報を，フォーマルな教育訓練コースを通してというよりも，むしろノンフォーマルな学習という形態で，家族や友人などから得ることを選ぶ場合がある（Field, 2005: 104-107）。

第4節　社会関係資本を形成する学習

　社会関係資本を生むための必要条件は，社会的・政治的・文化的文脈における十分な量と質の相互的な学習だという指摘がある（Alfred, 2009）。社会関係資本の概念は，人々がどのように学習し，その知識やスキル等をネットワークの中でいかに活用するのかという点に関心を向けさせる。

　個人レベルでは，教育達成の程度の高い人ほど高い水準の社会関係資本を持つ傾向にあることが実証的に明らかにされてきた。高等教育学歴を持つ個人は，そうではない人よりも高い市民的関与を示し，相対的に大きくて多様な社会的ネットワークを有しており，他者へのより高い信頼を持っている。この関連性はアメリカ，オーストラリア，イギリスなど複数の国においても，また複数の指標によっても見出されてきた（Putnam, 2000; Baum et al., 2000; Hall, 1999）。

　長期的なデータの分析によっても，教育が社会関係資本を高めることが確かめられている。たとえばイギリスでは，他の変数の影響を統制した上でもなお，社会的信頼とコミュニティ参加の両方の観点から，大学に行くことが社会関係資本に強い肯定的な影響を持つことが示された（Egerton, 2002）。ただし，大学など高等教育機関に入学するような若者の社会的・市民的関与は，大学に行かなかった若者と比べて，大学に入学する以前の10代後半の時点において既に高かったことが示唆されている。大学に入学する子どもたちの高い市民的関与の一部は家族要因によって説明された。しかし大学入学以前の高い市民的関与と家族の背景を統制した上でもなお，高等教育の経験が市民的関与を促進する緩やかな影響を与えていた。興味深いことに，その効果は年齢の高い成熟した学生ほど大きいことが観察された（Ibid.）。

　学歴が社会関係資本に影響する因果関係を明確に説明するためには，既存の研究では不十分である。しかし説得力のある2つの説明が考えられる（Field, 2008: 53-54）。1つは学校などの教育の場において多くの他者と接近・接触することによる直接的な影響であり，もう1つは社会的ネットワークを形成するのに必要な知識やスキルや能力を，教育や学習を通じて獲得するという間接的な影響である。

第1の，学校という場で多くの人と接触することの直接的な結果であるという可能性は，学校以外の集団や組織でも同様の可能性が指摘できる。ただし，特に学校の場合は，比較的同質な他者と出会う機会を増進させる。そのうちの何人かとは，卒業後も長期間に渡って連絡を取り続ける場合も少なくない。アメリカの代表的な SNS（social network sites）である「フェイスブック」に関する研究では，フェイスブックを利用している大学生は，利用していない大学生と比べて，大学に通う以前に仲の良かった友人とのつながりを維持している傾向が示された（Ellison et al., 2007: 1158）。一般的によく知られているもう1つの例としては，特にエリート校出身者を中心に維持されている「学閥」と呼ばれるような閉鎖的なネットワークが挙げられる。しかしこれまでは，「学閥」について社会関係資本の観点から概念化されることは稀だった。研究としては，学生のあいだの友情ネットワークに関するものや，卒業後の接触の程度に関するものなどはまだ非常に少ない。

　第2の，教育機会を通して社会的ネットワークを形成するのに必要な知識やスキルや能力を獲得する可能性としては，次のように考えられる。つまり，学校生活や学校外での体験を通して，他者との関係性を構築するための社会的スキルや規範を身につけることができるという可能性である。高度な教育を受けた教養の高い人々は，他者に接する際に信頼感のある建設的な態度をとることが，社会の利益に適うというだけでなく，自分自身の利益をも最大化するのだということを理解している。若者が，社会的・協働的なスキルを発達させることのできるような経験に積極的に関わろうとする際に，学校カリキュラム以外の，同年代同士やコミュニティを基盤とした活動からだけではなく，学校によって準備された教育的な環境からもこれらの機会を得ている（Dworkin, Larson and Hansen, 2003）。同じように，学校の方針が，カリキュラム外の活動への生徒の参加に対して重要な影響を与えるということもよく知られている。そしてこれらはさらに，若者の社会的ネットワークや社会的スキルの獲得や向上にも大きな影響を与える（McNeal, 1999; Langbein and Bess, 2002）。これらのネットワークやスキルは，生徒が学校や大学を離れた後，徐々に，弾力性のある動的な社会関係資本の諸要素につながっていくと考えられる。あるいは，言語的なリテラシーや複雑な政治的・社会的制度に関する理解などのように教育

を通して獲得された一般的な知識が，市民活動や個人の社会的・政治的参加を促進するとも考えられる。

成人学習が社会関係資本に及ぼす影響についての研究は，学校教育における研究と比べても非常に少ない。1990年にロンドン大学に設立された研究センターであるWBL（The Research Centre on the Wider Benefits of Learning）では，社会的結束やアクティブ・シティズンシップ，健康などに対する成人学習の寄与についての調査研究を実施した。そこでは，33歳から42歳の間に行われたフォーマルな学習の影響として，人種的寛容性や市民組織への参加などにおいて肯定的な結果が見られ，それは取得科目数とも関連していた（Bynner and Hammond, 2004: 167-170）。フィールド（Field, 2005: 108-109）は，WBLの調査研究の結果から得られた重要な手がかりとして，以下の2点を指摘している。第1は，職業科目とアカデミック科目に関わる人々の経験が対照的であったことである。学習による肯定的な影響はアカデミック科目への参加の結果であり，職業科目への参加については社会関係資本のみならず経済的利益の点からも参加者に顕著な利益をもたらさなかったとしている（Bynner and Hammond, 2004: 176）。第2に，学習が人々に他者との関わりを促進する能力を与えているという点である。成人期の学習は，学校教育段階において低い教育達成しか得られなかった人々の自尊心の低さなどを克服させるような，自信や自己効力感を提供する（Hammond, 2004: 42-45）。以上を踏まえてフィールドは，学習こそが社会関係資本にアクセスする機会を形成することを指摘している（Field, 2005: 109）。

第5節　生涯学習への示唆

社会関係資本と教育の関連性は，継続的な研究によって正確に検証されようとしている（Halpern, John and Morris, 2002）。しかし研究者の提言を待つことなく，大半の人々は，教育こそが若者の行動様式を形づくる役割を担っており，それゆえに教育は明日の社会を形づくる重要な役割を担うことができると信じている。しかし，ここに1つの疑問が生じる。それは，いくつかの国では，なぜ，教育が大きく拡充したのと同時期に社会関係資本の蓄積が失われ始めた

のか，という点である（Halpern, 2005: 165）。

　現在，実質的に産業化した大半の国では，何らかの形で「シティズンシップ教育」を行っている。シティズンシップ教育は，フォーマルな教育形態と実践的な体験学習やボランティア活動などとの組み合わせによって構成されている。しかし，フォーマルな教育による直接的な効果はそれほど大きくないことも示されている（Niemi and Junn, 1998）。ハルパーン（Halpern, 2005: 165-166）によれば，教師が教室で子どもに教えるだけでは，子どもの自己効力感や信頼や参加を高める効果はほとんどないと指摘される。一方，課外活動の効果は肯定的である（Smith, 1999）。このような文脈の中で，「サービスラーニング」に関心が集まっている（Drogosz, Litan and Dionne, 2003）。過去のボランティア経験は，時間が経過したあとでも効果を持つことが示唆されている（Janoski, Musick and Wilson, 1998）。

　以上のように，先行研究によって検証されてきた社会関係資本と教育の関連性は，社会関係資本が教育の価値を強化するのと同時に，それが教育システムの代替機能を持つことも含意している。社会関係資本の概念が生涯学習論に与えるインパクトは，社会関係資本の諸要素が教育システムを改善したり強化したりするために大きな力を発揮できるということだけではなく，画一的で標準化された教育システムの限界に目を向けさせ，多様な学習形態と多元的な学習アプローチの必要性・重要性を喚起させるという点で，非常に大きい。

■注
(1) Hanifan (1916) の内容は，後に Hanifan (1920: 78-88) に収録された。
(2) デューイは著書『学校と社会』(1915=1998: 178) の中で，ソーシャル・キャピタルという表現を用いている（ただし訳書においては「社会的資本」という訳語が充てられている）。
(3) ブルデューによれば (Bourdieu and Wacquant, 1992=2007)，ハビトゥスとは，性向のなかに刻印された生成的な能力 (Ibid.: 162) であり，ハビトゥスそれ自体が世界の内在的規則性と傾向性とを身体化した産物 (Ibid.: 181) である。この概念の役割は，合理的行為者としてのホモ・エコノミクス理論，合理的選択理論などに代表される知性的行為哲学の限界を克服すること (Ibid.: 160) であり，この概念だけが，性向，趣味，選好の恒常性を説明できるという点で重要である (Ibid.: 173)。ハビトゥスは未来への参照を含んで実践的に生成され，それが現実化される当の行為の中で

時間化される。実践とはハビトゥスの産物であり，界の内在的傾向に適合するハビトゥスによって生み出された実践的活動は，直接的現在を越える。ここでは，時間はア・プリオリで超越的な条件ではなく，実践的活動自体が生み出される行為の中で，実践的活動によって生み出されるものである（Ibid.: 180-181）。

(4) ネットワークの密度とは，ネットワーク内部でお互いに知り合いである関係性の割合である。以下のネットワーク図においては，XもYも5人から構成されるネットワークに属し，XもYもネットワーク内部において2人と知り合いである状態である。しかしYの属しているネットワークと比べて，Xの属しているネットワークの密度は高い。よって，ネットワークの構造だけを見れば，XはYよりも高い程度の社会関係資本を有していると考えることができる。

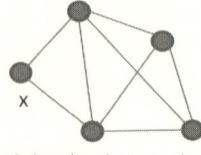

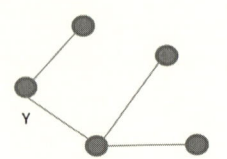

密度の高いネットワーク　　密度の低いネットワーク

(5) 閉鎖性は，規範の発生や信用システムにおいて重要であると言われている。コールマン（Coleman, 1994=2004: 497）は，親子を含むシステムを例として閉鎖性の影響を説明している。以下の図では，AとBがあるコミュニティの大人で，aはAの子ども，bはBの子どもであるとする。コミュニティの閉鎖性は①で示され，閉鎖性の欠如は②で示される。①で示される閉鎖性のあるコミュニティでは，AとBが自身の子どもを育てる際に各々の相互義務を利用し，AとBが規範を設定することを通して子どもに対するお互いの制裁を強化することができる。

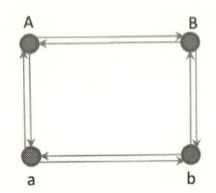

① 世代間閉鎖のあるコミュニティ　　② 世代間閉鎖のないコミュニティ

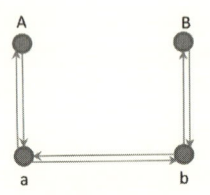

(6) パットナム（Putnam, 2000=2006）によれば，最初に結束型と橋渡し型のラベルを用いたのはギッテルとヴァイタルの著作（G. Gittell and A. Vital, 1998）だと指摘されている。「結束型」や「橋渡し型」の分類は実際の社会的ネットワークを定義の通りに明確に分けられるようなものではなく，社会関係資本のさまざまな形態を比較する時に使える「よりその傾向が大きい，小さい」という次元のものである（Putnam, 2000=2006: 21）。

(7) ウルコック（M. Woolcock, 2001: 14）は，結束型と橋渡し型の他に，連結型（linking）の類型も示している。連結型とは，完全にコミュニティの外部にいるような，異なる状況にある異質な人々を結びつける社会関係資本を意味している。これにより，メンバーは，コミュニティ内部で利用可能な範囲よりももっと広範囲に渡る資源を活用できるようになる。
(8) ただし，反教育的な規範とそのような規範を共有する仲間集団によって構成されるコミュニティでは，同程度の影響力をもって否定的に機能する可能性もある。

■引用・参考文献

Alfred (2009) "Social capital theory: Implications for women's networking and learning," New Directions for Adult and Continuing Education, 122, Summer, Jossey-Bass.

Baum, F. E., Bush, R. A., Modra, C. C., Murray, C. J., Cox, E. M., Alexander, K. M. and Potter, R. C. (2000) "Epidemiology of Participation: An Australian Community Study," *Journal of Epidemiology and Community Health*, 54 (6), 414-423.

Becker, G. S. (1964) *Human Capital: A Theoretical and Empirical Analysis*, National Bureau of Economic Research.〈邦訳〉佐野陽子訳（1976）『人的資本：教育を中心とした理論的・経験的分析』東洋経済新報社。

Bourdieu, P. (1977) "Cultural Reproduction and Social Preproduction," in J. Karabel and A. H. Halsey(eds.), *Power and Ideology in Education*, Oxford University Press.

Bourdieu, P. and Wacquant, L. J. D. (1992) *An Invitation to Reflexive Sociology*, University of Chicago Press.〈邦訳〉水島和則訳（2007）『リフレクシヴ・ソシオロジーへの招待：ブルデュー，社会学を語る』藤原書店。

Bryk, A. S., Lee, V. E. and Holland, P. B. (1993) *Catholic Schools and the Common Good*, Harvard University Press.

Bynner, J. and Hammond, C. (2004) "The Benefits of Adult Learning: Quantitative Insights," in Schuller, T., Preston, J., Hammond, C., Brassett-Grundy, A. and Bynner, J. (eds.), *The Benefits of Learning: The Impact of Education on Health, Family Life and Social Capital*, Routledge Falmer, 161-178.

Coleman J., Hoffer, T. and Kilgore, S. (1982) *High School Achievement: Public, Catholic and Private Schools Compared*, Basic Books.

Coleman J. and Hoffer, T. (1987) *Public and Private Schools: The Impact of Communities*, Basic Books.

Coleman, J. (1988) "Social Capital in the Creation of Human Capital," *American Journal of Sociology*, 94, 95-120.〈邦訳〉金光淳訳（2006）「人的資本の形成における社会関係資本」野沢慎司編・監訳『リーディングス ネットワーク論：家族・コミュニティ・社会関係資本』勁草書房，205-238。

Coleman, J. (1994) *Foundations of Social Theory*, Belknap Press.〈邦訳〉久慈利武(2004)『社会理論の基礎〈上〉』青木書店。

Dewey, J. (1915) *The School and Society*, (revised ed.), The University of Chicago Press.〈邦訳〉市村尚久訳（1998）『学校と社会・子どもとカリキュラム』講談社学術文庫, 59-258。

Drogosz, K. M., Litan, R. E. and Dionne, E. J. (2003) *United We Serve: National Service and the Future of Citizenship*, Brookings Institution Press.

Dworkin, J. B. Larson, R. and Hansen, D. (2003) "Adolescents' Accounts of Growth Experiences in Youth Activities," *Journal of Youth and Adolescence*, 32 (1) ,17-26.

Egerton, M. (2002) "Higher Education and Civic Engagement," *British Journal of Sociology*, 53 (4), 603-620.

Ellison, N. B., Steinfield, C. and Lampe, C. (2007) "The Benefits of Facebook 'Friends': Social Capital and College Students' Use of Online Social Network Sites," *Journal of Computer-Mediated Communication*, 12(4), 1143-1168.

Farr, J. (2004) "Social Capital: A Conceptual History," *Political Theory*, 32(1), Sage, 6-33.

Field, J. (2005) *Social Capital and Lifelong Learning*, The Policy Press.〈邦訳〉矢野裕俊・赤尾勝己・立田慶裕・中村浩子訳（2011）『ソーシャルキャピタルと生涯学習』東信堂。

Field, J. (2008) *Social Capital (2nd edit.)*, Routledge.

Fine, B. (2000) *Social Capital Versus Social Theory: Political Economy and Social Science at the Turn of the Millennium*, Routledge.

Fukuyama, F. (2001) "Social Capital, Civil Society and Development," *Third World Quarterly*, 22(1), 7-20.

Furstenberg, F. F. and Hughes, M. E. (1995) "Social Capital and Successful Development among At-risk Youth," *Journal of Marriage and the Family*, 57(3), 580-592.

Gittell, G. and Vital, A. (1998) *Community Organising: Building Social Capital as a Development Strategy*, Sage.

Granovetter, M. (1973) "The Strength of Weak Ties," *American Journal of Sociology*, 78, 1360-1380.〈邦訳〉大岡栄美訳（2006）「弱い紐帯の強さ」野沢慎司編・監訳『リーディングス ネットワーク論：家族・コミュニティ・社会関係資本』勁草書房, 123-154。

Hall, P. (1999) "Social Capital in Britain," *British Journal of Political Science*, 29, 3, 417-61.

Halpern, D. (2005) *Social Capital*, Polity Press.

Halpern, D., John, P. and Morris, Z. (2002) "Before Citizenship Order: A Survey of Citizenship Education Practice in England," *Journal of Education Policy*, 17(2), 217-228.

Hammond, C. (2004) "The Impacts of Learning on Well-being, Mental Health and Effective Coping," in Schuller, T., Preston, J., Hammond, C., Brassett-Grundy, A. and Bynner, J., (eds.) *The Benefits of Learning: The Impact of Education on Health, Family Life and Social Capital*, Routledge Falmer, 37-56.

Hanifan, L. J. (1916) "The Rural School Community Center," *Annals of the American Academy of Political and Social Science*, 67, 130-138.

Hanifan, L. J. (1920) *The Community Center*, Silver, Burdett & Company.

Hargreaves, D. H. (2001) "A Capital Theory of School Effectiveness and Improvement," *British Educational Research Journal*, 27(4), 487-503.

平塚眞樹 (2006)「移行システム分解過程における能力観の転換と社会関係資本」,『教育学研究』, 73(4), 69-80。

Jacobs, J. (1961) *Death and Life of Great American Cities*, Vintage. 〈邦訳〉山形浩生訳 (2010)『アメリカ大都市の死と生』鹿島出版会。

Janoski, T., Musick, M. and Wilson, J. (1998) "Being Volunteered? The Impact of Social Participation and Pro-Social Attitudes on Volunteering," *Sociological Forum*, 13(3), 495-519.

Langbein, L. and Bess, R. (2002) "Sports in School: Source of Amity or Antipathy?," *Social Science Quarterly*, 83(2), 436-454.

Lin, N. (2001) *Social Capital: A Theory of Social Structure and Action*, Cambridge University Press. 〈邦訳〉筒井淳也・石田光規・桜井政成・三輪哲・土岐智賀子訳 (2008)『ソーシャル・キャピタル：社会構造と行為の理論』ミネルヴァ書房。

Mclanahan, S. and Sandefur, G. (1994) *Growing Up with a Single Parent: What Hurts, What Helps*, Harvard University Press.

McNeal, R. B. (1999) "Participation in High School Extracurricular Activities: Investigating School Effects," *Social Science Quarterly*, 80(2), 291-309.

Niemi, R. G. and Junn, J. (1998) *Civic Education: What Makes Students Learn*, Yale University Press.

Parcel, T. L. and Geschwender, L. E. (1995) "Explaining Southern Disadvantage in Verbal Facility among Young Children," *Social Forces*, 73(3), 841-874.

Pong, S. L. (1998) "The School Compositional Effect of Single Parenthood on 10th-grade Achievement," *Sociology of Education*, 71(1), 23-42.

Putnam, R. D. (1993) *Making Democracy Work: Civic Traditions in Modern Italy*, Princeton University Press. 〈邦訳〉河田潤一訳 (2001)『哲学する民主主義：伝統と改革の市民的構造』NTT出版。

Putnam, R. D. (2000) *Bowling Alone: The collapse and Revival of American Community*, Simon & Schuster. 〈邦訳〉柴内康文訳 (2006)『孤独なボウリング：米国コミュニティの崩壊と再生』柏書房。

Schuller T. and Field, J. (1998) "Social Capital, Human Capital and the Learning Society," *International Journal of Lifelong Education*, 17(4), 226-235.

Smith, E. S. (1999) "The Effects of Investments in the Social Capital of Youth on Political and Civic Behavior in Young Adulthood: A Longitudinal Analysis," *Political Psychology*, 20(3), 553-580.

Stigler and Hiebert, (1999) *The Teaching Gap: Best Ideas from the World's Teachers for Improving Education in the Classroom*, Free Press.

Sun, Y. (1998) "The Academic Success of East-Asian American Students: An Investment Model," *Social Science Research*, 27(4), 432-456.

Sun, Y. (1999) "The Contextual Effects of Community Social Capital on Academic Performance," *Social Science Research*, 28(4), 403-426.

Valenzuela, A. and Dornbusch, S. M. (1994) "Familism and Social Capital in the Academic Achievement of Mexican Origin and Anglo Adolescents," *Social Science Quarterly*, 75(1), 18-36.

Woolcock, M. (2001) "The Place of Social Capital in Understanding Social and Economic Outcomes," *Isuma: Canadian Journal of Policy Research*, 2(1), 11-17.

Yan, W. (1999) "Successful African American Students: the Role of Parental Involvement," *Journal of Negro Education*, 68(1) 5-22.

第12章

特別講演
成人学習理論の新しい動向と研究

シャラン・B・メリアム

長岡智寿子訳

本章は，平成22年10月14日，霞が関ナレッジスクウェアにて行われた，シャラン・メリアム博士の講演録である。

はじめに　成人学習への影響力について

本日は，成人学習理論における新しい動向と研究について述べたい。まず，近年の成人学習に影響を及ぼしているいくつかの要因の中で，最も影響力を及ぼしているものとして，グローバリゼーションがあげられる。たとえば，グーグルの検索サイトにアクセスし，グローバリゼーションと入力すれば，およそ3億もの件数が提示される。世界中のあらゆる場所から，国境を越えて多くの人々がアクセスするが，そこでは物事の動向やサービス，考え方などが提示されているのであり，このような動向は成人の教育にも影響を及ぼしている。続いて，コミュニケーション・テクノロジーの問題があげられる。今日，コミュニケーションの技術の使用は，私たちの学習にも差異を生む。そして，次に，知識の時代（想像できない情報量），および，急激な変化（人生半分もいかないうちに知識が陳腐化する）を伴っているということも要因としてあげられる。

また，今日の急激な社会変化の結果，生涯学習への大きな移行として考えられることは，そもそも学習とは，生涯にわたるものであるが，それは単に仕事のためだけではなく，生活とともに存在しているということである。たとえば，家族や健康，宗教における活動についての学びなど，学習とは，人の一生において，多岐にわたる非常に幅広いものであるということを確認しておこう。

ユネスコは，これまで，「学習のための4つの柱」をもとに生涯学習を説明している。それは，知ることを学ぶ学習，なすことを学ぶ学習，共に生きることを学ぶ学習，人として生きることを学ぶ学習である。そして，私は5番目に，変化することを学ぶ学習ということも付け加えておきたい。

さて，本日の私の講演は，3つのパートに分けて進めていきたい。まず第1に，成人学習に関する3つの基本的な理論をもとに説明したい。第2に，学習が展開されるコンテクスト（状況，場）についてお話したい。そして，第3に，成人教育学における新しい視点について述べていきたい。

第1節　成人学習の3つの基本的理論

1．成人教育学（アンドラゴジー）

まず，成人教育学に関する基本的理論だが，アンドラゴジー（andragogy）とは，マルコム・ノールズ（Knowls, M.）が提起した概念で，特に成人を対象とする教授法である。彼は，これをペダゴジー（pedagogy）と対比させてアンドラゴジーという。ペダゴジーのペダはギリシャ語で子どもを意味し，アンドラゴジーのアンドラは成人を意味する。つまり，子どもを対象とする教授と成人を対象とする教授とを区別している。

それでは，成人教育学とは，どのような定義があるかということを説明したい。成人は，なぜ，自身が学習することを方向づけようとするのか？　それは，成熟するにしたがい，個々に自己決定するようになるが，自分自身の生活，または，家族や仕事，地域での生活を通して意思決定を下し，方向づけを行うようになってくる。また，成人は，増してくる経験を蓄積していく存在であり，学習に取り組むための豊富な資源としての経験が備わっていく。次に，学習への準備体制，レディネスは，そのライフステージや社会的役割と大きく関わっている。たとえば，私は定年を迎える年齢に差し掛かってから，退職するということについて学んだのかも知れない。皆さんは，退職について学んだことがあるだろうか？　今，私には小さな子どもはいないので，親になるための学びは必要ではない。つまり，自分自身の年齢が，どのようなことを学びたいのかを決定づけることになるのである。そして，より多くの問題に対し，将来の

ことについて学びたいというよりは，現在の生活上の課題に役立つことを求める傾向にあることから，より内発的に位置づけられている。

2. 自己決定学習

次に，自己決定学習について述べたい。自己決定学習に関する調査研究によると，おそらく90％以上の成人は，個々に人生上の何らかの学習課題に関わっている。皆さんにお伺いしたいが，現在，何について学んでいるか？ あるいは，どのようなプロジェクトに関わっているか？ こうした点について，いま一度，考えていただきたい。たとえば，健康について，自身の学習やプロジェクトについての計画や実施評価，また，学習を続けていくのか，あるいはやめるのか，という判断そのものは，あなた方自身が下しているだろう。そして，自己決定学習とは，学習者の興味，自己決定学習に関わる能力とは異なるが，それぞれの状況，場，文脈に依存しているものではないだろうか。また，そして自己決定学習の主要なポイントとは，学習をコントロールするという点である。それは，たとえば，授業を受けるのかどうか，退席せずに教室の中にずっと座っているのかどうか，ということが問題なのではなく，あなた方自身が，どのように自身の学習をコントロールするのかという点が重要なのである。

3. 意識変容の学習

3つ目の基本的理論は，意識変容の学習である。意識変容の学習とは，変化についての学習だが，それは，単に，私たちが何かをどれぐらい知っているのかという知識の量についての変化ではなく，どのような方法で，どのような物の見方，理解の仕方などの変化について，どのように捉えるかという問題に関わってくる。通常，人生上の重要な出来事や不測の事態が生じた際，どのように，私たちの生活における意味づけがなされているのか，疑問を持つことからこの学習は始まる。この種の学習の成果そのものが，視点の変化，物の見方の変化と捉えることができる。

たとえば，1990年代の初め，私の仲間の若い女性が，19歳か20歳で，HIVの感染により亡くなった。1990年代初期だったので，薬もないし，HIVは死を意味していた。その時の彼女の話では，感染の告知により，人生におけ

る物の見方が変わったという。大金を稼ぐことなど何の意味もないと言う。そして，何があなたにとって一番大切なのかとたずねたところ，それは，どのように他者を支援することができるのか，この多様な世の中において何ができるのか，という回答だった。このようなことが意識変容の学習の事例といえるだろう。

　意識変容の学習については，2人の有名な研究者について述べたい。1人は，ブラジル出身のパウロ・フレイレであり，彼の著作である『被抑圧者の教育学』(Pedagogy of the Oppressed)は，あまりにも有名である。その他にもたくさんの著作があるが，彼の理論では，意識の変容とは社会変革を伴うものであるというのが特徴的である。もう1人は，ジャック・メジロー（Mezirow, J.）。彼も多くの業績があるが，両者に共通する視点は，批判的な省察を行うことによって，自身の思い込みや信条，あるいは，物の見方が変化するという点である。

第2節　学習におけるコンテクストに注目すること

1．状況認識

　続いて2番目のパートに入ろう。第1のパートでは，成人学習における3つの基本的理論について説明した。それは，成人教育学，自己決定学習，意識変容の学習だが，すべて個人の学習における理論についてであった。第2のパートでは，学習における状況，つまり，どのような場面において学習が行われているのかに焦点を当てる。学習における状況・場面については，次の3つの側面がある。まず，状況認識，実践のコミュニティ，批判的ポストモダンの視点と続くが，まず，状況認識について説明しよう。
　状況認識とは理解することであり，つまり，どのような「場」に自分が置かれているのか，実際にどのような状況にいるのか，ということの理解や把握につながっている。それは次の3つの項目により説明できる。1つは，コンテクスト（文脈や状況）に基づくこと。コンテクストはとても重要である。次に，道具に依存すること。最後に社会的な相互作用性。たとえば，今日は，このような会場で講演をしている。皆さんは着席して私の話を聴いている，という状況。室内は暖かく，皆さんは眠気を感じているかも知れない。そして，道具と

しては，パワーポイントを用いている。パワーポイントを用いることによって，本日の学習が補強される。そして，社会的な相互作用性だが，今日は，彼女が通訳してくれているが，最後に皆さんとディスカッションする中で，意見が高められていくというコンテクストである。

いま，室内が暑く感じるけれども，後ろにいる彼は，今，扇子であおいでいる。昼食後なので，昼寝に最適な時間であると考えるか？　このような状況がコンテクスト（状況，場）ではないだろうか。

それでは，コンテクストに即した問題解決の学習について，事例とともにその概念について説明したい。ここでいう学習とは，単なる精神的なプロセスではない。学習はコンテクストとともにある。ウェンガー（Wenger）による研究が有名だが，同じくコンテクストを重視している学習論である。

たとえば，スーパーマーケットでの買い物を事例に考えてみよう。スーパーマーケット内で，おとなのグループがそれぞれに買い物をしていることを想像してみると，そこでは，算数の問題が浮上する。ぶどうをどれだけ購入するのか，その際には1キログラム，10キログラムと計算しなければいけない。実際に，スーパーの中で買い物をする時，どれだけの量を購入するのかについては，買い物をする中で考えていくと，98％の正答率が得られるが，もし，紙と鉛筆だけを用いて計算すると，正答率は59％に下がってしまう。学習におけるコンテクスト（状況，場）に注目した多くの事例があるが，それぞれの状況下において，学習は展開されている。学習とは社会的に組織化された活動であり，「本物」の使用，つまり，学習は，現実の生活の中のコンテクスト（状況や場面）において展開されていくべきだろう。現実の生活課題の解決と経験に基づいた学習については多くの調査研究の成果により，コンテクストの重要性が示されていると言える。

2. 実践のコミュニティ

ところで，状況認識を拡大化した概念として，ウェンガーによる実践のコミュニティがあるが，実践のコミュニティは状況認識の概念の1つである。実践のコミュニティ，それは，互いにアイディアを共有し，問題解決に向けて助け合う人々の集団であり，また，すべての人々はさまざまな実践のコミュニティ

に属する。あなたも職場でコミュニティに属しており，あなたの家族は，別のコミュニティに属している。それぞれのコミュニティでは，異なる実践が展開されている。もし，あなたがクラブに属していれば，そこではまた異なる実践が展開されていく。

コミュニティは，異なるレベルの知識を持つ人々により構成されている。新しく加わったメンバーは，最初は周辺的な立場から，後に，中心的な立場へと移行していくように，コミュニティ内で多くの学習活動が展開されていく。このようなことが実践のコミュニティなのである。

次に，実践のコミュニティとしての職場について言うと，これは，すべての職場が実践のコミュニティと言える。たとえば，NIER（国立教育政策研究所）は，まさに実践のコミュニティに該当する。実践を共有している。そして，すべてのコミュニティには，歴史的，社会的な文脈があり，また，ウェンガーによる有名なことばによれば，「学習することは，実践の原動力であり，実践は学習の歴史を刻む」。実践のコミュニティとしての職場とは，互いに実践を共有し合う場なのである。

では，実践のコミュニティにとって重要な学習とはどのようなことなのか。調査研究では，コンテクスト（状況や場面）はインフォーマルな，偶発的な学習の発生もありうると考えなければならないことが示唆されている。たとえば，米国の事例では，おそらく日本とは大きく異なるだろうが，いくつかの職場では，ボスは机に向かってコンピュータを操作するというようなことはしない。しかし，彼は仕事をしていると思っている。たとえば，あなたがデスクを離れ，休憩室に行ってお茶を飲んだり，喫煙室に行って喫煙したりする時でも，あなた方は学習する状況下に置かれている。調査では，休憩室での会話や「週末はどのように過ごすのか？」というような会話のやり取りにおいても，学んでいることになる。つまり，そのような会話を通して，インフォーマルな知識を習得していることになる。学習の「場」を広げることや，情報へのアクセスは重要であり，また，コミュニティはメンバーから教わり，学ぶということが，学習のコミュニティを創造するために，とても重要である。

3. 批判的学習理論

続いて，批判的学習理論について説明しよう。批判的学習理論では，学習者個々人の学習活動に焦点を当てるのではなく，社会に焦点を当てる。たとえば，ジェンダー，人種，階層といった，社会構造の問題にまで注目していく。そして，そもそも権力とは，さまざまな構造間においてみられるが，不均等に配分されていくのではないだろうか。たとえば，ジェンダーについて考えてみよう。これまでの社会構造として，男性が女性よりも権力を持っている。男性は，より活動にアクセスしやすい状況にある。その結果，ある人々は力をつけていくことになるが，他方，何人かは，周辺化され，結果的に抑圧されていくことになる。つまり，批判的学習理論とは，変化に挑戦するための批判と行動を探求することなのである。

批判的な問いかけとはどういうことなのだろうか。誰が決定するのか？ 誰の関心が満たされるのか？ 誰が利益を得るのか？ 利害はどのように調整されるのか？ このような質問を批判的学習のプログラムでは行っていく。

たとえば，なぜ西洋の学問は他の地域の知恵よりも優先されるのか。なぜだろうか？ たとえば，私が書いた『成人期の学習』は，日本語に翻訳された。しかし，どこかに英語に翻訳された日本語の本があるだろうか？ 一方通行なのはなぜだろうか？ なぜ，非西洋の言語ではなく，西洋の言語が翻訳されるように，西洋の知識が優先されるのだろうか？ この問いには応えていく必要がある。

別の事例では，なぜ，管理職には研修の機会が与えられるのか。調査によれば，職場において研修の機会が与えられる60％が管理職であるという。彼らが労働力の20％しか占めないにもかかわらず，研修の機会が与えられるのは，なぜなのか？

そして，さらに別の例では，なぜ北欧地域の女性の地位が一番高いというデータが出てくるのか。アイスランド，フィンランド，ノルウェー，スウェーデンという北欧の女性の地位は非常に高く，上位5位の中にランキングされているけれども，米国は31位，日本は75位ということになっている。これは4つの指標からなるグローバル経済レポートによるランキングである。グーグルで検索すれば閲覧できるが，そこには各国のデータが提示されている。女性の

学業達成，経済的参加，政治的参加，そして健康という4つの指標に基づくランキングの結果が提示されている。しかし，なぜ，このように女性の置かれた状況をランク付けするのかということも批判的な問いかけであろうか。

さらに，別の事例では，医師の継続的専門教育が，避暑地のようなところで行われているのに対し，学校の教員の研修はどうだろうか？ なぜ，学校のカフェテリアのようなところで実施されるのか？ それにはどのような価値があるのか？ 教員は子どものような存在なのだろうか？ このようなことも批判的な問いかけの1つなのである。

4. ポストモダンの学習理論

続いて，ポストモダンの学習理論について説明したい。この理論はとても難しい。基本的に，すべてのことが問われていくのであり，価値や知識，実践，そして，絶対的な唯一のものはないという点にある。しかし，多様性は祝福されることだろう。

たとえば，もしも世界を100人の人々から構成されている村にたとえれば，アジア人が61人，アメリカ人が14人，アフリカ人が13人，ヨーロッパ人が12人，オーストラリア人が1人になる。非白人，白人の割合が70と30，女性と男性が50人ずつ，7人に1人が65歳以上，非キリスト教徒が67人，キリスト教徒が33人，というような人口構成だったら，どのようなことがいえるのか。しばしば，人々は，エスノセントリズム（自民族中心）による，独自の視点で物事を捉えてしまう傾向があるが，もしも，世界がこのように多様性に富んだ状況であったなら，大きく異なった世界像が描かれていくだろう。

第3節 成人学習理論の今日的アプローチ

では，第3のパートに移りたい。本日の講演では，第1のパートでは基本的な成人学習の理論について述べ，第2のパートでは，コンテクスト（状況や場）に焦点を当てて話しを進めてきた。そして，第3のパートでは，成人学習理論の今日的アプローチについて，身体の理解と身体化された学習，ナラティヴな理解，スピリチュアリティと学習，非西洋的な視点の4つのポイントに分けて

説明したい。

1. 身体の理解と身体化された学習

　まず，感情と身体の理解についてだが，西洋の社会では，学習とは，合理的で,脳を通しての理解,認識的なプロセスと考えられてきた。デカルトの「我思う，ゆえに我あり」という命題があるが，身体，精神や感情というものもまた，学習に関わっている。これらは，別々に機能しているのではなく，一連に結びついている。たとえば，興味深い事例だが，2004年にインドネシア付近で，津波の災害があった。この津波により，何千もの人々が亡くなった。タイ沖のモウケン島にも津波が襲いかかったが，数日後，この島の人々の生存が確認された。一体，どのようにして自分の命を守ったのかと問われた際に，彼らは，高いところに避難すれば助かるのではないかということを，身体でもって感じ，判断し，行動したと述べた。まさにこのことが，感情と身体の理解につながるのではないだろうか。

　身体化された学習とは，身体を通じた学習であり，感覚器官が身体の神経すべてに張り巡らされていることから，学習が脳による認識のみではないという点が重要である。そして，私たちは経験の「中」で，学んでいる。経験の「中」である。身体は経験するたびに何らかのメッセージを発する。忘れてはならないことだが，脳は身体の一部なのだ。脳の研究においても，脳も学習することにより変化することが伝えられている。脳は身体の一部にすぎない。かつては，心と身体は別々に機能していると言われていたが，そうではない。脳も身体も共に存在し，経験を通して学んでいる。

　事例として日本語の川についての話を紹介したい。これは，私が日本に来る前に知ったのだが，身体の学習の事例としてとても良い例である。

　　「三回目の筆書きを終えると，私は体に残っている強い感情に気づいた……。それは，大自然の中でカヌーをこぐ時に思い出される，手のひらの感覚と同じようなものだった。私はこのイメージを抱いて目を閉じた。そして再び，川の流れに加わるかのように，筆で川という字を書いた。左の筆の運びでは，水が櫂（筆）と共に流れる。

真ん中の筆の運びでは，水をため，筆を下ろす。三回目の筆の運びで私は櫂を沈め，一番長い筆の運びに向けて重たい水を支える。私はずっとこうした方法をとる。

　この方法で書かれる川という漢字は，私の目の前を流れているかのように生き生きしていると感じた。私が出会ったのは，この方法で描く川の字である……この漢字はもはや自分自身の外にある対象物ではない。それは私の中にある何ものかである」(Yoshida, 2005: 133)

　いかがだろう。まさに，このことが身体化された理解なのだ。文字を書くこと自体が，身体と関係づけられている。

　身体化された学習とは，まず，身体の運動と活動について動作的であることである。運動選手，たとえば，バスケットボール選手は身体の運動と活動について理解している。彼らは，空間を理解している。本を読んで学んでいるのか？　そうではない。彼らは，身体を動かすことによって，動きや身体のことを理解しているのである。次に，感覚的な側面。もし，感覚を通じて変化することがなければ，私たちは，何も知ることはできない。今日，あなた方はこの部屋にいて，何かを見て，聞いて，感じ，臭いや音など，すべての事柄が感覚を通じて理解されていく。ゆえに，情報は身体を通じて獲得されていくのである。最後に，情緒の問題がある。感情は，神経のネットワークにより網羅されている。感情は，体内の，身体化された神経システムを伴っているから，完全に分離し，別々に機能することはないのである。

2. ナラティヴな学習

　次に，ナラティヴな学習について説明しよう。ナラティヴな学習は，今日，非常に注目されている。ナラティヴとは，物語，出来事についての物語である。物語は私たちの意味づけを手助けするとともに，経験を意味づけるのである。物語や経験は，経験を通じて理解されていく。また，ナラティヴは自己と他者についての学習に窓を開く。つまり，学習はナラティヴを通じて行われているのである。

昨夜，私は滞在しているホテルのレストランに食事をしに行った。この時の出来事を私は「物語」として話したい。レストランで食事をした後，支払いをしようと勘定書にサインをした際に，私はウェイターにチップを払うことを忘れたことに気がついた。ちょうど，私たちのテーブルの隣に，3人の女性が食事をしていた。彼女たちはとてもきれいな洋服を着ており，着飾っていた。素敵なビジネスウーマンのような女性もいた。私は彼女たちに，「すみません，私は，日本は初めてなのですが，ウェイターにチップを払う必要はありますか」と訊いた。しかし，彼女たちは英語がわからなかった。そして，この後，何が起こったか？　なんと，彼女たちはウェイターを呼んでしまったのだ。ウェイターは英語が話せたのだが，彼女たちは英語を理解していなかった。私は仕方なく，「日本が初めてなのでお伺いしますが，あなたにチップを払う習慣はありますか」と訊いた。ウェイターは支払う必要はないと言った。

これが，私の物語である。物語を話す時，それは，私に意味を与えていく。そして，私は学ぶ。この物語から学ぶ。日本ではレストランでチップを払う習慣はないということを学ぶのである。つまり，物語を通じて，意味づけがなされていく。おそらく，皆さん方もそのように学んでいる。たとえば，今日の打ち合わせの際に何があったか？　どんな打ち合わせがなされたか？　すべて，私たちの日常生活の中で意味づけがなされている。

それでは，ナラティヴに埋め込まれた生活とはどのようなことを言うのだろうか。すべての事柄が物語となるが，まず，文化的な側面があげられる。たとえば，日本には日本の文化におけるナラティヴな側面がある。米国では，消費という物語がある。何でもかたっぱしから購入するという消費主義のことである。また，自由に発言するという文化もある。このことも文化的なナラティヴの1つである。次に，家族のナラティヴがある。家族の中には，いろいろな話がある。誰がヒーローで，誰が悪人かというように，家族の話の中でもいろいろと位置づけられていく。次に，個人的なナラティヴ。個人的には，どのように自分自身の人生を物語っていくのか。最後に，組織的なナラティヴ。どの組織にも独自のナラティヴがある。この場において，どのように行動すべきかというように，意味づけがなされていく。このように，生活に埋め込まれたナラティヴは，文化的，家族，個人，組織という4つの側面から構成されている

と考える。

　ナラティヴと学習との間にはどのようなことがあるのか。この関係性には3つの面がある。1つは「ストーリング・カリキュラム」で，カリキュラムというのはヒストリー，歴史と捉えたい。私は大学で成人学習の歴史を教えているが，1920年代の出来事に遡って説明している。つまり，時代区分を考えて成人教育学の歴史を説明することが，ストーリング・カリキュラムなのである。次に，「ストーリー・テリング」。先に，日本の慣習についての理解について述べたように，話を交えて出来事を語ることである。3つ目は，自伝的方法。自分自身について語ることだが，ジャーナルや日記，ブログ，教育的な伝記など，また，フェイスブックなども挙げられる。フェイスブックはまさに自己のことを物語る例である。

3. スピリチュアリティと学習

　続いて，スピリチュアリティと学習について述べたい。スピリチュアリティについては本当にたくさんの調査研究がなされている。私はスピリチュアリティについて説明する際，宗教と区別する。スピリチュアリティとは，高度なパワーあるいは高度な目的を伴う人間，真の人間の信念と経験であると定義する。それは，宗教ではない。そして，スピリチュアリティは，意味づけることを通じて学習と結びついていく。ある人は，スピリチュアリティとは，私たちの生命に一貫性を与える方法，あるいは，経験を意味づける方法だと述べている。そして，スピリチュアリティを意味づける際，神話やシンボル，イメージ，夢などを用いて，文化的に埋め込まれているスピリチュアリティを志向する。つまり，ヒューマンスピリット，人間の精神が学習活動を促進させていく。

　では，どのようにその学習におけるスピリチュアリティを育んでいくことができるのだろうか。ある事例では，自己の信念，現在のスピリチュアルな好みや抵抗感を検証していくことが提示されている。次に，スピリチュアリティの結びつきが生じるには安全で協力的に開かれたスペースを作り出していくことが重要である。そして，対話である。対話はとても重要だが，対話により自己を超えて他者やコミュニティと内的なエネルギーに接するようなことも必要ではないだろうか。そして，創造的，イマジネイティブな活動を用いること。

これは，物語や詩，音楽といったものが含まれるが，たとえば，ピーター・センゲ（Peter Senge）による『学習する組織』（*Learning Organization.*）の事例は有名である。私の友人がピーター・センゲのワークショップに参加した際，彼は，皆が好むようなモーツァルトの音楽を流したり，また，有名な絵画などを展示し，鑑賞したりするような時間を設けた。つまり，スピリチュアリティを育んでいく方法として，創造的な空間を提供し，効果的な活動を促す方法を考えていくことが必要なのである。

4．非西洋の視点

　これまで身体化された学習，ナラティヴな理解，スピリチュアリティと学習について説明してきたが，最後に，第3のパートとしての非西洋の視点について述べておきたい。このことは，世界の他の国に住んでいる人々の学習活動について考えることである。それは，単に認識の問題ではなく，また，本に書いてあることを暗記することでもない。また，パワーポイントを利用した学習でもない。非西洋の視点からすれば，学習とは，人生を旅することであると言えるだろう。そして知識として考えられるものも幅広く定義されていく。これは，単に本に記載されていることを学ぶことではないのである。本に書かれていることを学ぶのは，ここでは，わずかな一片にすぎない。つまり，学習とは人生経験を意味している。たとえば，アフリカでは，夢を見ることも知識の1つなのであり，とても幅広く定義されているのである。学習やその指導は，ホリスティックでインフォーマルであるということが，さまざまな事例から捉えられる。

　ネイティブアメリカンの事例では，物事を考える際，4つのバランスに分けて考えられていく。スピリチュアル，感情的，肉体的，精神的の4つのバランスである。もし，病気になったら，このバランスは狂っていくことになる。ネイティブアメリカンの世界では，disease（病気）とは，dis（なくす）と ease（安心）とに区分され，つまり，バランスが保てなくなったことを意味する。そして，学習とは生きていることと捉えられている。アフリカには，「生きている限り，誰でも学習に取り組んでいる」という諺があることも紹介しておきたい。

　ここに，『非西洋の視点の学習と理解』（*Non-Western Perspectives on Learning*

and Knowing）という本がある（Merriam, S. B. & Associates, 2007）。この本では，イスラム，ネイティブアメリカン，ヒンドゥーの女性，ニュージーランドのマオリ族，仏教徒の学習事例，南アメリカなどの事例が示され，これらはどれも皆，複雑だが，すべて異なった社会制度の中で学習と理解が展開されている事例が紹介されている。実際に，米国の高等教育機関には，多くの外国人学生が在籍しており，国際的な顔ぶれである。そこでは，それぞれの異なった考え方により，学習や理解がなされている。さらに，こうしたすべてのヒントは実践と結びつけて考えていく必要がある。質問についても，それが何を意味するものなのか，考えていただきたい。

5. 実践への示唆

実践への示唆として，自己決定学習を発展させていくためには，私たちはすべてのことを把握することはできない。学校では，いま，児童は教師の教えを必要としている。子どもの頃，皆さんは，学校でどのような学びをされてきただろうか。可能な限り，「本物」の学習を目指すことが求められている。たとえば，徒弟制度や省察的な実践，実際に即したインターンシップ，事例研究の指導などでもそうであり，私たちはできる限り，実際生活に基づいた学習を展開していくことが重要なのである。

もう1つは，今日のさまざまな世界の出来事に応えるためにも，批判的に考えたり，質問に答えたりする能力を発展させていくことが必要である。人の考え，態度や信念の基本的な前提となっていることについて調べたりすること，また，私たちの実践が社会全体とどのように結びついていくのかを問いかけることなどが大切である。特に，身体化，ナラティヴ，そして，スピリチュアルな方法を含んでいるホリスティックな学習を育んでいくことが，たいへん重要である。私は，日本や他のアジア諸国は，米国，特に北米よりも良い状況にあると考えている。

たとえば，ヨガや太極拳について考えてみたい。心と身体，精神のすべてが結びついている。結びつきつながっていること，特に，広義に，全体的視点で捉えていくことが大切である。

最後にまとめとしての説明をしたい。すべての学習理論への示唆として，実

際生活の問題，課題，そしてニーズというものが関連してくると，学習活動はさらに効果的になっていくのではないだろうか。そして，学習者が持っている以前の経験も貴重な資源である。私は今回，成田空港に到着後，立田先生から成田エクスプレスに乗るようにと教えてもらった。とても複雑な電車のシステムだったが，ここまで来ることができた。なぜなら，以前に，私は韓国のソウルに研究のために6ヶ月間滞在したことがあるが，ソウルで地下鉄のシステムを経験していたので，今回，日本に初めて来て，「なんて，素晴らしい電車なんだろう」と思いながら，「ここはまるでソウルみたい」とも思った。ソウルにいた時の経験が，今回，とても役に立った。つまり，以前の経験というものが結びつけられていくこと，古い学習と新しい学習とが連携していくことが大切なのである。同時に，その他の学習者との結びつきも学習理論を展開していく上において必要になってくる。

（平成22年10月14日，霞が関ナレッジスクウェアにて）

＊本章は，日本学術振興会科学研究費補助金（平成22-24年度基盤研究B「日本文化の教育的特質を活用したキー・コンピテンシーの国際化に関する調査研究」〈立田慶裕代表，22330223〉）の成果の一部である。

■引用・参考文献

Freire, P. (1970) *Pedagogy of the Oppressed*, continuum〈邦訳〉小沢有作・楠原彰・柿沼秀雄・伊藤周訳（1979）『被抑圧者の教育学』亜紀書房．

Knowles, M. (1980) *The Modern Practice of Adult Education: From Pedagogy to Andragogy* (2nd ed.) Cambridge Books,〈邦訳〉堀薫夫・三輪建二監訳（2002）『成人教育の現代的実践：ペダゴジーからアンドラゴジーへ』鳳書房．

Lave, J. and Wenger, E. (1991) *Situated Learning: Legitimate Peripheral Participation*, Cambridge University Press,〈邦訳〉佐伯胖訳，福島真人解説（1993）『状況に埋め込まれた学習：正統的周辺参加』産業図書．

Merriam, S. B. & Associates. (2007) *Non-Western Perspectives on Learning and Knowing*, Krieger.

Yoshida (2005) "Interface of Holistic Changes in Japanese Schools and World of Education," Miller, John. P., Karsten, Selia., and Diana Denton (eds.), *Holistic Learning and Spirituality in Education: Breaking New Ground*, State University of New York Press, 129-134.

あとがき

　私たちが生きていく現代社会は，生涯学習がいつになく必要とされ，意識される社会である。
　その1つの理由は，社会の進展に遅れないように，知識を常に更新するさし迫った必然性が生じていることである。
　私たちは，仕事をする時，コンピュータと向き合う。人と連絡をとる時，当たり前のように携帯電話を使う。しかし，ふと考えると，社会で中枢を担う40代の人々が小学校の時に学んだ知識は，このような機器を活用することを想定していただろうか。現在のコンピュータや携帯電話の存在は，40年前の小学生たちの予想をはるかに超えたものである。社会の変化は速く，それに伴う知識の陳腐化は著しく速い。
　現代社会は，知識社会とよばれる。知識社会とは，働く者が知識を自ら所有し，共有しあい，その知識の活用が最大の資源となる社会である。このような社会では，働く人々にとって，自分の雇用を確保し，維持するために生涯学習は必要不可欠なのである。私たちは，学校を卒業してからも，収入を確保するために，社会の変化に対応し，自発的に，そして自立的に学習しながら，知識やスキルの向上を図ることが求められている。
　もう1つの理由は，長寿化による高齢期の人々の学びが注目されてきていることである。
　1950年に平均寿命が60歳を超えて以来，日本人の平均寿命は年々伸び，現在80歳を超えるまでになっている。脳科学で明らかになっていることは，平均寿命とされるこの80歳ぐらいまでは，脳に影響を与える病気にかからなければ，総体的な知能の低下は見られないということである。このことは，およそ寿命を全うするまで私たちは学習が可能であり，学習においては一生現役でありえるということなのだ。そして，高齢者にとって生きがいともなる，人生を通じ獲得した経験や叡智を社会に還元し，後世に伝達するには，学習活動が

欠かせない。

　生涯学習の機会は，このような現代社会の求めや人々の期待に応じて，公民館，図書館，博物館，スポーツ施設などの社会教育施設や，専門学校，カルチャーセンターなどの民間事業者によって提供されている。このような実践を本当に意義あるものとするには，その核として，理論というものが必要なのである。

　本書の執筆は，新しい成人学習理論の学習をテーマにして行われてきた，立田慶裕，金藤ふゆ子，荻野亮吾，岩崎久美子4名による研究会が母体となっている。研究会の成果は，まず，『成人学習理論の新しい動向：脳や身体による学習からグローバリゼーションまで』（原著：Sharan B. Merriam ed., (2008) *Third Update on Adult Learning Theory*, Jossey-Bass）の翻訳刊行（2010年，福村出版刊）であった。続いて，刊行と時を同じくし，原著の編者であるシャラン・B・メリアム氏を日本に招へいし，国立教育政策研究所，大阪大学，お茶の水女子大学での講演会を企画した。メリアム氏は，心理学，社会学，文化人類学，脳科学など学際的なアプローチから，成人学習理論を形づくってきたアメリカ成人学習研究者の第一人者である。そこから学ぶことは，成人学習の最前線を知ることでもあった。

　翻訳，講演会を経て，研究会のメンバーは，翻訳した『成人学習理論の新しい動向』の内容を基本に，わが国で実践している人々や学生にわかりやすく成人学習理論を伝えるための本を作成することが重要と考えるようになった。このように考えるにいたったのは，生涯学習，とりわけ成人学習の領域は，まずは実践ありきで，そのような実践と理論を結びつけて体系化して考えられることは，これまで必ずしも多くはなかった。今後生涯学習への社会的な求めに応じ，実践を行っていく上では，理論的な礎が必要であるとの思いが強くなったからである。そのため，研究会のメンバーに加え，サービスラーニングの実践や理論化に力を注いできた井上豊久氏，社会関係資本の研究を行っている佐藤智子氏，メリアム氏の講演時に司会をつとめ，記録をとりまとめた長岡智寿子氏の参画を得て，体系的な理論の紹介を目的に本書が執筆されることになった。

　本書を刊行するにあたっては，私たちの趣旨を理解し，出版への道筋をつ

けてくださった福村出版の宮下基幸さん，編集校正の煩雑な作業をしてくださり，本書を読みやすいものにしてくださった小川和加子さんのお二人に大変お世話になった。記して感謝したい。

　このような過程を経て作成された本書が，生涯学習を必要とする現代社会において，多くの方々に，生涯学習の理論というものを理解し，さらに活動の場を広げるのに役立つものとなるのであれば幸いである。

　　　2011年2月　　　　　　　　　　　　　　　　　岩崎　久美子

各章の理解を深めるために

●はじめに

1. 川野辺敏・立田慶裕編（1999）『生涯学習論』福村出版。
   生涯学習の入門的な本として書かれた本は数多い。本出版社より刊行された本書もわかりやすいと好評で版を重ね，合わせて読むといっそう理解が深まる。
2. 香川正弘・鈴木眞理・佐々木英和編（2008）『よくわかる生涯学習』ミネルヴァ書房。
   同じ生涯学習の教科書ではあるが，専門用語を中心にわかりやすくまとめられている。
3. 岩永雅也（2002）『生涯学習論：現代社会と生涯学習』日本放送出版協会。
   放送大学用の教材として執筆された本書は，入門から専門的な研究への広い視点に立って書かれた労作で教科書として片付けられない必読書。
4. 岩崎久美子・中野洋恵編（2002）『私らしい生きかたを求めて：女性と生涯学習』玉川大学出版部。
   副題のように，ジェンダー・フリーの視点から書かれた生涯学習の本。「主婦」がいかに社会的に形成されてきたかについては，木村涼子（2010）『主婦の誕生：婦人雑誌と女性たちの近代』（吉川弘文館）もお薦めの力作。
5. 赤尾勝己編（2004）『生涯学習理論を学ぶ人のために』世界思想社。
   生涯学習の理論と銘打って最初に刊行された本。成人教育学や生涯発達，経験学習，活動理論，ナレッジマネージメントなど本書で取り上げられなかった理論的テーマについては，この本も参照されるといっそう広い学習ができる。

●第1章 意識変容の学習

1. Cranton, P. (1996) *Professional Development as Transformative Learning*, Jossey-Bass. 〈邦訳〉入江直子・三輪建二監訳『おとなの学びを創る』鳳書房。
   メジロー，J. らが展開してきた意識変容の学習理論を，成人教育者が実践で展開する具体的方策を集めている。
2. Freire, P. (1999) *Pedagogia de la Esperança*, Paz e Terra 〈邦訳〉里見実訳（2001）『希望の教育学』太郎次郎社。
   フレイレにより後年に書かれたものであり，フレイレの古典とよばれる『被抑圧者の教育学』よりも読みやすい。社会解放のための意識変容についてのフレイレの基本的な考えが理解できる。
3. Levinson, D. J. (1978) *The Seasons of a Man's Life*, The Sterling Lord Agency, Inc.〈邦訳〉南博訳（1992）『ライフサイクルの心理学』（上）（下）講談社。
   40代を対象にした面接調査に基づき，移行期や，中年期の危機を明らかにし，危機的状況における意識変容プロセスを考える際の事例を提供する。

4. Kübler-Ross E.(1969)*On Death and Dying*, Macmillan Company.〈邦訳〉鈴木晶訳(1998)『死ぬ瞬間』読売新聞社.
   がん末期患者が死を受容するに至る, 否認と孤立, 怒り, 取引, 抑鬱といった意識変容のプロセスを明らかにする.
5. Frankl, Viktor E.(1956) *Ein Psychologeerlebt das Konzentrationslager*.〈邦訳〉霜山徳爾訳(1985)『夜と霧』みすず書房.
   強制収容所での限界状況において, 心理学者の眼で過酷な経験から生きるということを冷静に記録している. 意識変容の描写が参考になる.

● 第2章　職場における学習

1. Fenwick, T., "Workplace Learning: Emerging Trends and New Perspectives, (2008) Merriam, S. B. (ed.), *Third Update on Adult Learning Theory*," Jossey-Bass〈邦訳〉金藤ふゆ子訳(2010)「職場における学習」立田慶裕・岩崎久美子・金藤ふゆ子・荻野亮吾『成人学習理論の新しい動向：脳や身体による学習からグローバリゼーションまで』福村出版.
   メリアム, キャファレラ編による『成人期の学習』, 第3版のアップデート版. これまでの職場の学習に関する研究レビューを概観する上で役立つ.
2. Drucker, P. F. (1969) *The Age of Discontinuity*, Harper & Row:Publishers Inc.〈邦訳〉林雄二郎訳(1969)『断絶の時代：来るべき知識社会の構想』ダイヤモンド社.
   現代の職場を考える上で, 知識社会論を書いたドラッカーの著書をぜひ読んでおきたい. 半世紀近く前にすでに現在の産業の状況を予測していた慧眼と洞察力を学びたい.
3. Senge, P. M. (1990) *The Fifth Discipline: Art and Practice of the Learning Organization*, Random House Business Books.〈邦訳〉守部信之訳(1995)『最強組織の法則：新時代のチームワークとは何か』徳間書店.
   近年注目を浴びている学習組織論の古典的名著. チーム学習について学ぶための基本的文献となっている.
4. Farrell, L., Fenwick, T., (eds.).(2007) *World Year Book of Education 2007, Educating the Global Workforce, Knowledge, Knowledge Work and Knowledge Workers*, Routledge.
   職業上の知識とは何か, グローバル経済における仕事と学習, 仕事とアイデンティティとの関連, 職場教育の諸外国の取り組み等, 包括的に仕事や職場に関する諸課題と教育・学習との関連を検討する書籍.
5. Wenger, E. McDermott, R. Snyder, W. M., (2002) *Cultivating Community of Practice: A Guide to Managing Knowledge*, Harvard Business School Pr.〈邦訳〉桜井祐子訳(2002)『コミュニティ・オブ・プラクティス』翔泳社.
   学習組織を考える上で, コミュニティ・オブ・プラクティスは, もう一つの新たな組織論を提起している. 職場が多様なコミュニティから形成されるというネット社会におい

てさらにその重要性が増している本である。

●第3章　おとなの生きる力：キーコンピテンシーの習得
1. Deci, E. L. & Flaste, R.（1995）*Why We Do What We Do*. G. P. Putnam's Sons.〈邦訳〉桜井茂男監訳（1999）『人を伸ばす力：内発と自立のすすめ』新曜社。
自律性と有能感の大切さ，自由に生きることの本当の意味がよくわかり，実践的なスキルまでを解説。学習者，教育者の必読書。
2. Rychen, D. S., & Salganik, L. H.,（2003）*Key Competencies for a Successful Life and a Well-functioning Society*. Hogrefe & Huber,〈邦訳〉立田慶裕監訳（2006）『キー・コンピテンシー：国際標準の学力をめざして』明石書店。
PISA や PIAAC で測定される学習能力の基礎概念となったキーコンピテンシーの基本的文献。
3. Nelson Goodman,（1978）, *Ways of Worldmaking*. Hackett Publishing Co. Inc.〈邦訳〉菅野盾樹訳（2008）『世界制作の方法』筑摩書房。
世界をたった一枚の紙に書く，という視点で芸術等の具体例を用い，人間の世界観をわかりやすく考える。ビジョンを変えるヒント。
4. OECD CERI,（2005）*Formative Assessment:Improving Learning in Secondary Classrooms.*, OECD.〈邦訳〉OECD 教育研究革新センター，有本昌弘監訳（2008）『形成的アセスメントと学力：人格形成のための対話型学習をめざして』明石書店。
キーコンピテンシーを実際の教育現場でどう育てるかを，学習成果の評価についての国際比較研究から明らかにし，実践につなぐテキスト。
5. 前田信彦（2010）『仕事と生活：労働社会の変容』ミネルヴァ書房。
職業生活の中で人間関係力がどのように作られるか，という問題をワーク・ライフ・スキルという習慣的能力の視点から捉えた好著。

●第4章　生涯学習に関する社会理論：ポストモダンを超えて
1. Merriam, S. B. and Caffarella, R. S.（1999）*Learning in Adulthood: A Comprehensive Guide*（2nd Edition）Jossey-Bass.〈邦訳〉立田慶裕・三輪建二監訳（2005）『成人期の学習：理論と実践』鳳書房。
第15章で社会理論のレビューが行われ，批判理論やポストモダニズム，フェミニズムの考え方が整理されている。
2. 杉田敦（2000）『権力』（思考のフロンティア）岩波書店。
「権力」について論点を整理して記述した1冊。同著者の『権力の系譜学』（岩波書店，1998）も併読すると良い。
3. Crossley, N.（2002）*Making Sense of Social Movements*, Open University Press.〈邦訳〉西原和久・郭基煥・阿部純一郎訳（2009）『社会運動とは何か：理論の源流から反グローバリズム運動まで』新泉社。

社会運動のこれまでの研究を批判的に整理し，近年のグローバルな運動の広がりにも触れた，社会運動論の入門書。
4. 中岡成文（2003）『ハーバーマス：コミュニケーション行為』（現代思想の冒険者たちSelect）講談社。
批判理論の巨匠，ハーバーマスの理論の展開が丁寧に説明されている。巻末には，主要著作やキーワード，関連図書の紹介がある。
5. 仲正昌樹（2006）『集中講義！日本の現代思想：ポストモダンとは何だったのか』日本放送出版協会。
日本で，ポストモダニズムがどのように受容・展開されたかが整理されており，それぞれの議論の要点を押さえることができる。

●第5章　シティズンシップと生涯学習
1. Marshall, T. H.（1950）*Citizenship and Social Class*, Pluto Press.〈邦訳〉岩崎信彦・中村健吾訳（1993）『シティズンシップと社会的階級：近現代を総括するマニフェスト』法律文化社。
シティズンシップに関する最も代表的な古典である。
2. Crick, B.（2002）*Democracy: A Very Short Introduction*, Oxford University Press.〈邦訳〉添谷育志・金田耕一訳（2004）『〈1冊でわかる〉デモクラシー』岩波書店。
イギリスのシティズンシップ教育に大きな影響を与えた政治学者クリックによるデモクラシー論の入門書である。
3. 宮島喬（2004）『ヨーロッパ市民の誕生：開かれたシティズンシップへ』岩波新書。
新書であり読みやすい上に，現代におけるシティズンシップの問題が日本の文脈でわかりやすく具体的に描かれている。
4. Osler, A. and Starkey, H.（2005）*Changing Citizenship*, Open University Press.〈邦訳〉清田夏代・関芽訳（2009）『シティズンシップと教育：変容する世界と市民性』勁草書房。
本書は，国家の基盤の上に成立する教育において狭い国家主義に陥らない普遍的なシティズンシップを実現するヒントを与えている。
5. UNESCO Institute for Lifelong Learning,（2008）*Literacy and the Promotion of Citizenship*, UIL.〈邦訳〉国立教育政策研究所国際研究・協力部訳（2010）『リテラシーとシティズンシップの促進：言説と効果的な実践』国立教育政策研究所。
2005年にフランスで開催された「リテラシーとシティズンシップの促進：学習のチャレンジ」の報告書であり，多様な国々におけるシティズンシップ教育のグッドプラクティスを学べる。

●第6章　成人教育学とサービスラーニング・アプローチ
1. 河合隼雄（1983）『大人になることのむずかしさ』岩波書店。
心理療法家の視点から，わが国の青年の問題，おとなになること，自分はおとななのか，

について，共に考えていこうという趣旨で書かれている。
2. 仙田満（1992）『子どもとあそび：環境建築家の眼』岩波書店。
 長年にわたって子どもの遊び環境の調査とそのデザイン・建築に携わってきた著者が今の子どもに必要な基本事項を示している。
3. 清川輝基（2003）『人間になれない子どもたち』枻出版社。
 テレビ報道に長く関わってきた著者が多角的・学際的なアプローチで子どもの危機の実相に迫り，克服の手がかりを提供している。
4. ヘイッキ・アキバー著，高瀬愛・末延弘子訳（2007）『平等社会フィンランドが育む未来型学力』明石書店。
 日本で初めてフィンランド人自身がフィンランドの教育制度がいかに子どもたちの平等を保障し，高学力を支えているかを論じた書である。
5. 田中優（2010）『14歳の世渡り術：幸せを届けるボランティア　不幸を招くボランティア』河出書房新社。
 現実のボランティア活動は実際どうなのか，善意とおカネは，きちんと相手に届いているのか，その仕組みを考えた書である。

●第7章　学習の内部プロセス：脳と記憶
1. OECD（2007）*Understanding the Brain: The Birth of a Learning Science*,〈邦訳〉OECD教育研究革新センター編著，小泉英明監修，小山麻紀・徳永優子訳（2010）『脳からみた学習：新しい学習科学の誕生』明石書店。
 OECDが脳と学習について実施したプロジェクトの報告書。学習に関する新しい知見が多く記されている。
2. Spitzer, M.（1996）*Geist im Netz : Modelle für Lernan, Denken. und Hardeln*, Spektrum Akademischer Verlag GmbH.〈邦訳〉村井俊哉・山岸洋訳（2001）『脳：回路網のなかの精神』新曜社。
 神経科学分野での知見から，神経細胞（ニューロン）の結合によるネットワークの機能と精神状態の関係について説明する。
3. Goldberg, E.（2001）*The Executive Brain*, Oxford University Press.〈邦訳〉沼尻由起子訳（2007）『脳を支配する前頭葉』講談社。
 脳の中で一番後に進化し，「脳の指揮者」とされる前頭葉の複雑な機能を解説する。
4. 池谷裕二（2007）『進化しすぎた脳』講談社。
 高校で行った脳科学講義の記録であり，脳にまつわるトピックをやさしく解説している。脳のことを気楽に読みたい人には最適な入門書。
5. Montalcini, Rita Levi,（1998）*L'Assonellamanica a Brandelli*, Baldini & Castoldi.〈邦訳〉斉藤ゆかり訳（2009）『老後も進化する脳』朝日新聞出版。
 1986年にスタンリー・コーエンとともにノーベル生理学・医学賞を受賞した神経学者が脳についてやさしく解説した本。

●第8章　生涯学習へのナラティヴ・アプローチ

1. Giddens, A.（1991）*Modernity and Self-identity: Self and Society in the Late Modern Age*, Stanford University Press.〈邦訳〉秋吉美都・安藤太郎・筒井淳也訳（2005）『モダニティと自己アイデンティティ：後期近代における自己と社会』ハーベスト社。
   前期近代から後期近代への移行の中で，アイデンティティの形成において，語りや物語が重要な役割を果たすことを指摘した1冊。
2. やまだようこ編（2000）『人生を物語る：生成のライフストーリー』ミネルヴァ書房。
   人生を語ることの意味について，心理学，人類学，教育学，社会学といったこれまでの学問領域を超えた対話がなされている。
3. Rossiter, M. and Clark, M. C.（2007）*Narrative and the Practice of Adult Education*, Krieger.
   ナラティヴ学習の理論から具体的な実践の展開までが記述され，現在のナラティヴ学習の到達点を学ぶ上で必読の書である。
4. 谷富夫編（2008）『新版 ライフヒストリーを学ぶ人のために』世界思想社。
   越境者，都市的世界，性，医療というテーマで，ライフ・ヒストリーを用いた分析がなされている。巻末の文献紹介も有益である。
5. 矢野智司（2008）『贈与と交換の教育学：漱石，賢治と純粋贈与のレッスン』東京大学出版会。
   教育人間学を掲げる著者が，『こころ』や『銀河鉄道の夜』などの物語を題材に，「贈与としての教育」を丹念に描いた1冊。

●第9章　身体を通じた学習

1. Freiler, T, J（2008），"Learning Through the Body," Merriam S, B, *Third Update on Adult Learning Theory*, Jossey-Bass.〈邦訳〉金藤ふゆ子（2010）「身体を通じた学習」立田慶裕・岩崎久美子・金藤ふゆ子・荻野亮吾訳『成人学習理論の新しい動向：脳や身体による学習からグローバリゼーションまで』福村出版。
   身体を通じた学習について近年の新しい研究動向のレビューとして有効な書籍。メリアム，キャファレラ編の『成人期の学習』第3版のアップデート版。近年の身体を通じた学習に関するレビューを知る上で役立つ文献。
2. Booth, D.（2005）*Story Drama*, Pembroke publishers.〈邦訳〉中川吉晴他訳（2006）『ストーリー・ドラマ：教室で使えるドラマ教育実践ガイド』新評論。
   演劇や映画作りを通じての学習は，身体を通じて学ぶための最良の方法といえる。本書は，具体的なドラマ教育のスキルから考え方までが丁寧に書かれた良書。
3. 斎藤孝（2000）『身体感覚を取り戻す：腰・ハラ文化の再生』NHKブックス。
   身体と学習を結びつけた学習論は，近年多くみられる。斎藤氏や甲野善紀氏の一連の本には，具体的な例が数多く示されている。
4. Glenberg, A.（2008），Embodiment for Education, Calvo, P., Gomila, T., (eds.)．

Handbook of Cognitive Science: An Embodied Approach, Elsevier.
   認知科学におけるエンボディド・アプローチのハンドブック。第18章にエンボディメントと教育に関する執筆がある。数学やリーディングで身体を動かす教育の検討がなされる。
5. 平田オリザ・蓮行（2009）『コミュニケーション力を引き出す：演劇ワークショップのすすめ』PHP新書。
   劇作家であり，演出家である平田氏，蓮氏の共著。演劇のワークショップとは何か，海外の演劇教育の実際など，演劇を通じた教育・学習の可能性を示唆する。

●第10章　スピリチュアリティの学習：魂のある生活

1. 鈴木大拙（1972）『日本的霊性』岩波書店。
   日本的霊性は具体的事実の上に育てられるとし，日本宗教史の中に人間の生き方と日本独自の霊性の特徴を探る名著。
2. Weil, S. (1949) *L'enracinement : prélude à une déclaration des devoirs envers l'être humain.* Gallimard.〈邦訳〉富原眞弓訳（2010）『根をもつこと』（上）（下），岩波書店。
   職業・言語・郷土など複数の根を奪われ，根こそぎにされた時，人は切実な自由，秩序，平等などの魂の欲求を持つ。ナチスにフランスを奪われたヴェイユによる魂の訴え。
3. 矢野智司（2006）『意味が躍動する生とは何か』世織書房。
   子どもの自然や世界との関わり方について，遊び，命，創造，関係，成長，保育の教育論を活き活きと描いた本。
4. 横田恵子・平野智之・菊池栄治（2003）『るるくで行こう！』学事出版。
   「知る」「考える」「歩く」を足して「るるく」を合い言葉に，おとなと子ども，子ども同士がつながって学ぶことを伝える本。
5. Bohm, D. & Nichol, L. (2004) *On Dialogue* (2nd ed), Routledge.〈邦訳〉金井真弓訳（2007）『ダイアローグ』英治出版。
   対話を通じた意味の共有は人と人をつなぐ。本書は，言葉（ローグ）を通して（ディア）人と社会がつながるためのコミュニケーション論の名著。

●第11章　社会関係資本と生涯学習

1. Putnam, R. D. (2000) *Bowling Alone: The Collapse and Revival of American Community*, Simon & Schuster.〈邦訳〉柴内康文訳（2006）『孤独なボーリング：米国コミュニティの崩壊と再生』柏書房。
   パットナムの代表作にして，社会関係資本に関する最も有名な本の1つである。必読書として紹介しておきたい。
2. Field, J. (2005) *Social Capital and Lifelong Learning*, The Policy Press.〈邦訳〉矢野裕俊・赤尾勝己・立田慶裕・中村浩子 訳（2011）『ソーシャルキャピタルと生涯学習』東信堂。
   本書は，社会関係資本と生涯学習の関連を正面から論じた，おそらく初めての書籍であ

る。
3. Halpern, D. (2005) *Social Capital*, Polity Press, Cambridge.
    社会関係資本に関する論考を複数のレベルや領域からわかりやすく整理しており，1 冊でこの概念を網羅的に学ぶことができる。
4. 野沢慎司編・監訳（2006）『リーディングス ネットワーク論：家族・コミュニティ・社会関係資本』勁草書房。
    コールマンの論文「人的資本形成における社会関係資本」の他にも，ネットワーク論を理解する上で重要な古典の訳が抄録されている。
5. 増田 直紀（2007）『私たちはどうつながっているのか：ネットワークの科学を応用する』中公新書。
    本書は，ネットワーク理論（スモール・ワールド，クラスター，スケール・フリー，ネットワーク中心性など）をわかりやすく解説するだけでなく，会社や地域や人間関係など日常的な事象をネットワーク理論に当てはめて説明している。

索　引

──── あ ────

アイデンティティ　69, 70, 71, 74, 78, 79, 80, 81, 82, 84, 102, 103, 146, 148, 149, 150, 151, 152, 153, 181, 193
　　──政治の観点　45
　　──の確立　42
アイデンティティとリテラシー　42, 46
　　──理論　38
足場かけ　144
アスピレーション　214, 215
アソシエーション　91, 204
新しい社会運動　74, 79, 80, 81, 83, 84
新たな研究分野　176
新たな研究方法　41
アンダーソン（Anderson, J. R.）　135, 136
アンドラゴジー　19, 107
生きる意味　191
生きる力　52
移行期（過渡期）　14, ,16, 17, 19
意識　76
　　──化　73, 76
　　──覚醒　188
意識変容　14, 15, 16, 19, 20, 21, 22, 188
　　──の学習　14, 22, 23, 24, 25, 26, 27, 28, 29, 30, 31, 70, 150 153
イデオロギー　75, 77, 93
意図的学習　35
イノベーション　39
意味
　　──記憶　133
　　──形成　190
　　──スキーム　23
　　──づけ　15, 16, 20, 21, 24, 26, 70, 140, 150, 153, 194
　　──パースペクティブ　23
移民労働者　37
入れ子構造のシステム　40
インディアンの精神性　200
ウェルトン（Welton, M. R.）　74
ウェンガー（Wenger, E.）　38, 151
ウォーカー（Walker,）　140
ウォーターズ（Waters, M.）　96
運動感覚　190
叡知　143
エピジェニティクス　182
エピソード記憶　133, 134
エビデンス　46
　　──に基づいたアプローチ　147, 161
エンボディメント　166, 175
大きな物語　76, 152
お辞儀　172, 173
　　──の動作　172
オスラー（Osler, A.）　101
音楽　193

──── か ────

ガーゲン（Gergen, K. J.）　78, 151
界　206, 207
外界とつながり　187
回心　188
階層的なコミュニケーション　43
海馬　129, 130, 131, 132, 134, 141
解放的知　72, 73

格差の是正 66
学習 126, 128, 129, 131, 134, 135, 136, 137, 138, 139, 141, 142, 143, 144
　——サイクル 138, 141
　——者の変化 195
　——スタイル 137
　——組織論 70
　——日誌 154
　——の所在 22
　——への動機付け 68
　——ポートフォリオ 154, 155
革新的観点 45
仮想空間での学習 33
形の転換 42
語り 78, 81, 146, 147, 149, 151, 152, 153, 155, 158, 160
活動理論 70
ガバナンス 88, 91, 98, 99, 100, 208
カファレラ（Caffarella, R. S.） 70
加齢 141, 142
考える力 56
感覚 101, 103
　——記憶 132, 142
　——的 104
感情 189
感動
　——的体験 181
　——の瞬間 180, 191
キー・コンピテンシー 53, 55
　3つの—— 61
キオー（Keogh） 140
記憶 126, 127, 128, 129, 130, 131, 132, 133, 134, 135, 136, 139, 141, 142, 144, 145
　——力 128, 143
起業家 36
儀式 193
技術的知 72, 73
ギデンズ（Giddens, A.） 96, 149

規範 204, 210
義務 89, 90, 92, 94, 99, 100, 155
キャッテル（Cattell, R. B.） 143
教育上の自伝執筆 154, 155
教育上のライフ・ヒストリー 154, 155
共感性 58
共生 93
共同学習 160
協働思考 44
協力する能力 59
キルゴール（Kilgore, D.） 71, 78
近代主義 69, 70, 71, 72 75, 76, 80, 82
クィア理論 82, 85
空間的な発達 194
クラーク（Clark, M. C.） 78, 152, 155, 159
グリフィス（Griffith, R.） 93
グループ学習 33
クローズ（Crowdes, M. S.） 172
グローバリゼーション 88, 93, 96, 97, 98, 100
経済学 35
計画 60
経験 15, 16, 17, 19, 20, 21, 22, 23, 24, 27, 28, 30, 70, 130, 131, 136, 137, 139, 140, 143, 144, 149, 151, 152, 153, 154, 155, 156, 159, 161
　——主義 146, 150, 153
　——性 116
形成的評価 66
結晶性知力 143
研究 28, 29
　——枠組み 177
顕在記憶 132, 133
現実性 116
現象学的エンボディメント 167
言説 79, 84
権利 89, 90, 91, 93, 94, 99, 103
権力 72, 73, 74, 75, 76, 77, 78, 79, 82, 84, 85,

89
　──関係　71, 78, 80, 172, 173
　──／知　77
合一　185
後期近代社会　149
構造主義　70
構造の二重性　92
後天的に学習できる力　66
合理的選択理論　207, 208
ゴールデンベルグ（Goldenberg, J. L.）169
ゴールドバーグ（Goldberg, E.）130, 141
コールマン（Coleman, J.）205, 207
コールマン（Colman, A. V.）168
心　189
個人
　──学習　33
　──的学習過程　38
　──的充足　67
　──の経験　190
　──の創造　190
コスモポリタン民主主義　100
国家　88, 90, 91, 92, 93, 97, 99, 100, 104
古典舞踊　172
子ども期　95
子どもの権利条約　105
コミュニケーション　72, 74, 77, 78, 101, 102
コミュニティ　88, 89, 93, 100, 101, 204, 208, 214, 215, 216, 217
　政治的──　90, 96, 99
　──の観点　45
固有の体験　195
雇用の機会　67
コリンズ（Collins, M.）74
コルブ（Kolb, D. A.）44, 138, 150
コンピテンシー　55, 79
コンピテンス　54, 55, 66, 103
　──感覚　66

さ

サービスラーニング　107, 219
再現劇　154, 159
細胞　129
作業記憶（短期記憶）　132, 133, 140, 141, 142
サマヴィル（Somerville, M.）174
さまざまな職種　33
参加　88, 90, 93, 94, 99, 209
産業研究　35
詩　193
ジェイコブズ（Jacobs, J.）205
ジェンダー　71, 81, 85, 155
自我　185
自我のエネルギー　67
思考スタイル　137, 138
自己概念　60
自己決定的学習　107
自己効用感　67
自己の再帰的プロジェクト　149
自己の物語　149,
市場　97
事象
　──の解釈　47
　──の予測　47
自信　66
システム　69, 70, 72, 74, 75, 80
シソーダス（Csordas, M. S.）167
自尊心　66
実学的学習　169
実践　90, 93, 99, 101, 103
　──的　104
　──的研究　36
　──的知　72, 73
　──的論理　173
　──に基礎をおく体系的学習　38

──のコミュニティ　38, 40, 41, 173
シティズンシップ　88, 89, 92, 100
　　厚みのある──　89, 90
　　希薄な──　89, 90
　　最小限の──　102
　　最大限の──　102
　　──の厚み　89
　　──の文脈　89
　　──の範囲　89
　　──の内容　89
シティズンシップ教育　81, 93, 102, 103, 219
　　最小限の──　103
　　最大限の──　103
私的空間での学習　33
児童の権利に関する条約　95
シナプス　128, 129
　　──可塑性　126
シナリオ　146, 153, 154, 156, 157, 158, 161, 162
　　──・プランニング　154, 156, 157
自分について知ること　193
資本　204, 206, 207
　　経済的──　206
　　人的──　207
　　文化──　82, 205
市民性　116
ジャーナリング　154
社会運動　69
社会解放理論　22, 25
社会学　35
社会関係資本　203, 204, 205, 207, 208, 209, 210, 211
　　結束型──　210
　　橋渡し型──　210
　　連結型──　221
社会工学　35
社会構成主義　71, 78, 146, 150, 153, 162, 189
社会参加　67

社会的活動劇　154, 159
社会的過程　168
社会的結合　91
社会的信頼　211, 216
社会統合　91
社会の変化　48
社会理論　69, 70, 72, 82, 84
集合意識　199
集合心性　200
終身雇用　37
周辺領域　37
宗教的な伝統　190
収束運動　80, 81, 83, 84
シュラー（Schuller, T.）　212
シュワルツ（Schwartz, P.）　157
準備性　116
生涯学習　52
　　──学習の機会　66
生涯教育　50
状況的学習　146, 151, 153
省察　72, 74, 150, 151, 154, 161
情動　131, 134, 135
職場システム　39
職場における学習　32
職場の諸問題　36
自立性　116
自律的な活動力　59, 62
事例　146, 154, 156, 157
　　──研究　153, 154, 156
素人理論　198
シンクロニシティ　191, 192
神経科学　126, 135, 138, 144
神経学的エンボディメント　167
神経可塑性　141
神経系　183
神経細胞　126, 127, 128, 129, 130, 139, 141, 144
神経生物学的視点　27

神経組織　167
人権　88, 97, 98, 99, 100
信仰の共同体　190
信仰の組織化されたコミュニティ　190
人材開発計画　43
人種中心理論　26
人生計画　60
神聖さ　190
神聖な経験　180
神聖なもの　194
人生の意義　194
人生の再物語化　149
身体　189
　　——化された学習　166
　　　——の4モデル　174, 175
　　——化された認知　166
　　——的刻印づけ　173
　　——による学習　166
　　——を通じた学習　165, 166, 175
人的資源開発　35
人的資本　207
信念　180, 183, 196
進歩主義的　94
信頼　209, 216
　　社会的——　211, 216
心理的危機　16, 17, 18, 19, 29
推論的観点　45
スキーマ　135, 136
杉田敦　77
スターキー（Starkey, H.）　101
スターンバーグ（Sternberg, R. J.）　138
スティンソン（Stinson, S. W.）　170, 171, 172
ストーリードラマ　154, 158
スピリチュアリティ　180
　　——の学習　180, 193
　　学習者の——　196
　　集団としての——　196
スピリチュアル

　　——な学習　182
　　——な実践　192
　　——な体験　182, 190, 191
　　——な発達　190, 191
　　——なもの　189
スピリット　181
ズル（Zull）　139, 140
成果主義　66
生活記録　160
生活世界　72, 74, 75, 149, 160
　　——の「植民地化」　74, 80
　　——の潜勢力　74
制裁　210
政治参加　209
政治と権力　44, 46
成人学習者　126, 144
成人教育学　32, 33
成人教育者　141, 144
精神
　　——主義的傾向　188
　　——的発達　195
　　——発達　25
　　　——的視点　24
　　　——理論　22, 24, 25
　　——批判　25
　　　——理論　22, 23, 25
　　——分析　25
　　　——的視点　24, 25
　　　——理論　22, 24
正統的周辺参加　70
世界社会フォーラム　83
責任　99
セレンディピティ　191
宣言的知識　135, 137
潜在記憶　132, 133
全体　191
　　——性の感覚　192
　　——性への旅　180, 190, 194

前頭葉　129, 130, 131, 140, 144
ソイサル（Soysal, Y. N.）　97
相対主義　81
ソーシャルスキル　58
組織研究　40
組織行動学者　44
組織的・集団的学習過程　38
存在論的パフォーマンス　173

──────── た ────────

ターナー（Turner, B.）　98
太極拳　166
体験的に学ぶ　172
代表　94
対話　72, 73, 74, 141, 147, 155, 159
卓越性　89
脱構築　76, 78, 79, 82
魂　180, 184, 189, 194
ダロス（Daloz, L.）　24
短期記憶　132, 133, 141
炭鉱の感覚　174
炭鉱労働者　42
地位　89, 90, 92, 101, 103, 104
チーム脳　43, 44
チームワーク　174
　──のあり方　36
知識　135, 136, 137, 139, 142, 143
　──基盤型社会　36, 81
　──創造論　70
抽象化　139
抽象的・非実学的学習　169
長期記憶　130, 131, 132, 133, 134, 140, 142
長期増強　128, 129, 130
直感的経験　188
陳述記憶　133
つながり　192, 193
　──の感覚　180

強い紐帯　210
出会い　180
低所得労働者　37
テイラー（Taylor, E. W.）　22, 28
デカルト　168
　──主義　169
テスト　139, 141
デセコ　53
手続き記憶　133
手続き的知識　135, 136, 137
テナント（Tennant, M. C.）　20
デューイ（Dewey, J.）　150, 204
デュルケム（Durkheim, É.）　91
デランティ（Delanty, G.）　91
伝統芸能　178
道具の活用力　56, 62
トゥレーヌ（Touraine, A.）　79
ドキュメント　43
徳性　89
特定の民族集団　37
読解力　57
ドミニセ（Dominicé, P.）　155
共に生きることを学ぶ　51, 66
ドラマ　94, 146, 154, 156, 158, 159
ドロール報告　51, 66
トンプソン（Thompson, G）　97

──────── な ────────

内容　89
ナショナリティ　88, 97
ナラティヴ　146, 147, 148, 149, 150, 151, 152, 153, 155, 156, 160, 161
　──・アプローチ　146, 147, 160, 161
　──に基づいたアプローチ　147
　──の持つ社会的な側面　146, 151
　──学習　146, 153, 154
　──モード　147

発達への――・アプローチ 146, 148, 149, 150, 151
ナレッジ・マネージメント 81
日記 153, 154
日誌 146, 153, 154
日本型マネジメント 37
日本の武道 178
ニューロン 126, 127
人間関係力 58, 62
認知
　――科学 135, 138, 144
　――的スタイル 137
　――的な発達 195
ネイティブアメリカン 189
ネットワーク 204, 205, 210, 214, 216, 217
　――閉鎖性 210
　――密度 210
年功序列制 37
脳 126, 127, 128, 129, 130, 131, 132, 134, 135, 138, 139, 140, 141, 143, 144
　――組織 167
ノールズ（Knowles, M. S.）19, 21, 150, 226

――――――― は ―――――――

ハースト（Hirst, P.）97
パースペクティブ 21, 23, 139
ハーバーマス（Habermas, J.）72, 73, 74, 80
バウマン（Bauman, Z）149
発達 19, 21, 22, 24, 26, 28
　――へのナラティブ・アプローチ 146, 148, 149, 150, 151
パットナム（Putnam, R. D.）205, 208, 210, 215
ハニファン（Hanifan, L. J.）204
ハビトゥス 206, 207
ハルパーン（Halpern, D.）210, 211
範囲 89

反省性 56
ハンブルク宣言 51
微視的政治研究の観点 45
ビジネスや経営 35
ビジョン 60, 114
非西洋的な世界 189
非陳述記憶 133
1つのシステム 39
批判
　――的学習 146, 152, 153
　――的省察 76
　――的地形学 45, 46
　――的なふり返り 19, 20, 21, 22, 23, 28
　――理論 69, 70, 71, 72, 74, 75, 76, 78, 80, 84
ヒル（Hill, R. J.）80, 82
ファー（Farr, J.）204
フィールド（Field, J.）212, 218
フィランソロピー 108
フーコー（Foucault, M.）76, 77
　――の権力論 85
フェミニスト・ジェンダー研究 35
フェミニズム 70, 71
フェンウィック（Fenwick, T.）33, 36, 44, 47
フォール報告 50
複雑系の理論 39, 41
プライミング記憶 133
プラネタリー理論 22, 27
ふり返り（省察）139, 140
ブルーナー（Bruner, J.）147, 151
ブルックフィールド（Brookfield, S.）75
ブルデュー（Bourdieu, P.）205, 206
フレイレ（Freire, P.）22, 23, 25
フレーレ（Freiler, T. J.）166, 170, 177
フロンティア・スピリット 181
文化資本 82, 205
文化精神理論 22, 26

文化的代表　174
文化的―霊的見方　26
文化的―歴史的活動理論　39
文章化された書式　43
分類基準　34
　　――カテゴリー　34
ベケット（Beckett, D.）　173
ヘゲモニー　72, 73, 75
ベッカー（Becker, G. S.）　207
ヘッブ（Hebb, D.）　128
ペリポストモダニズム　69, 70, 80, 81, 84
ペリポストモダン　80, 81, 82, 84
ヘルド（Held, D.）　101
扁桃体　129, 130, 131, 134, 135, 144
ボイド（Boyd, R.）　24
包摂　92, 93, 103
ボウド（Boud）　140
ホーン（Horn, J. L.）　143
ポスト構造主義　75
ポストコロニアル理論　82, 85
ポストモダニズム　69, 70, 71, 75, 76, 77, 78, 79, 80, 81, 84
ポストモダン　69, 76, 78, 80, 81, 82, 84
ホッブズ（Hobbes, T.）　91
ボランティア　107
ホリスティック　28, 29, 50, 176, 180
　　――な学習　180
　　――な観点　166
　　――な教育　189
　　――な視点　189
　　――な枠組み　175
ホンダスピリッツ　183
本当の自己　193

――――― ま ―――――

マージナル　37
マーシャル（Marshall. T. H.）　89, 92

マオリ族の学習観　189
マクローリン（Mclaughlin, T. H.）　102
まじめな魂　182
マズロー（Maslow, A. H.）　21
マルクス主義　39, 70
ミッション　114
ミラー（Miller, D.）　97
無意図的学習　35
瞑想　180, 192
メジロー（Mezirow, J.）　19, 20, 21, 22, 23, 24, 25, 29, 72, 73, 151
メタ認知的な技能　56
メリアム（Merriam, S. B.）　70
モダニティ　96
物語　24, 26, 60, 78, 81, 146, 147, 148, 149, 151, 153, 154, 156, 157, 158, 159, 160, 193
モリス（Morris, G.）　173
モン・フレール・シナリオ　148, 161

――――― や ―――――

有能感　66
由布院温泉　181
ヨーロッパ啓蒙主義　169
　　――哲学者　168
ヨガ　166
弱い紐帯　210

――――― ら ―――――

ライフ・イベント　16, 17, 19, 23, 28, 30
ライフサイクル　17
ライフ・ヒストリー　146, 147, 153, 154, 155, 160
らせん的
　　――学習　193
　　――経験　193

——的ふりかえり　193
リオタール（Lyotard, J.-F.）　76
リスク　98
理想的発話状況　73
リテラシー　42, 43, 57
　　数学——　57
　　科学的——　57
流動性知力　143
リン（Lin, N.）　210
リンデマン（Lindeman, E.）　150
霊　180
レイヴ（Lave, J.）　151
レイン（Laing, R. D.）　149
レビンソン（Levinson, D. J.）　17, 18
ロールプレイ　153, 156
ロールプレイング　94
ロシター（Rossiter, M.）　152, 155, 159
ロック（Locke, J.）　91
論理科学モード　147

――――――― ABC ―――――――

ALLS　62
aspire　185
CERI　67
CHAT　39, 41
IALS　62
inspire　185
IT環境下での問題解決能力　62
PIAAC　61, 62
PISA　53
soul　184
spirit　184

◎著者紹介

立田慶裕 (たつた・よしひろ) TATSUTA Yoshihiro

1953年生まれ。大阪大学大学院人間科学研究科後期課程単位取得退学。大阪大学助手，東海大学講師・助教授を経て，現在，国立教育政策研究所総括研究官。主な著書・訳書に『世界の生涯学習：成人学習の促進に向けて』(OECD編，監訳，明石書店，2010年)，『家庭・学校・地域で育む発達資産』(編著，北大路書房，2007年)，『キー・コンピテンシー：国際標準の学力をめざして』(D. S. ライチェン他編著，監訳，明石書店，2006年)，『生涯学習論』(編著，福村出版，1999年) ほか多数。

井上豊久 (いのうえ・とよひさ) INOUE Toyohisa

1960年生まれ。広島大学大学院教育学研究科博士課程後期単位取得退学，広島大学助手，大阪大学助手を経て，現在，福岡教育大学教育学部教授。主な著書に『子どもの生活体験学習をデザインする』(編著，光生館，2010年)，『現代社会の諸相』(編著，青簡社，2010年) ほか。

岩崎久美子 (いわさき・くみこ) IWASAKI Kumiko

1962年生まれ。筑波大学大学院教育研究科修了。現在，国立教育政策研究所総括研究官。主な著書・訳書に，『在外日本人のナショナル・アイデンティティ』(編著，明石書店，2007年)，『国際バカロレア』(編著，明石書店，2007年)，『キャリア教育への招待』(共著，東洋館出版社，2007年)，『世界の生涯学習』(共訳，明石書店，2010年) ほか。

金藤ふゆ子 (かねふじ・ふゆこ) KANEFUJI Fuyuko

1962年生まれ。筑波大学大学院教育学研究科博士課程単位取得退学。博士(教育学)。東京都立教育研究所社会教育研究室研究主事，常磐大学人間科学部専任講師を経て，現在，同大学教授，2008年より文部科学省生涯学習政策局生涯学習調査官併任。主な著書・訳書に『生涯学習社会の構図』(共著，福村出版，2009年)，『成人学習理論の新しい動向：脳や身体による学習からグローバリゼーションまで』(共訳，福村出版，2010年) ほか。

佐藤智子 (さとう・ともこ) SATO Tomoko

1978年生まれ。東京大学大学院教育学研究科博士課程単位取得退学。現在，中央大学文学部非常勤講師。主な著書・論文に，『自治体改革と社会教育ガバナンス』(日本社会教育学会編，共著，東洋館出版社，2009年)，「地方自治体における青少年行政の総合化に関する研究」(『国立青少年教育振興機構研究紀要』第10号，2010年)，「政治への心理的関与に対する社会教育の効果と政策課題」(『日本教育行政学会年報』第36号，2010年) ほか。

荻野亮吾 (おぎの・りょうご) OGINO Ryogo

1983年生まれ。東京大学大学院教育学研究科博士課程単位取得退学。現在，同研究科特任助教。主な著書・訳書に，『成人学習理論の新しい動向：脳や身体による学習からグローバリゼーションまで』(共訳，福村出版，2010年)，『教育法体系の改編と社会教育・生涯学習』(共著，東洋館出版社，2010年)，『読書教育への招待』(共著，東洋館出版社，2010年) ほか。

シャラン・B・メリアム（Sharan B. Merriam）

　本書に特別講演録を納めた，シャラン・B・メリアム博士は，ジョージア大学の名誉教授であり，アメリカを代表する成人教育研究者。アメリカ成人教育協会が毎年優れた学者に贈呈するシリル・ホール賞を2003年までに3度受賞しており，国際的にも著名な学者である。
　代表的な著作に『成人期の学習』や『質的調査法入門』，また，『成人学習理論の新しい動向：脳や身体による学習からグローバリゼーションまで』（2010年，福村出版刊）がある。

◎訳者紹介

長岡智寿子（ながおか・ちずこ）NAGAOKA Chizuko
1969年生まれ。大阪大学大学院人間科学研究科博士後期課程修了。博士（人間科学）。現在，法政大学非常勤講師。主な著書・論文に，「女性，識字と開発：ネパールにおける女性たちの活動の事例」（『日本社会教育学会紀要』，第43号，2007年），「生活世界に基づいた学びの実践：ネパールにおける女性たちの読み書きの学びを手がかりにして」（『グローバリゼーションと社会教育・生涯学習』日本社会教育学会編，東洋館出版社，2005年）ほか。

生涯学習の理論
―新たなパースペクティブ―

2011年 4月 1日	初版第1刷発行
2012年 3月25日	第2刷発行

著　者　　立田慶裕
　　　　　井上豊久
　　　　　岩崎久美子
　　　　　金藤ふゆ子
　　　　　佐藤智子
　　　　　荻野亮吾

発行者　　石井昭男
発行所　　福村出版株式会社
　　　　　〒113-0034
　　　　　東京都文京区湯島2丁目14番11号
　　　　　TEL　03-5812-9702
　　　　　FAX　03-5812-9705
　　　　　http://www.fukumura.co.jp
印　刷　　シナノ印刷株式会社
製　本　　シナノ印刷株式会社

©Y. Tatsuta, T. Inoue, K. Iwasaki, F. Kanefuji,
T. Sato, R. Ogino 2011
Printed in Japan
ISBN978-4-571-10156-4
定価はカバーに表示してあります。
乱丁本・落丁本はお取り替えいたします。

成人学習理論の新しい動向
脳や身体による学習からグローバリゼーションまで
Third Update on Adult Learning Theory

シャラン・B・メリアム　編
Sharan B. Merriam

立田慶裕、岩崎久美子　訳
金藤ふゆ子、荻野亮吾

◎2,600円　A5判／上製／152頁

ISBN978-4-571-10153-3

生涯学習時代のいま、身体と心の発達、学びと脳の関係、人生における物語の意義、職場の学習やグローバルな展望など、新しい学習の方向を通して、毎日の実践をふりかえる手引書。

第1章　**意識変容の学習理論**（エドワード・W・テイラー）
意識変容の学習についての実証研究が、ここ10年の間に急速に展開されてきている。それらは、メジローやフレイレが最初に提起した理論に代わる理論的概念を提示する。

第2章　**職場における学習：新たな動向と観点**（テラ・フェンウィック）
職場における学習は単なる訓練ではない。職場における学習の、実践に基礎をおく観点と、権力と政治の観点が注目される。

第3章　**スピリチュアリティと成人学習**（エリザベス・J・ティスデル）
スピリチュアリティとスピリチュアルな発達は、成人の学習の経験に不可欠か？

第4章　**身体を通じた学習**（タミー・J・フレーレ）
この章では、身体化した学習が新たな認知の方法であり、身体は学習の場であることが探究される。

第5章　**脳を用いて心に働きかけること**（キャスリーン・テイラー／アナリー・ラモロー）
脳科学における新しい研究によって、脳が経験をどのように学習につなげ、学習がいかに脳を変化させるかが明らかとなってきている。

第6章　**成人期のナラティヴ学習**（キャロリン・M・クラーク／マーシャ・ロシター）
ナラティヴ学習―物語を通じた学習と経験の物語化―は人類の古来よりの学習の形を正当化する。

第7章　**学ぶことと知ることの非西洋的視点**（シャラン・B・メリアム／ヤング・セク・キム）
土着の知識と非西洋の宗教的・哲学的システムは、これまでの成人学習についての考え方に疑問を投げかける。

第8章　**現代の成人学習の課題**（ロバート・J・ヒル）
近代とポストモダンの認知様式が、新たな「新しい社会運動」の中で収束しつつある。

第9章　**21世紀の成人学習理論**（シャラン・B・メリアム）
学習のホリスティックな性質と、学習が生じる文脈に注意を向けることで、今日の成人学習の理論の動向が明らかになる。

◎価格は本体価格です。